Kartelle, Gewerkschaften und Genossenschaften

nach ihrem inneren Zusammenhang im Wirtschaftsleben.

Versuch einer theoretischen Grundlegung der Koalitionsbewegung.

Von

Ernst Rothschild.

Berlin.

Verlag von Julius Springer.

1912.

ISBN-13:978-3-642-90320-5 e-ISBN-13:978-3-642-92177-3
DOI: 10.1007/978-3-642-92177-3

Softcover reprint of the hardcover 1st edition 1912

Diese Schrift wurde im Auszuge als Inaugural-Dissertation zur Erlangung der Doktorwürde von der Philosophischen Fakultät der Friedrich-Wilhelms-Universität zu Berlin genehmigt. (Referenten: Professor Dr. Gustav v. Schmoller, Professor Dr. Adolf Wagner.)

(Volldruck.)

Vorwort.

In der umfangreichen Literatur über Kartelle und über Gewerkschaften ist oft genug und manchmal sehr gut berichtet worden, wie solche Koalitionsgebilde auf den verschiedenen Gebieten und in den mannigfachsten Formen entstanden sind. Seltener wurde darüber gehandelt, wie die Menschen aus den verschiedensten Berufsarten einer nach dem andern zur Meinung kamen, daß es doch angebrachter sei, sich mit den Berufsgenossen über strittige Dinge zu verständigen und unter gleichen Bedingungen vorzugehen, als ständig zu versuchen, dem andern den Rang abzulaufen und seinen Platz einzunehmen. Als Sohn eines Detailkaufmanns in einer Industriestadt aufgewachsen, konnte ich oft beobachten, wie heute Handwerker und Arbeiter, die sich bisher fast grundsätzlich nur um ihre eigenen Dinge gekümmert hatten, auf einmal darauf kamen mit dem Mitbewerber, den sie bisher ganz selbstverständlich als den nur mißgünstigen „Konkurrenten" kannten, in Verbindung zu treten und dann gemeinsames Vorgehen in gewissen Dingen verabredeten. Ich sah dieses Solidaritätsgefühl emporwachsen beim Arbeiter in der Gewerkschaft wie beim Detaillisten im Rabattsparverein und Berufsverband. Als ich dann später von den Kartellen und Trusts hörte, glaubte ich die gleiche Auffassungsänderung, die ich beim Arbeiter und Kaufmann beobachtet, auch bei den Leitern der Großunternehmen wahrzunehmen. Ich versuchte nun herauszufinden, welche Umstände es eigentlich in all diesen Fällen sind, die zu dieser allen begegnenden Auffassungsänderung führen. So kam ich dazu, nicht bestimmte wirtschaftliche Vorgänge in ihrem Entstehen und Fortwachsen darstellen zu wollen, sondern aus der Anschauung und den Beschreibungen der Vorgänge denjenigen Wesensteil herauszuschälen, dessen Vorhandensein in all den verschiedenen Fällen das neuenstehende Solidaritätsgefühl auslöst. Wenn das Entstehen eines neuen Zustandes aus einem früheren aufgefaßt werden soll, so bedarf es vor allem einer eingehenden Feststellung der Wesensmomente des früheren Zustandes. So kam es, daß zuerst die frühere Marktgestaltung analytisch festgehalten werden mußte, bevor man aus ihr die neue Verfassung der Dinge emporwachsen lassen konnte. Da es sich beim Aufbau des Ganzen nicht darum handelte, getreulich nachzubilden, was draußen im Leben vor uns steht — wo man dann dauernd in Vergleichen nachprüfen kann, ob das Bild wahrheitsgetreu ist —, sondern darum, kausal wirkende Momente miteinander in Beziehung zu setzen und in ihrer Bedeutung gegeneinander abzuwägen, so muß es, dem Wesen der Sache nach, hingenommen werden, daß subjektive Eindrücke und Wertungen zu manchen Sätzen und Schlüssen führen konnten, die sich vielleicht als schief gesehen oder überhaupt falsch erweisen, ohne daß es bei ihrer Auffindung möglich war einen Anhaltspunkt für das Fehlgehen zu gewinnen.

Die liebenswürdige Teilnahme meines hochverehrten Lehrers Gustav von Schmoller am Forstschritt der Arbeit, wie seine wertvollen Hinweise waren mir zur Durchführung der Arbeit unentbehrlich. Fruchtbare Anregung verdanke ich auch Herrn Professor Alfred Weber in Heidelberg. Ihnen wie dem Bibliographen der Gewerkschaftsliteratur, Herrn Johann Sassenbach - Berlin, der mir seine einzigartige Fachbibliothek und seine Privatarbeitsräume freundschaftlich zur Verfügung stellte, sei herzlicher Dank.

Göttingen, im November 1911.

Ernst Rothschild.

Nach Vollendung dieser Arbeit wurde ich von Herrn Professor Adolf Wagner darauf hingewiesen, daß wichtige Fragestellungen (besonders in den ersten Abschnitten dieser Schrift) — sogar einige neu anmutende Wortbildungen, sich mit den prägnanten Erörterungen über Preistheorie in Wagners neuem Grundriß „Theoretische Sozialökonomik" (1907, S. 222—277) in auffallender Weise decken. Es ist mir eine angenehme Pflicht, auf diese Übereinstimmung hier aufmerksam zu machen und mich nachträglich auf die dortigen Ausführungen eines Gelehrten zu berufen, dessen wissenschaftlicher Methode — systematische Verarbeitung des historisch-empirisch gewonnenen Materials zur theoretisch lückenlosen Darstellung der Gesetzmäßigkeit — diese Schrift zu folgen versucht. Eine rechtzeitige Benutzung der Ergebnisse von Wagners Preistheorie hätte meine analytischen Untersuchungen durch sichere Fundierung erheblich erleichtert; wie m. E. überhaupt die Schriften Adolf Wagners in Zukunft in weit höherem Grad als bisher auf den Fortschritt unserer wissenschaftlichen Erkenntnis befruchtend einwirken werden, sobald nur der Kreis derer sich erweitert, die sie zu lesen verstehen.

Inhaltsverzeichnis.

Literatur.

Gustav Schmoller: Grundriß der allgemeinen Volkswirtschaftslehre. Tl. 1 und 2. Leipzig 1904.

— Die Tatsachen der Arbeitsteilung. Jahrb. f. Ges. u. Verw., Jahrg. XIII, Heft 3, 1889.

— Das Wesen der Arbeitsteilung und der sozialen Klassenbildung. Jahrb. N. F. Jahrg. XIV, Heft 1, 1890.

— Die geschichtliche Entwicklung der Unternehmung. Artikel I—XIII. N. F., Jahrg. XV, Heft 1, 3 u. 4, 1891.

— Verschiedene Vorträge über Kartellwesen in den Schriften des Vereins für Sozialpolitik.

Eugen v. Philippovich: Grundriß der politischen Ökonomie. 1. Bd. Tübingen 1909.

Adam Smith: Reichtum der Nationen. Übers. v. M. Stirner. Leipzig 1910.

Georg Simmel: Philosophie des Geldes. Leipzig 1895.

Werner Sombart: Der moderne Kapitalismus. 2 Bde. 1902.

E. v. Boehm-Bawerk: Kapital und Kapitalzins. 2 Bde. 2. Aufl. 1900 u. 1902.

G. v. Schulze-Gävernitz: Der Großbetrieb. Leipzig 1892.

— Zum sozialen Frieden. Leipzig 1890.

Franz Oppenheimer: Großgrundeigentum und soziale Frage. Berlin 1905

— Theorie der reinen und der politischen Ökonomie. Berlin 1911.

— Käufer und Verkäufer. Im Jahrb. f. Ges. und Verw. N. F. 1900, 24. 4.

Julius Wolf: Nationalökonomie als exakte Wissenschaft. Leipzig 1908.

Herman Levy: Monopole, Kartelle und Trusts (in Großbritannien). Jena 1911.

Theodor Vogelstein: Die Industrie der Rheinprovinz 1888—1900. Stuttgart und Berlin 1902. (Münch. volksw. Schr. 47 Stück.)

— Kapitalist. Organisationsformen in der modernen Großindustrie, 1. Bd., 1910.

— Zur Frage der Monopolorganisation. Arch. f. Soz.-wiss. 1905, Bd. 20, S. 346 ff.

Karl Forchheimer: Theoretisches zum unvollständigen Monopole. Jahrb. f. Ges. und Verw. 1908, S. 1 f.

H. J. Ely: Monopolies and Trusts. New York 1900.

Fr. Kleinwächter: Die Kartelle. Insbruck 1883.

Ludwig Pohle: Die Kartelle der gewerblichen Unternehmer. Leipzig 1898.

Josef Grunzel: Über Kartelle. Leipzig 1902.

Baumgarten und Meszlény: Kartelle und Trusts. Berlin 1906.

Kontradiktorische Verhandlungen über deutsche Kartelle. Berlin 1903 bis 1906.

Denkschrift über das Kartellwesen. (Reichstagsdruckschriften.) 4 Teile Berlin 1906/08.

Schriften des Vereins für Sozialpolitik. Bd. 60 u. 61. Leipzig 1894 u. 1895, u. Bd. 116. 1906. (Schmoller-Kirdorf.)
Steinmann-Bucher: Ausbau des Kartellwesens. 1902.
F. C. Huber: Die Kartelle. 1903.
S. Tschierschky: Kartell und Trust. Leipzig 1911.
— Herausg. der Zeitschrift: Kartellrundschau. Düsseldorf seit 1902.
F. v. Rotenburg: Kartellfrage. Leipzig 1903.
D. H. Macgregor. Industrial Combination. London 1907.
H. W. Macrosty: Das Trustwesen in der britischen Industrie, übers. v. Fel. Léon. 1910.
Robert Liefmann: Kartelle und Trusts. 2. Aufl. Stuttgart 1910.
— Krisen und Kartelle. Jahrb. f. Ges. u. Verw., Bd. 26,2, S. 209. (1902).
— Beteiligungs- und Finanzierungsgesellschaften. Jena 1909.
Heinrich Waentig: Industriekartelle und Trusts. Jahrb. f. Ges u. Verw., Bd. 25, 4, S. 1 fg.
Jakob Rießer: Zur Entwicklungsgeschichte der deutschen Großbanken. Jena 1905. 2. Aufl. 1906.
P. Aschrott: Die amerikansichen Trusts. 1891.
Alfred Weber: Die Kartellfrage, im Verhandlungsprotokoll des Nat.-Soz. Vertretertags. Hannover 1902.
Lujo Brentano: Arbeitergilden der Gegenwart. 2 Bde. Leipzig 1871/72.
— Über die Ursachen der heutigen sozialen Not. Leipzig 1889.
S. u. B. Webb: Theorie und Praxis der engl. Gewerkvereine (Industrial Democracy), übers. von Hugo. Stuttgart 1898.
Carl Legien: Die deutsche Gewerkschaftsbewegung. 2. Aufl. Berlin 1911.
Max Prager: Grenzen der Gewerkschaftsbewegung, im Arch. f. Soz.-wiss., Bd. 20. 1905, S. 29.
Eduard Bernstein: Grenzen der Lohnsteigerung. Sozialist. Monatshefte. 1911. 3, 9, S. 168 ff.
Emil Doeblin: Die Tarifvertragspolitik und ihre Gegner. Soz. Monatshefte. 1910. Nr. 26.
Adolf Weber: Der Kampf zwischen Kapital und Arbeit. Tübingen 1910.
Adolf Wagner: Die Kartellierung der Großindustrie und ihr Einfluß auf die Arbeiter. 1906.
W. C. H. v. Reiswitz: Gründet Arbeitgeberverbände! 2. Aufl. 1904.
W. Kuhlo: Arbeitgeberverbände. München 1905 (s. Sassenbach: Literatur über Unternehmerverbände. Correspbl. der Gewerkschaften, Literaturbeilage 1909)
August Müller: Gewerkschaften und Unternehmerverbände. Magdeburg 1906.
— Verschiedene Artikel des Handwörterbuches der Staatswissenschaften. 3. Aufl. 1909/11.
Artikel aus verschiedenen Zeitungen und Zeitschriften.

Zur Ausarbeitung dieser Schrift nicht benutzt, aber in manchen wichtigen Punkten mit der hier dargelegten Preistheorie übereinstimmend:

Adolf Wagner: Theoretische Sozialökonomik, I. Abt. (insb. Preistheorie, S. 222 bis 277). Leipzig 1907.

I.

Individualistische und organische Gliederung des Marktes.

Die immer rascher gesteigerte Vervollkommnung der Verkehrs- und Warenaustauschmöglichkeiten, in enger Verbindung mit der verfeinerten Markttechnik (insb. der Geld- und Kreditfunktionen) ergaben eine so tiefgreifende Veränderung in der Maschinerie der Marktwirtschaft, daß sich die Wirtschaftsgeschichte genötigt sah, diese Epoche als die „kapitalistische" von den früheren abzuscheiden. Der Sozialismus hatte im Gegensatz zur Naturlehre der liberalistischen Nationalökonomie die historische Bedingtheit des wirtschaftlichen Funktionsverlaufes zuerst in den Vordergrund der Betrachtung gerückt. Der Ausdruck „Kapitalismus" lenkt den Blick — ganz im Sinne der kommunistischen Sozialtheorie — auf die „Kapitalmacht", die individualistische Herrschgewalt in der Produktionssphäre. In der Tat ein ins Auge fallendes äußeres Merkmal der gedachten Epoche; aber eben wohl nur ein äußeres Merkmal. Für die Wesenserfassung der Epoche ist die Bezeichnung „Kapitalismus" nicht voraussetzungslos genug und deshalb notwendig irreführend. Eine andere Etikette für diese Wirtschaftsepoche, die nicht den gleichen Fehler der Unterstellung eines scheinbar schon feststehenden Hauptmerkmals mit der genannten teilt, kennen wir nicht. Es scheint daher angebracht, statt des Versuchs einer Wesensbezeichnung sich vorläufig mit einer Bezeichnung zu begnügen, die sich auf die gegebenen Indices der gedachten Erscheinung beschränkt. Wir wählen eine derartige Fassung: Die Gegenstände unserer Untersuchung sind uns im Komplex derjenigen Wirtschaftsepoche gegeben, deren Höhepunkt man gemeinhin in der zweiten Hälfte des neunzehnten Jahrhunderts sieht, und deren Träger fast ausschließlich die Völker westeuropäischen Ursprungs geworden sind[1]).

[1]) Die Einführung einer von der sonst allgemein gebrauchten abweichenden Nomenklatur ließ sich meiner Auffassung nach leider nicht vermeiden; das Wort „Kapitalismus" mit seinem doktrinären und historisch-verschwommenen Untersinn scheint mir das Verständnis für die theoretische Grundlegung dieser Arbeit mehr zu erschweren, als die von mir provisorisch gewählte, bewußt farblose, allerdings ungewohnte Bezeichnung, die in ihrer Unwesentlichkeit nur einen Notbehelf darstellen kann.

Jede Tätigkeit und damit jede Schöpfung bewußt handelnder Wesen erhält ihr Gepräge durch den Zweckgedanken des Handelnden. Der wesensgestaltende Zweckgedanke der westeuropäischen Epoche — wie wir kurz sagen wollen — ist die Verwertung des Geschaffenen auf einem bestimmten Markte. Alle Probleme der westeuropäischen Wirtschaftsepoche wurzeln im Marktaustausch.

„Der Markt ist in der entwickelten Verkehrswirtschaft das wichtigste, weil das für die einzelnen entscheidende Organ. In ihm ist aber nicht eine feste Veranstaltung lokaler Natur zu erblicken, er stellt vielmehr die ideelle Verbindung aller Käufer dar, die durch rein vertragsmäßige Beziehung aneinander geknüpft täglich in neuer Kombination auftreten“ [2]).

Diese Umschreibung des Marktbegriffes bedarf zu unseren Zwecken einer Erweiterung. Vor allem liegt uns ob, die Bedeutung des Marktes als „entscheidendes Organ“ klar vor Augen zu stellen.

Ein Grundbesitzer in Argentinien bepflanzt 1000 ha mit Roggen. Was bewegt ihn dazu, gerade Roggen zu bauen und das in dieser Menge? Das Bedürfnis der Berliner, Pariser und Londoner Bevölkerung? Nein, das kennt er nach Art und Umfang wohl gar nicht. Die Beschaffenheit seiner Produktionsmittel? Wenn es darauf ankäme, könnte er vielleicht ebenso gut Gerste oder Mais bauen; ja vielleicht hat er, haben seine Leute viel mehr Geschick und Neigung zur Pferdezucht. Trotzdem baut er Roggen. Den leitenden Zweckgedanken für sein Wirtschaften nimmt dieser Grundbesitzer nicht aus der Produktionssphäre, auch nicht aus der Konsumtionssphäre — nicht einmal indirekt, wie man meinen sollte: eine gänzlich vom Konsumentenbedürfnis unabhängige Marktoperation, etwa von Spekulanten, kann ihm durch ihre Wirkung den entscheidenden Entschluß abnötigen. Den direkten Ausschlag gibt immer die Marktlage.

Philippovich nennt den Markt eine „ideelle Verbindung“. Er will damit die irrtümliche Vorstellung eines irgendwie festbegrenzten Marktes beseitigen. Das darf uns jedoch nicht verleiten, den Markt als ein rein Gedachtes, als einen Hilfsbegriff für das ökonomische Verständnis aufzufassen. Der Markt einer bestimmten Ware an bestimmtem Ort, zu bestimmter Zeit ist eine konkrete, also faßbare Erscheinung. Daß er nur das jeweilige Endresultat von vorhergehenden, gleichzeitigen oder voraussichtlich nachfolgenden Vorgängen innerhalb der Produktion oder Konsumtion ist, ändert nichts an seinem selbständigen Dasein. Ursprünglich nur Mittel zur Kummunikation zwischen Konsumtion und

---

[2]) Philippovich, Grundriß, 1. Bd., 8. Aufl., S. 34 f.

Produktion ist er für die „entwickelte Verkehrswirtschaft“ oder genauer für ihre Wirtschaftssubjekte Selbstzweck geworden[3]). Die Marktlage verkörpert sich für den einzelnen im Gesamtbild der Marktnachrichten (Börsennotierungen Ernteberichte, politische und wirtschaftspolitische Bedingtheiten, vor allem in den bisherigen Erfahrungen, der „Gewohnheit“ im Sinn Stuart Mills). Die „Sphäre der Distribution“ hat den Ausgangspunkt und Endpunkt unserer Untersuchungen zu bilden, zu dem unsere Wege immer wieder zurückführen müssen[4]).

Die Marktlage gibt die Direktiven des wirtschaftlichen Handelns. Dabei ist „Markt“ für jedes einzelne Stück „Ware“ (= auf dem Markt Verwertbares) etwas anderes, einzigartiges. Und damit auch für jede wirtschaftlich tätige Person.

Obwohl die Marktlage etwas objektiv vorhandenes, wird sie doch erst wirtschaftlich wirksam, wenn und insoweit sie von dem in Frage kommenden Wirtschaftenden als solche erkannt wird. Erst wenn der holzschnitzende Bauernjunge aus der Zeitung erfahren hat, daß man in der Stadt geschickte Kerbschnitzer zu beträchtlichem Gehalt sucht, wird er seine bisherige Liebhaberei oder sein hausierendes Bettelgewerbe der — für ihn jetzt erst geschaffenen und relevanten — Marktlage entsprechend verwerten.

Die ungeheueren Umwälzungen aller Volkswirtschaften im Verlauf der westeuropäischen Wirtschaftsepoche lassen sich schon ihrer komplizierten Natur nach nicht auf ein einzelnes zentrales Entwicklungsmoment zurückführen. Trotzdem läßt sich dafür vielleicht eine ziemlich allgemein gültige Form finden. Sie kann zwar nicht den inneren Ursachenkomplex geben, aber doch als eine Art Manometer für die Druckhöhe der integrierenden und differenzierenden Triebkräfte dienen.

Unter dem Régime der westeuropäischen Wirtschaftsepoche sind die wirtschaftenden Personen in allen ihren Handlungen vom Streben geleitet, den Markt für die von ihnen zu verwertenden Waren mit allen möglichen (wirtschaftlichen und außerwirtschaftlichen) Mitteln durch extensive

---

[3]) Vgl. Simmels Aufsatz: „Psychologie des Geldes“ in Schmollers Jahrb. 1889. „Es ist eine der wirkungsreichsten Eigenschaften des menschlichen Geistes, daß die bloßen an sich gleichgültigen Mittel zu einem Zweck, wenn sie nur lange genug vor dem Bewußtsein gestanden haben, oder wenn der damit zu erreichende Zweck in weiter Ferne liegt, ihm schließlich selbst zu definitiven Zwecken werden; der Wert, den sie ursprünglich nur von dem durch sie zu erreichenden Zwecke zu Lehen trugen, verselbständigt sich, und statt mittelbar haftet er in psychologischer Unmittelbarkeit an ihnen.“

[4]) Vgl. Oppenheimer, Theorie der reinen und der politischen Ökonomie, 1911.

und intensive Ausgestaltung im höchstmöglichen Grade zu erweitern[5]).

Aus einer Betrachtung des Marktbegriffs ergeben sich eine bestimmte Anzahl von Möglichkeiten einer extensiven oder intensiven Ausgestaltung.

Den Markt einer Ware erweitern heißt ihr einen größeren Absatz — genauer: mehr Absatzmöglichkeiten schaffen. Das erschöpft jedoch den Begriff noch nicht: Die Erweiterung des Marktes für eine Ware braucht nicht auf den Mehrabsatze der Ware beschränkt zu sein. Nicht die Ware ist Absatzzweck, sondern ihr Markterlös. Wir müssen also genauer sagen: Den Markt einer Ware erweitern heißt ihr mehr oder höhere Verwertungsmöglichkeiten schaffen.

Was kann nun die einzelne wirtschaftende Person (natürliche oder juristische Person oder Interessengemeinschaft) zu dieser Erweiterung der Verwertungsmöglichkeiten ihrer Ware tun?

I. Die Zahl der Käufer kann vermehrt werden

a) durch Herabsetzen des Warenpreises; damit wird solchen Käuferschichten, die bisher nicht kauffähig waren, der Kauf möglich gemacht; ein solches Herabsetzen des Warenpreises geschieht nach den Regeln der Produktionssphäre[6]):

1. durch Verminderung der Produktionskosten.
2. Durch Verminderung der Transportkosten.

} Verminderung der Marktbeschaffungskosten.

3. Durch Verminderung des Gewinns am einzelnen Stück unter gleichzeitiger Vermehrung der Zahl der abgesetzten Produkte.

b) Durch Heranziehen bisher nicht auf dem Markt vorhandener Käufer, die zwar zum bisherigen Preis kauffähig waren, aber bisher die in Frage kommende Ware nicht nachfragten (und zwar weder bei unserem Verkäufer noch bei einem anderen). (Beispiel: Steigerung des Seifenkonsums mit fortschreitender Kultur.)

---

[5]) Nach den Anschauungen der klassischen Nationalökonomie und der ihr nachfolgenden Theoretiker paßt diese Formel auf jede Wirtschaftsepoche. Die Feststellungen der Wirtschaftsforschung über die wirtschaftspsychologischen Triebkräfte früherer Jahrhunderte haben diese Annahme als falsch erwiesen. Vgl. hierzu auch Schmoller: „Nicht der Kapitalist, sondern der Marktkenner und Marktbeherrscher ist der, welcher heut leicht mehr Werte, als die übrigen Gesellschaftsklassen erwirbt.“ (Grdr. I. 41, S. 97).

[6]) Vgl. Preisformel Sombarts: wenn k die Produktionskosten, p der Gewinn, n die Zahl der zu erwartenden Produkte, ist $P = \frac{k + p}{n}$ dann Preiserniedrigung möglich entweder durch Verkleinerung von k oder p oder durch Vergrößerung von n. (Kapitalismus, III. Buch, S. 426 f.)

c) Durch Heranziehen weiterer Käufer, die bisher ihren Bedarf von anderen Verkäufern deckten. Hier Ausdehnung des Marktabsatzes des einen auf Kosten eines schon vorhandenen Marktabsatzes des anderen (durch Preisunterbietung, Reklame, Gewährung wirklicher oder scheinbarer Vorteile in der Qualität oder in den Verkaufsbedingungen der Ware).

d) Durch direkte oder indirekte Hebung bisher nicht kaufkräftiger Schichten auf die Stufe der Kaufkräftigen. Diese Hebung kann durch unsere wirtschaftende Person selbst geschehen (Beispiel: Einsetzen von Wirtschaftspächtern durch die liefernde Brauerei), kann aber auch mit oder ohne ihren Einfluß von nicht (direkt) interessierten Faktoren bewirkt werden (Staat, Berufsorganisation, wachsender Volkswohlstand u. a.).

II. Die Kaufkraft der bisherigen Käufer kann erhöht werden:

a) durch Herabsetzen des Warenpreises (wie oben),

b) durch direkte oder indirekte Hebung bisher schon kaufkräftiger Schichten zu höherer Kaufkraft (wie oben).

III. Der Warenpreis kann mit der Maßgabe erhöht werden, daß die Absatzmenge wenn nicht gleichbleibt, so doch nicht völlig im umgekehrten Verhältnis sinkt[7]):

a) durch Heranziehen bisher nicht auf dem Markt vorhandener Käufer, die nicht nur zum bisherigen, sondern sogar zu dem erhöhten Preis kauffähig, wodurch die Gesamtnachfrage sich erhöht und die so neugeschaffene Marktlage eine Preiserhöhung erlaubt. (Beispiel: Propaganda für Kaliverwertung unter bisher noch nicht damit arbeitenden Landwirten.)

---

[7]) Man vergleiche hierzu folgendes Tabellenschema, das Karl Forchheimer in seinem Aufsatz: „Theoretisches zum unvollständigen Monopole" (Jahrb. f. Gesetzg., Verw. u. Volksw. 1908, S. 1 ff.) aufstellt:

Preise	Bei diesem Preis nachgefragte Menge	Daher: Ertrag bei diesem Preis
10	100	1000
9	300	2700
8	500	4000
7	700	4900
6	900	5400
5	**1100**	**5500** (Höchstertrag!)
4	1300	5200
3	1500	4500
2	1700	3400
1	1900	1900

b) Durch direkte oder indirekte Hebung bisher nicht kaufkräftiger Schichten (vgl. I. d.), so daß sie jetzt nicht nur den bisherigen Preis, sondern sogar einen erhöhten Preis zahlen können; durch ihre nunmehr wirksam gewordene Nachfrage erhöht sich die Gesamtnachfrage und die so veränderte Marktlage erlaubt die Preiserhöhung. (Beispiel: Ein russisches Gouvernement stellt 1000 verarmte Bauern als Erdarbeiter bei einem Bahnbau ein und macht sie damit konsumkräftig für den vom Staat feilgebotenen Schnaps; das Gouvernement könnte in diesem Falle eine Preiserhöhung seines Schnapses durchführen.)

c) Durch direkte oder indirekte Steigerung der Kaufkraft der bisherigen Käufer. Dies kann geschehen:
   1. durch Hebung ihrer Lage (wie oben),
   2. durch die Nötigung, einen größeren Teil der für sie auf den Markt angelegten Werte dieser einen Ware zuzuwenden. Diese Nötigung kann wieder direkt oder indirekt durch Maßnahmen in der Angebotssphäre von der wirtschaftenden Person bewirkt oder mitbewirkt werden (indirekt durch Einschränkung des gesamten Marktangebots oder seines größeren Teils, bewirkt durch das Vorgehen eines oder mehrerer, der meisten oder aller Anbieter dieser Warengattung auf dem in Frage stehenden Markte, direkt durch Preiserhöhung der genannten Anbieter[8]) oder auch von fremden Faktoren geschaffen werden. (Beispiele: Patente, Schutz- und Prohibitivzölle, Trusts, Kartelle, Gewerkschaften — Stellung der Outsiders! — u. a.)

Damit scheinen uns alle Möglichkeiten der Marktabsatzerweiterung (Marktpolitik!) durch die einzelne Wirtschaftsperson umschrieben. Kombinationen verschiedener Möglichkeiten sind nicht nur möglich, sondern gewöhnlich. Wenn man die gegenseitige Beeinflussung der Marktpolitik zwischen verschiedenen am gleichen Markt teilhabenden Wirtschaftspersonen in Rechnung setzt, ergeben sich die komplizierten Vorgänge unserer typischen modernen Marktpolitik. Es wird später zu

[8]) Diese Preiserhöhung ohne merkliche Produktionseinschränkung ist allerdings dauernd nur erfolgreich durchzuführen, wenn die so verteuerte Ware einem relativ dringenderen Bedürfnis genügt als die Waren, denen sie auf dem Markte die Nachfrage entzieht. Vgl. Philippovichs Fassung: „Der Preis wird sich feststellen innerhalb eines Spielraums, der nach oben begrenzt wird durch die Wertschätzung des letzten, noch zum Tausche kommenden Käufers, und des tauschfähigsten unter den vom Verkaufe bereits ausgeschlossenen Verkäufern und nach unten durch die Wertschätzung des mindest tauschfähigen, noch zum Tausche kommenden Verkäufers und des tauschfähigsten der vom Tausch bereits ausgeschlossenen Kauflustigen.“ (Grdr. I, S. 227).

zeigen sein, daß auch diese Vorgänge der Dynamik des Marktes sich auf die angeführten Fälle zurückführen lassen.

Eine solche eingehende Analyse der Marktexpansion — im Sinne gesteigerter Verwertungsmöglichkeit einer Ware — erschien notwendig, um die Wege aufzeigen zu können, die nun unter der Wirtschaftsidee der westeuropäischen Epoche beschritten werden konnten und tatsächlich beschritten wurden.

Die Aufgabe war: Erhöhung und Vermehrung der Verwertungsmöglichkeiten von Waren, die sich im Besitz von wirtschaftenden Personen befinden. Daß diese Waren hergestellt, also produziert und zum Markt transportiert wurden, setzt voraus, daß die Marktlage bestimmten Erwartungen genügte oder zu genügen schien, die gerade so groß sind, daß sie den Anbieter zum Marktgang bewegen. Eben diese Marktlage muß jedoch gleichzeitig so beschaffen sein, daß sie den Nachfrager zur Annahme des Angebots nötigt. Schon daraus ergibt sich, daß die Marktlage, die der Anbieter und der Nachfrager vor Augen haben, wenn sie sich zum Marktgang entschließen, nie ganz die sein kann, die sie schließlich bei ihrer Marktbetätigung vorfinden; sie haben vielmehr immer die durch ihre unmittelbaren Vorgänger geschaffene Marktlage vor Augen. Bei der Gestaltung ihrer eigenen Marktlage sind sie selbst neben ihren Mitanbietern und Mitnachfragern Neuschaffende. Das bedeutet:

Jede Marktlage muß gewissen Bedingungen genügen, deren Wurzeln einerseits in der Sphäre des Angebots, andererseits in der Sphäre der Nachfrage liegen.

Die Endwirkung bei der Marktbetätigung selbst wird jedoch nur zum Teil von diesen den Anbietern und Nachfragern beim Marktgang bekannten Bedingungen ausgelöst; ebenso von den erst durch den im Verlauf begriffenen Marktgang neugeschaffen. Diese neugeschaffenen Bedingungen haben jedoch der Natur der Wirtschaftsabwicklung nach den weitaus überwiegenden Teil ihrer Bestandteile mit den früheren Bedingungen gemeinsam, die die unmittelbar vorhergehende und durch ihren Enderfolg die neue erst auslösende Marktlage geschaffen haben. Damit wenden wir uns der Natur dieser Bedingungen zu[9]).

[9]) Bis zu diesem Punkte der Untersuchung befinden wir uns wenigstens in den Hauptlinien im Einklang mit der klassischen Theorie. Nur daß deren Vordersätze, ihre Hypothese vom „natürlichen Preis“ und „wahren Wert“ unverwendet blieben. Aber gerade diese Annahme von der „natürlichen“, damit naturnotwendigen, automatischen Selbstregulierung, der blinde Glaube der Zeit an die „prästabilierte Harmonie“ hielt von der vorurteilslosen Untersuchung derjenigen Entstehungsursachen der jeweiligen Marktlage ab, die in der Angebots- und Nachfragesphäre selbst liegen; obwohl Smith aus der empirischen Anschauung die am meisten ins Auge springenden Momente schon kannte. Sein unumstößlicher Glaube

Der „Markt" oder genauer „eine bestimmte Marktlage" ist für den Marktgänger keine einheitliche Größe, sondern das Endresultat einer ganzen Anzahl von Kaufbeziehungen zwischen den einzelnen Nachfragern und Anbietern. Es muß notwendig zu falschen Folgerungen führen, wenn wir die Wesenheiten der Marktbedingungen aus dem allgemeinen Marktbegriff deduzieren wollten. Wie es die klassische Theorie und die ihr folgenden getan haben. Adam Smith sagt: „Der Marktpreis einer Ware ist bestimmt durch das Verhältnis zwischen der Quantität welche wirklich zu Markte gebracht wird, und der Nachfrage derer, welche ihren natürlichen Preis, d. h. den ganzen Wert der Rente, des Gewinns und der Arbeit, die bis zu ihrer Feilbietung erforderlich waren, zu zahlen geneigt sind. ... Die ganze Quantität des Gewerbefleißes, der jährlich darauf verwendet wird, eine Ware auf den Markt zu bringen, richtet sich ... von selbst nach der wirksamen Nachfrage. Der Gewerbefleiß verfolgt von selbst das Ziel, immer genau jene Quantität auf den Markt zu bringen, welche die wirksame Nachfrage befriedigt und zugleich nicht mehr als befriedigt." (Wealth of nations 7 ch.) Wenn wir den Versuch machen, uns das Entstehen des Marktpreises aus dem von Smiths angegebenen Größenverhältnis zu vergegenwärtigen, stoßen wir auf das neue Problem: Was bestimmt die „Quantität, welche wirklich zu Markte gebracht wird" und was die Zahl der Nachfrager, welche den natürlichen Preis zu zahlen geneigt sind. Smith antwortet: Sie setzt sich zusammen aus allen, „die den ganzen Wert der Rente, des Gewinns und der Arbeit, welche bis zur Feilbietung ausgelegt werden

---

ließ ihn da nur vorübergehende, meist gewillkürte Ausnahmen sehen, wo gerade der sonst verdeckte, normale Vorgang der Preisbildung am faßbarsten in Erscheinung tritt. Man vergleiche folgende Sätze aus Smith: „Die Quantität des Feilgebotenen richtet sich natürlich von selbst nach der wirksamen Nachfrage. Es liegt ja im Interesse aller derer, welche Boden, Arbeit und Kapital dazu verwenden, eine Ware auf den Markt zu bringen, daß die Quantität derselben niemals die wirksame Nachfrage übersteige und andererseits liegt es im Interesse der übrigen, daß sie niemals dahinter zurückbleibe" und „obgleich nun aber der Marktpreis jeder Ware fortwährend gegen den natürlichen Preis, wenn man so sagen darf, gravitiert, so können doch bald besondere Umstände, bald natürliche Ursachen, bald polizeiliche Anordnungen den Marktpreis vieler Waren lange Zeit hindurch weit über dem natürlichen Preis erhalten." (Aus I, Buch 7, Kap. Wealth of nations.) Hierzu Schmoller, Grdr. I, 40, S. 92 f.: „Es war gewiß ein Fortschritt, daß man im Anschluß an die sozialen Zustände des damaligen Englands die Klassen der Grundeigentümer, Kapitalisten (Unternehmer) und Arbeiter in ihren wirtschaftlichen Beziehungen untersuchte; aber man mußte bei diesem anderwärts nicht der Wirklichkeit entsprechenden Schema nicht abstrakt stehen bleiben; man mußte zu weiteren Unterscheidungen, zu tieferen psychologischen Untersuchungen kommen, Arbeitsleistung, Verkehr und Marktwesen besser analysieren, wieder im Zusammenhang mit Sitte, Recht, Verwaltung und staatlicher Politik verstehen lernen."

mußten, bezahlen möchten". Nun tut sich die Frage auf: was bestimmt die Höhe der Rente, des Gewinns und des Arbeitslohns? „Die natürlichen Sätze dieser Einkommensarten, die sich als Durchschnittssätze in jeder Nation und Gegend finden." Damit sind wir bei der ultima ratio Smiths, der Selbstregulierung des Wirtschaftsprozesses angelangt, die im Grunde als eine von Gott gewährleistete Harmonie der Kräfte gedacht ist. Ohne dieses Dogma hätte sich Smith nie zu solche einer offenbaren Zirkeldefinition verleiten lassen.

Wir haben das Streben nach Erweiterung und Erhöhung der Verwertungsmöglichkeit einer Ware als die eigentliche Erscheinung der westeuropäischen Epoche bezeichnet. Die Erhöhung der Marktintensität — wie wir dies Streben nun kurz bezeichnen wollen — wird im gewöhnlichen die Sache des Anbieters sein. Er wird im Geist der Epoche darauf sinnen, welche Mittel und Wege zu einer solchen Erhöhung der Marktintensität seiner Waren führen können. Alle in Betracht kommenden Möglichkeiten haben wir in der Marktanalyse aufgewiesen. Seine Wahl wird auf diejenigen Mittel fallen, die ihm die jeweiligen Verhältnisse in der Anbieter- und Nachfragersphäre nahelegen. Diese Verhältnisse sind nicht, wie die klassische Theorie annahm, immer im Grunde die gleichen, stellen sich nicht nach einzelnen Aufwärts- und Abwärtsschwankungen wie ein Pendel in der Ruhelage des „natürlichen Preises" ein. Sie sind vielmehr durchaus historisch bedingt durch die fortschreitende Entwicklung und dauernde Umgestaltung des Marktes und die darnach sich einstellende Gruppierung der Gesamtmasse der Anbieter und Nachfrager.

Wenn nun weiter der Versuch aussichtsreich erscheinen soll, auch diese Faktoren der Markttaktik in allgemeine Sätze zu fassen, so müßte als Voraussetzung gegeben sein, daß die historische Entwicklung aller Märkte, die unter dem Regime der westeuropäischen Epoche zur Entfaltung gelangten, unter gewissen vorherrschenden, organischen und kontinuierlichen Tendenzen sich vollzogen hat, so daß ein regelmäßiges Forstschreiten von einem Stadium der Markttaktik zu einem anderen auf annähernd allen Märkten zu beobachten wäre. Diese Stadien fänden ihr unterscheidendes Merkmal in den jeweils angewandten Mitteln der Markttaktik, die der neuen Situation besser als die früheren angepaßt erscheinen. Die Aufgabe ist demnach: festzustellen, welche Mittel der Markttaktik in den verschiedenen Stadien der sich entwickelnden westeuropäischen Epoche auf den Märkten angewandt wurden; dann, ob diese Mittel von wesentlich verschiedener Art waren, und weiter, ob die Reihenfolge, in der verschiedene Mittel Anwendung fanden, auf allen Märkten im wesentlichen die gleiche gewesen. Wenn die beiden letzten Fragen eine bestätigende Antwort erhalten sollten, so wäre daraus mit einer sehr hohen Wahrscheinlichkeit zu schließen, daß die Entwicklung der Märkte bestimmte, aus den gleichen Tendenzen und Kausalreihen herleitbare Regelmäßigkeiten aufzuweisen haben.

Zum Zweck einer solchen Untersuchung der Marktentwicklung (nicht der gesamten Wirtschaftsentwicklung) scheint es unumgänglich die westeuropäische Epoche, deren Beginn wir für Deutschland auf das Jahr 1800 ansetzen wollen, in drei durch Jahreszahlen nur der Übersichtlichkeit halber abgegrenzte Abschnitte zu zerlegen. Die wesentlichen Konstellationsmomente der Marktentwicklung für jeden der drei Abschnitte sollen uns dann als Vergleichsmaterial für die Entwicklungsfrage dienen[10]).

Erstes Stadium: 1800—1850. Ungeahnte Umwälzung aller Marktverhältnisse. Das Merkantilsystem der europäischen Großstaaten hat aller Orten den Drang nach Erhöhung der Marktintensität erweckt. Die technischen Fortschritte der Produktion, Arbeitsorganisation im Manufaktursystem, und potenzierte Produktionsfähigkeit durch die Maschinenarbeit haben die Möglichkeit gegeben, fremde Märkte zu versorgen und neue Käuferschichten durch verbilligte Warenpreise heranzuziehen. Die fast gleichen Schritt haltende Vervollkommnung der Verkehrsmittel kann erst die ins ungeheure gesteigerte Produktionskraft durch die neu geschaffenen Verwertungsmöglichkeiten auf fernen Märkten in freiem Wirken entfesseln. Durch diesen mächtigen Ansturm gegen alle bisherigen Marktgrenzen werden die alten Schranken der früheren kleinen und kleinsten Handelsautarkien weggefegt. Ein scheinbar unbegrenztes, in seiner riesenhaften Ausdehnbarkeit unübersehbares Neuland ist geschaffen für alle die, welche die Tatkraft und vor allem die Mittel besitzen, Waren zu nicht allzu hohen Preisen, wie es die neue Technik leicht ermöglicht, den harrenden Käufern zuzutragen. In einem für die menschliche Wirtschaft neuentdeckten Lande, wo jeder nur zuzugreifen braucht, um ein Tätigkeitsfeld zu haben, so groß, daß seine Kräfte zur Bearbeitung kaum oder überhaupt nicht ausreichen, da ist gar verständlich, daß der einzelne Mann sich freimacht von allen Fesseln einer bisher so atemberaubenden wirtschaftlichen und sozialen Lage, allein mit der Gefährtin und vielleicht noch dem Bruder oder Freund als Genossen hinauszieht, um sein eigen Werk zu tun, Herr auf selbstgeschaffenem Besitz zu sein. Nur wo die Kraft des einen gegenüber den Widerständen des Objekts nicht ausreicht, werden sich die Nachbarn

[10]) Ich halte mich im folgenden in der Hauptsache an die Vorlesungen über Wirtschaftsgeschichte von Prof. Brentano und an Schmollers Grundriß. Auch Sombarts „Kapitalismus“ und Franz Oppenheimers „Großgrund eigentum und soziale Frage“ dienten als Quellen. Vgl. auch Riessers „Entwicklungsgeschichte der deutschen Großbanken“. II. Aufl., Jena 1906.

zu gemeinsamem Wirken zusammen tun, oder wird die Gemeinde, der Staat als Vertreter des Gemeininteresses Hand anlegen. Anders konnte es auch nicht auf dem Neuland der westeuropäischen Epoche sein. Wer es da zu Wege brachte die anfangs recht geringfügigen Produktionsmittel, einen Arbeitsraum, eine Reihe von Werkzeugen oder Maschinen, oder eine kleine angekaufte Warenmenge, ja meist nur den dazu ausreichenden Kredit sich zu beschaffen, der konnte nach Herzenslust Waren über Waren zu Markte bringen. Die Käufer blieben fast nie aus. Ellenbogenfreiheit nach allen Seiten, Ausdehnungsmöglichkeit, die progressiv mit der Vergrößerung des Unternehmens anwuchs, waren ihm für lange Zeit gesichert. Und wenn auch einmal mit dem Übereifer der Produzenten die doch immer nur schrittweise Ausdehnung des Marktes nicht ganz Schritt hielt, eine meist rasch vorübereilende Krise konnte nur ein heilsames Warnungszeichen für überheiße Temperamente bedeuten. Auch die (früher so oft übersehene) unentbehrliche Voraussetzung der ungeheuren Produktionssteigerung war durch ein erklärliches historisches Zusammentreffen gegeben: Die immer mehr anwachsende Armee der „freien Arbeiter" — wie sie Marx mit feiner Ironie benannte — (als die von allem Besitz und allen Erwerbsmöglichkeiten freien Arbeiter). Das Aufsaugen der Bauernstellen durch den Großgrundbesitz nach der Bauernbefreiung, Fortfall der Schollengebundenheit, die Freizügigkeit ermöglichten die Abwanderung ungeheurer Volksmassen in die Städte; die Okkupation des freien Landes durch das Grundeigentum benahm nicht nur den Bauern, sondern allen wenig begüterten Volksschichten des flachen Landes (Handel, Handwerk, Landarbeiter) allmählich die wirtschaftliche Atmungsfreiheit, trieb sie damit auf den gewerblichen Arbeitsmarkt. Die Maschinen taten wohl auch ihr Teil, um Arbeitskräfte freizusetzen, die bisher im Kleingewerbe mit veralteter Technik und Arbeitsorganisation beschäftigt waren. Allerorts erschlossen sich neue Erwerbsquellen; sie, wie die etwas mehr als früher gesicherte Rechtslage förderten die Bevölkerungsvermehrung. Was nun die eigentlich entscheidenden Momente auch gewesen sein mögen, jedenfalls war andauernd Überfluß an arbeitsfähigen Händen, die für ein elendes Entgelt den Unternehmern die Warenproduktion ermöglichten. Als Gesamtbild der Marktentwicklung ergibt sich eine individualistische Gliederung aller Marktorganisation[11]). Markthandelnde Einheit auf dem Markt der Güter

[11]) Um eine Organisation handelt es sich dabei trotz allem Individualismus: Vgl. Schmollers Grdr. I, S. 58. „Auf Grund der gesellschaftlichen Betrachtung (Spencers und Schäffles) wird die Arbeitsteilung jetzt aufgefaßt als die Anpassung der Individuen an bestimmte spezialisierte Tätigkeiten für die Gesellschaft oder für Gruppen derselben, als eine Eingliederung der spezialisiert Tätigen in einen gesellschaftlichen Zusammenhang...."

ist das „Unternehmen". „Die Einzelunternehmung ist", nach Philippovich[12]), „der Ausdruck der wirtschaftlichen Selbständigkeit und Unabhängigkeit individueller Personen . . . Alle Folgen des unternehmungsweisen Betriebes erhalten ihre schärfste Ausprägung durch diese Individualisierung der Produktionsleistung". Auf dem „Markt der Dienste" ist der einzelne Arbeiter der Markthandelnde. Von seinem Marktvertrag sagt Philippovich: „Die formale Freiheit und Gleichheit der Vertragschließenden steht im Widerspruch mit ihrer tatsächlichen Ungleichheit. Aus diesem Widerspruch entspringt die Arbeiterfrage der Gegenwart" [13]). Daraus wird ersichtlich: das Recht, das sich dieses erste Stadium der westeuropäischen Epoche schuf, basiert auf der These, daß der Vertrag zwischen zwei Markthandelnden, Anbieter und Nachfrager, die ohne rechtlichen Zwang auf Grund freier Vereinbarung zum Vertragabschluß gelangt sind, eine Interessenvereinbarung im Sinne des beiderseitigen Rechtsanspruchs, darstelle; gewissermaßen das im Kampf des freien Wollens gestaltete Naturrecht. Und daß beiden die gleiche Möglichkeit gegeben sei, auf die Bedingungen des Vertrags nach ihrem Willen und Interesse einzuwirken. Nur die gröbsten Widersprüche gegen diese These erkannte man als Ausnahme an. Suchte sie ganz selten durch Ausnahmebestimmungen — meistens durch die Rechtsungültigkeit, — da „Verstoß gegen die guten Sitten" — zu bekämpfen. Inwieweit die Rechtsthese auf einer richtigen Erkenntnis der Wirtschaftstatsachen beruhte, wird Hauptgegenstand der folgenden Untersuchung sein.

Zweites Stadium: 1850—1890. Die Ausweitung der Märkte schreitet noch immer fort. Wenn auch die Fortentwicklung sich verlangsamt. Die Mittel und Wege jedoch beginnen subtiler zu werden. Häufiger wird die Überhastung der Produktion und Spekulation bei der Abwägung der Marktmöglichkeiten. Die Mehrzahl der Märkte hat statisch ihre bestimmte Begrenzung schon erreicht. An einem bestimmten Zeitpunkt sind ihre Grenzen unverrückbar festgelegt. Dynamisch dagegen bleiben sie in fortgesetzter Entwicklung. Die Markterweiterung allerdings erfolgt meist nicht mehr Schritt für Schritt, sondern nach verhältnismäßig leicht und plötzlich gewonnenen, neuen Positionen erfolgen starke Rückschläge, die aber das erfolgreiche Endresultat nicht zu beeinträchtigen vermögen. Schon machen sich wenigstens die offenbarsten Überlegenheiten einzelner Unternehmungen über die anderen bemerkbar: überlegene Produktionswerkzeuge und deshalb subtilere Arbeit und niedrigere Preise, bessere Arbeitsteilung auf Grund einer umfassenderen Betriebs-

[12]) Grdr. I, S. 167.
[13]) Grdr. I, S. 130.

einheit, die Vorteile des größeren und leichter verfügbaren Kredits; das wirksamere Warenangebot auf den Märkten, das zu bisher nicht kaufwilligen Schichten gelangt und damit dem Markt neue Käufer zuführt. Das geschicktere Aufspüren neuer kauffähiger Schichten bei möglichster Ersparnis an Transportkosten auf weiter entlegenen Märkten. Kurz die Überlegenheit des Großbetriebs über den Kleinbetrieb. Aber immer noch weitet sich der Marktabsatz. Deshalb wirken die eben angedeuteten Marktüberlegenheiten nicht allzu durchgängig. Auch der Kleinbetrieb kann rasch und sicher vorwärts schreiten, sobald er die Marktversorgung für seinen Teil rationell durchzuführen versteht. Und nicht für alle Waren gilt die unbedingte Überlegenheit des Großbetriebs. Nur auf einem Markte gilt sie unumschränkt, dem Kapitalmarkt. Daraus erwächst dann die für dieses Stadium charakteristische Entwicklung: Statt des Einzelunternehmens auf vielen Gebieten des gewerblichen Erwerbslebens (das landwirtschaftliche wird in diesen beiden ersten Stadien von der Entwicklung nur mehr oder weniger hart gestreift, erst im dritten voll miterfaßt), tritt die gesellschaftliche Unternehmungsform. „Gemeinschaften der mannigfaltigsten Art zu gemeinschaftlichen Produktions- und Erwerbszwecken, die uns im Wirtschaftsleben in den verschiedensten Formen der Handels- bzw. Erwerbsgesellschaften entgegentreten"[14]). Auf den Märkten treten die gesellschaftlichen Unternehmungen genau wie früher die Einzelunternehmung als Einzelanbieter oder Einzelnachfrager auf; nur daß durch die Kapitals-, Arbeits- und Betriebskonzentration die vorher schon bei dem größeren oder sonstwie im Vorteil befindlichen Einzelunternehmen vorhandene Marktüberlegenheit über ihre Mitanbieter oder Mitnachfrager ins ungeheure gesteigert wird. Und damit auch ihre Gefährlichkeit für die schwächeren Konkurrenten. Trotzdem bleiben auch diese Gesellschaften bei sonst gleichen Umständen auf den Märkten Einzelhandelnde. Nur ist zu unterscheiden: es gibt schon gesellschaftliche Unternehmungsformen, die auf dem einen Markt als „Nachfrager" gemeinsam handelnd vorgehen, auf den anderen Märkten aber als „Anbieter" ihre Teilnehmer unabhängig voneinander vorgehen lassen. So die Kreditgenossenschaften der Handwerker. Die Vorteile des Großunternehmens auf dem Kapitalmarkt sind hier zunutze gemacht unter Verzicht auf die anderen Wesenheiten des eigentlichen Großbetriebs, der Arbeits- und Betriebskonzentration. Damit stoßen wir auf eine Erscheinung, die prinzipielle Bedeutung erlangt.

Innerhalb der individualistischen Marktgliederung setzen sich die ersten schüchternen Keime einer Teilorganisation bisher konkurrierender

---

[14]) Philippovich, Grdr. I, S. 168.

Nachfrager oder Anbieter an. Wie sich im physischen Zellengewebe ein schwächeres Teilchen mit vielen anderen gleichschwachen verschmilzt, einen festen Zellenkern bildet, der in seinen Teilen noch die früheren Funktionen behält, aber sich im Kampf nach außen den anfänglich überlegenen Nachbarzellen gewachsen, wenn nicht überlegen zeigt. Es ist keine bloße Analogie, hier von organischem Aufbau zu sprechen. Die durch Integration und Differenzation gekennzeichneten Entwicklungsreihen finden sich hier wie dort. Welche Umstände veranlassen nun diese ersten Versuche des Übergangs der individualistischen Marktgliederung zur organischen? Die Handwerker entschließen sich schwerlich zur Bildung von Kreditgenossenschaften, wenn sie nicht unter dem Druck der Umstände auf diesen zu ihrer Zeit gänzlich neuen Weg als den einzigen aussichtsreichen getrieben würden. Mir scheint hier eine psychologische Feststellung am Platze: Um eine gemeinsame gleichmäßige Handlung einer größeren Anzahl von Menschen zu motivieren, genügt es in den meisten Fällen nicht, einen größeren oder kleineren voraussehbaren wirtschaftlichen Nutzen, der durch das gemeinschaftliche Vorgehen erzielt wird, nachzuweisen. Für den einzelnen wäre diese Motivation im allgemeinen ausreichend, somit auch für ein durch die Initiative eines einzelnen oder eines kleinen Kollegiums geleitetes Unternehmen. Es bedarf jedoch eines starken Druckes von außen, einer Notlage oder doch einer Hemmung des bisherigen Wirtschaftsganges, um eine größere Masse von Menschen unter Überwindung des Massenträgheitswiderstandes zum gemeinsamen Handeln zu bringen, zumal, wenn vorher noch keine Grundlage irgend welchen tieferen Gemeingefühls vorhanden war. Nur der wirtschaftliche Notstand des niedergehenden Handwerks vermochte den Boden für die Reformen im Sinne Schultze-Delitzschs zu bereiten. Ein Notstand, der letzten Endes nicht allein durch die Konkurrenz der Mitproduzenten und direkten Marktkonkurrenten geschaffen war. Der wirtschaftliche Niedergang, durch die geminderte Konkurrenzfähigkeit eingeleitet, wurde zur niederdrückenden Last, als dazu die Unterlegenheit der niedergleitenden Erwerbsschicht gegenüber ihren Kontrahenten („Marktgegner", wie wir sie später bezeichnen wollen) auf dem Kapitalmarkt trat. Die Geldgeber der Handwerker beuteten ihre Notlage durch Auflage härterer Marktbedingungen aus. Auf Grund des „freien Vertrags" wurden auch hier dem schwächeren vom stärkeren Marktgegner die knechtenden Bedingungen diktiert. Erst dieser Druck veranlaßte die „Koalition"[15]), den Zusammenschluß der Kreditnachfrager zur Genossenschaft. Für die ersten

[15]) Unter „Koalition" wollen wir verstehen: Verbindung von Käufern oder Verkäufern zwecks Beeinflussung des Marktes. So daß damit eine allgemeine

Genossenschaften ließe sich fast ausnahmslos eine analoge Sachlage nachweisen — soweit sie nicht von ausgesprochen sozialistischen Gedankengängen beseelt waren und damit aus der Motivreihe unserer Epoche (als solcher) ausscheiden.

Auf dem Markt der Dienste hatten wir die eben umschriebenen Vorbedingungen der Koalitionsbildung schon für das erste Stadium aufgewiesen: Ausbeutung der Schwächeren durch den stärkeren Marktgegner als typische Erscheinung. Jetzt im zweiten Stadium treten auch die ersten Koalitionen auf dem Markt der Arbeitskraft auf, die Gewerkvereine oder Gewerkschaften. Wenn sie auch noch nicht zu gemeinsamen Marktverträgen — „Tarifverträgen" gelangen, so versuchen sie doch durch Verabredung gleichmäßigen Handelns gegenüber dem Marktgegner, dem Unternehmen, ihre Marktunterlegenheit einigermaßen zu mildern. Wir beobachten in der tatsächlichen Entwicklung demnach die Erscheinung, daß der schwächere Marktgegner seine Unterlegenheit mittels einheitlichen Vorgehens einer auf dem Markt ins Gewicht fallenden Mehrheit Gleichgestellter zu beheben versucht. Später wird zu untersuchen sein, ob und inwieweit dieser Versuch aussichtsreich erscheint.

Wir fassen als entscheidende Merkmale des zweiten Stadiums zusammen: Weitere, wenn auch langsamere, nur schrittweise Erweiterung und Erhöhung der Marktmöglichkeiten auf dem Markt der Güter, doch daneben schon recht häufig Produktionskrisen, die immer schärfer wirkende Auslese der Konkurrenz und die ersten Koalitionserscheinungen. Was sie von den späteren, entscheidend gewordenen Koalitionen unterscheidet, ist die typische Tatsache, daß es die wirtschaftlich schwächeren Elemente sind, die sich zur Koalition gedrängt sehen[16]). Auf dem Markt der Dienste noch größere und rascher um sich greifende Tendenz zur Marktgemeinschaft, deren Träger die Gewerkschaften werden[17]).

Bezeichnung gefunden wäre, die gleichermaßen Trusts, Kartelle, Fusionen, Konzerne u. a., Genossenschaften, Gewerkschaften umfaßt, die letzten Endes sich zum Ziel gesetzt haben, auf den Markt einzuwirken.

[16]) Daß auch die ersten Kartelle aus dieser Zeit fast ausnahmslos aus einer Notlage des schwächeren oder sonst ungünstig gestellten Marktgegners gegenüber dem überlegenen hervorgehen, beweist neben vielen anderen die Darstellung Wittgensteins über das österreichische Schienenkartell. Schr. d. Ver. f. S. S. 60.

[17]) Vgl. Brentano im Jahrb. d. St. Art. „Gewerkvereine", S. 1114. „Die Gewerkvereine versetzen die Mitglieder beim Abschluß des Arbeitsvertrages in dieselbe Lage, in der sich die Verkäufer anderer Waren beim Verkauf derselben befinden. Durch sie werden die nachteiligen Wirkungen der Eigentümlichkeiten der Arbeit als Gut, welches verkauft wird, und des Arbeiters als Verkäufer beseitigt, und erst damit wird einerseits die Arbeit ein Verkaufsgut wie andere, andererseits der Arbeiter Mensch."

Drittes Stadium: Seit etwa 1890. Die Märkte erscheinen in ihrer weiten Ausdehnung okkupiert. Die extensive Marktwirtschaft hat ihre Möglichkeiten nahezu erschöpft Eine Grenzerweiterung ist meist nur noch mit methodischer, intensiver Tätigkeit zu erreichen. Oder auf Kosten der Nachbarn. Der Kampf Schulter an Schulter um jedes Fußbreit Marktboden beginnt. Nun werden alle Wege beschritten, die zur Erhöhung der Marktintensität zu führen versprechen. Das schon im zweiten Stadium verfolgte Bestreben, den Warenpreis herabzusetzen, was ganz und gar keine selbstverständliche Voraussetzung der „freien Konkurrenz" ist — wie wir später sehen werden —, wird bis zur äußersten Grenze verfolgt, so daß bisher weitaus überlegene Anbieter durch ihren zügellosen Wettbewerb den an sich schwächeren Nachfragern in den Marktbedingungen eine überlegene Position sichern. Die Reklame, das System der Agenten und alle erdenkbaren Arten der Geschäftspropaganda locken auch die letzten Käufer aus den verborgensten Winkeln hervor. Die verschiedensten Umstände heben den Wohlstand und damit die Kaufkraft der für den Massenkonsum entscheidenden Volksschichten: so die staatliche Wirtschaftspolitik, die fortschreitende Sozialpolitik, das Steigen der Löhne und der Lebensansprüche der unteren Klassen, die sich ihren Anteil an der gewachsenen Gütermenge des gesamtgesellschaftlichen Wirtschaftsprozesses zu sichern suchen, die Bodenschätze und Landprodukte der in den Weltmarkt einbezogenen Länder u. a. Die gleichen Fortschritte des Weltwarenverkehrs, die allmählich auch den fernsten kanadischen Farmer und argentinischen Cowboy in die Marktkreise hereinziehen, eröffnen in gleichem Maße neue Absatzmärkte, schaffen neue kaufkräftige Nachfrager, wie sie die Kaufkraft der bisherigen Käufer steigern.

Trotz dieser immer noch anhaltenden Marktausweitung hat sich auf einer schon erheblichen Zahl der Märkte die Lage für die einzelnen Anbieter und Nachfrager völlig verändert. Man hat die Produktion und das Warenangebot jetzt so weit zu steigern vermocht, daß es in den weitaus überwiegenden Fällen jede voraussehbare Nachfrage zu decken vermag. Der Nachrichtendienst des Marktes ist bis zu einer minutiösen Vollkommenheit durchgebildet. Die Reihen der Anbieter sind lückenlos gefüllt, wenn nicht zeitweilig überfüllt. Nur auf Kosten der Mitbewerber ist eine Markterweiterung für den einzelnen Markthandelnden in absehbarer Frist möglich. Naturnotwendig tritt nun allerorts die Überproduktion auf; wenn auch nicht immer, wie es in den Klagen der „notleidenden" Produzenten heißt, schon der Bestand des Produktionszweigs bedroht ist, so wird doch eine andauernde fühlbare Minderung der Verwertungsmöglichkeit der Ware zur typischen Erscheinung der Branche. Auch für die bestgestellten Unternehmen kann der hohe Absatz, den man sich, zuletzt auf Kosten der Kleinen, errungen, auf Grund der niederen sogenannten ,,Konkurrenzpreise" erobert, keine genügende Aussicht auf weitere Erhöhung der Warenverwertungsmöglichkeit bieten[18]). Die Kleineren können sich selbstverständlich noch viel weniger der immer schärferen Reibungen auf dem Markte freuen. Welcher Weg zu beschreiten ist, um diesem hemmenden Druck, der nun auf allen lastet, zu entgehen, zeigt ein ziemlich einfaches Rechenexempel; der unterdes zu hoher Präzisität vervollkommnete Nachrichtendienst über die Marktlage ermöglicht es jetzt täglich: Die Anbieter A, B, C, D, E, F (mehr ließ der scharfe Konkurrenzkampf der letzten Jahrzehnte auf dem gedachten für die neue Entwicklung reifen Markt nicht übrig) verkauften im Durchschnitt bisher je 100 pro Woche zum Preise von 10; wenn sie nun bei einem vielleicht zufälligen Zusammentreffen in irgend einem Kreise (z. B. Handelskammer) einmal verabredeten für eine oder zwei Wochen gleichmäßig für 12 zu verkaufen, nur um zu sehen, um wieviel weniger sie zu dem erhöhten Preis absetzen werden; wenn sich dann ergibt, daß sie immer noch je 95 absetzen und damit, statt bisher 1000 jetzt 1140 in ihre Kasse fließt, dann wird diese Erfahrung (die sie auch aus den längst vorhandenen Abwehr-Marktkonventionen des zweiten Stadiums entnehmen konnten) ihren Eindruck nicht verfehlen[19]).

Damit erstehen in völlig folgerichtiger Entwicklung aus der individualistischen Gruppierung der Marktparteien, Anbieter wie Nachfrager, auch auf dem Markt der Güter, die organisch geeinten Gruppen

---

[18]) Vgl. hierzu das in der Fußnote S. 5 aufgeführte Tabellenschema Forchheimers.

[19]) Soll man in der neuen Vereinbarungstaktik der Anbieter eine reuige Rückkehr zum altbewährten Prinzip früherer Zeiten erblicken, nach einem mißglückten Versuch auf anarchisch-individualistische Weise die Marktversorgung zu bewirken? Sind die neuen Kartelle, Trusts und Genossenschaften die legitimen Erben der alten Zünfte und Gilden? Ich glaube, daß diese Frage unbedingt zu verneinen ist. Die individualistische Epoche war durch die Entwicklung der Marktverhältnisse nach dem Grundprinzip der möglichst zweckmäßigen Erhöhung der Marktintensität notwendig geworden. Die alten Zünfte und Verbände waren auf die engen autarkischen Märkte der älteren Wirtschaftsepoche zugeschnitten und zeigten sich unfähig, selbst die neue Markteroberung durchzuführen. Nur die individuelle Entschlußfähigkeit und Tatkraft konnte die Umwälzung erfolgreich durchsetzen. Jetzt, im dritten Stadium, wo die Konsolidierung der Märkte von neuem sich vollzieht, entstehen ebenso notwendig die neuen Verbände. Mit den alten haben sie sicher gemein, daß sie Verbände, Verkäuferverbände zur Beeinflussung der Marktbedingungen sind. Wie der Urstaat der Inkas mit der neumexikanischen Republik gemeinsam hat, daß beide auf dem gleichen Boden zu verschiedener Zeit eine Rechtslage zu statuieren strebten. Nur der allgemeinsse Gemeinschaftszweck ist derselbe. Der Stoff des neuen Körpers ist von dem des alten urverschieden, ebenso die Mittel zur Verfolgung des Zweckes.

und Bünde der bisherigen Wettbewerber auf gleichem Marktniveau. Anbieter und Nachfrager finden sich immer häufiger einer geschlossenen Front des Marktgegners gegenüber. Auf dem Markt der Dienste, wo die Entwicklung durch die gerade hier so krassen Kräfteverschiedenheiten viel rascher fortgeschritten, schließt sich angesichts der jetzt erstarkenden Marktpartei der Arbeitskraft-Anbieter die mächtige Reihe der Nachfrager der Menschenkraft: Gewerkschaften in hartem Ringen mit Arbeitgeberverbänden.

Das Problem rollt sich in fast unübersehbarer Breite auf: Welche Veränderungen der Marktgestaltung bewirken die Verbände der Anbieter und Nachfrager?

Es war hier nur möglich, eine flüchtige Umrißskizze der tatsächlichen Marktentwicklung zu geben[20]). Für unsere Zwecke mag sie genügen. Wir finden durch sie unsere Annahmen durchweg bejaht: Die typischen Mittel der Markttaktik waren in den von uns beobachteten Perioden in organisch fortschreitender Änderung begriffen. Wir erkannten Regelmäßigkeiten, die schon bei oberflächlicher Beobachtung auf kausale Zusammenhänge hinwiesen. Der Versuch erscheint gerechtfertigt, festzustellen, unter welchen Voraussetzungen Verbände von Anbietern und Nachfragern regelmäßig auf dem Markt in Erscheinung treten. Gleichzeitig wird aber zu ergründen sein, was derartige Verbände an neuen, für die Beteiligten erstrebenswerten Machtpositionen auf dem

[20]) Wichtige, ja vielleicht mit ausschlaggebende Momente wurden im historischen Überblick vernachlässigt; um der Geschlossenheit und Bildhaftigkeit der Darstellung willen: So die Umhegung der nationalen Marktbereiche durch Schutzzölle; und was noch wichtiger: Das dauernde Steigen der Preise aller Waren, und damit die notwendig erfolgenden, nie ruhenden Preiskämpfe auf allen Märkten; neben anderen Ursachen veranlaßt durch erhöhte Lebensmittelzölle. Die Entwicklung der Landwirtschaft läßt sich trotz aller naturgegebenen Verschiedenheit in das weitgefaßte, von uns gegebene Schema einordnen, sobald der Geist der Marktwirtschaft auch sie voll erfaßt hat: Zuerst Eroberung neuer Märkte, dann allmählich, oft sehr rasch Überfüllung der Märkte. Nun erst aufreibender Kampf zwischen den besser- und den schlechtergestellten Produzenten. Der Konkurrenzkampf wird schon in den Anfängen bis zur Ungefährlichkeit eingedämmt durch das zielbewußte Vorgehen der Schwächeren, die es zu erreichen wissen, daß ihr nationales Absatzfeld für sie vom Weltmarkt abgetrennt wird; das genügt unter den besonderen Bedingungen der Preisbildung der Bodenprodukte (die wir später kennen lernen), eine höhere Preishaltung ohne besondere Verbände zu sichern. Soweit landwirtschaftliche Produzenten an Märkten als Nachfrager beteiligt sind, entstehen aus den schon angedeuteten Zusammenhängen genossenschaftliche Gebilde. Man denke an die Raiffeisengenossenschaften. Dies, wie die ganzen Ausführungen der ersten Untersuchung, soll nur zum Überblick über das zu durchforschende Gebiet dienen. Um zum gründlichen Erkennen fortzuschreiten, müssen in der zweiten Untersuchung die unentbehrlichsten Grundtatsachen aufgedeckt werden.

Markt zu erringen vermögen. „Monopol und Konkurrenz" pflegt man die neuere und ältere Methode der Marktstrategie unterscheidend zu benennen. Von ihrem Wesen wird in der zweiten Untersuchung zu handeln sein.

II.

Der Kampf der Marktgruppen und die Konkurrenz auf gleicher Wirtschaftsstufe als preisbestimmende Faktoren.

Als typische Erscheinungsform der Unternehmungsverbände in Deutschland gelten die „Kartelle"[21]. Robert Liefmann kennzeichnet ihre Eigenart durch die Definition: „Unternehmerverbände als Mittel, den Mitgliedern im Zustand der Konkurrenz trotz des Bestehens derselben die Vorteile von Monopolisten zu gewähren". Diese Formulierung führt zwei Begriffe ein, die in der Nationalökonomie zwar zum ältesten Bestand gehören, keineswegs aber in ihrer Tragweite und in ihrem Verhältnis zueinander und zu andern feststehen. Man

---

[21]) Die ersten Unternehmerverbände in Deutschland, die größere Aufmerksamkeit auf sich zogen, unterschieden sich nach Art, Entstehungsweise und Wirkung und besonders durch die rechtliche Anpassung stark von den gleichzeitig oder bald nachher entdeckten amerikanischen Trustgebilden. Ihrem Wesen nach waren die ersten Kartelle, die dem Begriff ihre Eigenart liehen, ebenso wie die Trusts „Übereinkommen der Unternehmer derselben Branche, deren Zweck dahin geht, die schrankenlose Konkurrenz der Unternehmer untereinander einigermaßen zu beseitigen und die Produktion mehr oder weniger derart zu regeln, daß dieselbe wenigstens annähernd dem Bedarf angepaßt werde." (Kleinwächter, Kartelle 1883.) Nur daß der wahre Zweck der Kartelle nicht gerade unmittelbar die Produktionsanpassung an dem Bedarf war. Das konnte höchstens die Folge ihrer neuen Markttaktik sein, brauchte es aber nicht immer. Brentano gab vielleicht die präziseste Fassung: „Koalitionen von Produzenten zur Hochhaltung der Preise ihrer Produkte". Nur scheint hier sich die Kartellpolitik mit der Hochhaltung der Preise zu erschöpfen. Was sich als viel zu eng erweist. Büchers Definition deckt sich mit der Liefmanns: „Vertragsmäßige Vereinigung selbständiger Unternehmer mit dem Zweck durch dauernde monopolistische Beherrschung des Marktes den höchstmöglichen Kapitalprofit zu erzielen." Dies darf als herrschende Meinung bezeichnet werden. (Ähnlich Friedrichovicz, Pohle, Tschiersky, Grunzel, Baumgarten - Meszlény u. a.) Unter den Unternehmerverbänden, deren Endzweck immer maßgebende Beeinflussung ihres Absatzmarkts ist, stellen die Kartelle nach allgemeinem Sprachgebrauch dann diejenige Gruppe dar, deren Bindemittel ein auf Zeit abgeschlossener Vertrag, und deren Glieder auf einzelnen Märkten noch als selbständig Handelnde auftreten. (So in der Regel auf allen Märkten, wo sie Nachfrager sind, ihren Lohn- und Gewinnbeziehern gegenüber usw.)

glaubt mit „Monopol" und „Konkurrenz" zwei wesensverschiedene, wenn nicht entgegengesetzte Methoden der Markttaktik zu erfassen. Meist sogar schwebt noch das von Smith ausgehende Gefühl vor, das Monopol sei der gefährliche, das wirtschaftliche Gleichgewicht störende Fremdkörper, der bei größerer Wucherung imstande wäre, die ganze Wirtschaftsordnung zu untergraben. Jedenfalls begegnet uns hier eine Unklarheit, an der wir nicht achtlos vorübergehen dürfen.

„Eine Monopolstellung im ökonomischen Sinne liegt dann vor, wenn der größere Teil der Nachfragenden nur Befriedigung durch einen einzigen Anbieter oder eine vereinigte Gruppe von Anbietern finden kann [22])." Liefmann grenzt hier den Begriff des Monopols scharf ab: als eine bestimmte Marktkonstellation, bei welcher der Anbieterpartei von einem einheitlichen Willen in ihren Operationen geleitet wird, während ihr die Nachfrager in Isolierung und Zersplitterung gegenüber stehen. Eine solche Marktkonstellation wird auf die Gestaltung der Marktverträge zwischen den beiden Parteien einen bestimmten Einfluß haben. Nur in diesem Falle wäre die bewußte Anstrebung einer derartigen Konstellation verständlich. Ebenso folgt aus der Tatsache, daß die Anbieterpartei sich einem führenden Willen unterstellt hat, d. h. sich „koaliert" (oder wie man unpräziser sagt „sich organisiert" hat), daß diese Anbieter von ihrer veränderten Stellung im Marktkampf Vorteile erwarten. Liefmanns „Monopolstellung" charakterisiert sich damit als eine einzelne, bestimmte, unter vielleicht mannigfachen Methoden, die Stellung der Anbieter im Machtkampf zu stärken, ihnen eine gewisse Überlegenheit über die Nachfrager zu sichern.

Eine ganze Reihe anderer Autoren sehen in dieser Wirkung des „Monopols" (in Liefmanns Sinne) das allein ausschlaggebende Moment. Sie dehnen den Begriff „Monopol" auf alle Konstellationen der Marktlage aus, die den Anbietern eine typische Überlegenheit über die Nachfrager zu verschaffen pflegen[23]). Ja auch die verursachenden Umstände, die die Nachfrager zur überlegenen Marktpartei machen, werden häufig als „Ankaufsmonopol" bezeichnet.[24]). Die engere wie die weitere Auffassung des Wortbegriffs scheint uns gleichberechtigt; beide entstammen wohl ursprünglich der Verallgemeinerung eines Smithschen Satzes: „Ein einem einzelnen oder einer Handelsgesellschaft verliehenes Monopol hat dieselbe Wirkung wie ein Handels- oder Fabrikgeheimnis. Indem die Monopolisten den Markt beständig dadurch schlecht ver-

---

[22]) Liefmann: Kartelle und Trusts, 1910, S. 12.

[23]) Vgl. hierzu Schmoller, Grdr. II, S. 57. Philippovich, Grdr. I, S. 204. Franz Oppenheimer a. a. O., S. 235 u. a.

[24]) Vgl. H.-W.-B. d. St.-W. Art. Monopol v. Lexis.

sorgt halten, daß sie die wirksame Nachfrage nie völlig befriedigen, verkaufen sie ihre Ware weit über dem natürlichen Preis und treiben ihre Vorteile, mögen sie nun in Arbeitslohn oder Profit bestehen, weit über den natürlichen Satz hinaus"[25]). Smith versteht hier „Monopol" noch im ursprünglichen Wortsinn: das staatlich verliehene und garantierte Alleinverkaufsrecht. Seine Wirkung sieht er in einem künstlichen Hinaufschrauben des Preises „über den natürlichen Satz hinaus". Ein solch künstlich (durch ein Rechtsmonopol bewirktes) hohes Preisniveau bezeichnet er als „Monopolpreis". Die klassische Schule und nach ihr auch die neueren Theoretiker haben jeden Preis, der sich als „über dem natürlichen Satz" nachweisen ließ, „Monopolpreis" genannt; ein weiterer Schritt führte dazu, die den „Monopolpreis" verursachende Erscheinung entweder immer als „Monopolstellung" zu bezeichnen (wie es Schmoller und Oppenheimer tun), einerlei, ob sie nun in einem garantierten Alleinverkaufsrecht oder in dem tatsächlichen Alleinverkauf aus ökonomischen Gründen oder auch in einer anderen Position wirtschaftlicher Überlegenheit zu suchen ist. Lexis (a. a. O.) und Liefmann übertragen das Wort „Monopol" von dem rechtlichen auf den tatsächlichen Alleinverkauf oder eine dem nahekommende Marktstellung der Anbieter.

Wir glauben bei dieser schwankenden Begriffsbildung gut zu tun, das Wort „Monopol" vorläufig überhaupt zu vermeiden[26]); zumal es scheint, als ob vielleicht gerade durch diesen Wortgebrauch so häufig die Untersuchung unterlassen wurde, ob es nicht auch noch andere typische Lagerungen der Umstände gibt, die eine Überlegenheit des Anbieters über den Nachfrager, oder auch umgekehrt, des Nachfragers gegenüber dem Anbieter zur Folge haben. Dieser Untersuchung sollen die folgenden Ausführungen gelten.

„Im Zustand der Konkurrenz trotz des Bestrebens derselben gewähren die Unternehmerverbände", nach Liefmann, „die Stellung von Monopolisten". Auf dem Markte entspricht der „Monopolstellung" der „Monopolpreis", den auch neuere Theoretiker vom „Konkurrenz-

---

[25]) Smith. Wealth of nations, I. book 7. ch.

[26]) Vgl. hierzu Schmoller, Grdr. II, S. 57. „Man gebraucht den Begriff „Monopol" in ziemlich verschiedenem Sinne: bald nennt man es Monopol, wenn ein oder mehrere nur gewisse Vorzüge, größeren Kapitalbesitz, technische oder persönliche Überlegenheit haben, bald will man als M. nur das ganz ausschließliche Recht oder die ausschließliche Macht eines Produzenten gelten lassen. Von tatsächlichem M. spricht man, wo im Zusammenhang mit der Eigentumsverteilung gewissen Grundstücken, Erzlagern, Kohlenlagern eine bedeutende wirtschaftliche Überlegenheit zuteil wurde."

preis" unterscheiden[27]). Zuckerkandl[28]) bemerkt jedoch hierüber: „Die Preisbestimmungsgründe bei Verkaufsmonopolen sind dieselben wie bei Konkurrenzpreisen. Der Unterschied gegenüber der freien Konkurrenz liegt darin, daß einer der Faktoren der Preisbildung, nämlich die zum Verkauf zu bringende Menge, die beim freien Wettbewerb von zahllosen unzusammenhängenden Einzelentschließungen abhängt, seitens einer Stelle vorherbestimmt werden kann." Bei allen diesen Unterscheidungen liegt offenbar die Vorstellung zugrunde, als ob dann, wenn die „zum Verkauf zu bringende Menge von zahllosen Einzelentschließungen abhängt", der Preis notwendig bis zu einem Minimum herabgedrückt werden muß, das etwa eben noch eine annehmbar erscheinende Rentabilität des Anbieterunternehmens sicherstellen kann. Von der Seite der Marktwirtschaft zeigt sich der gleiche Zusammenhang etwa so: Sobald die Anbieter ohne einheitlichen Willen auf dem Markte den Nachfragern gegenübertreten, also jeder Anbieter nur sein eigen Interesse ohne Rücksicht auf das Gesamtinteresse wahrnimmt, werden bei normaler Marktentwicklung die Preise bis zu einem äußersten Gewinnminimum herabgedrückt. Wenn sowohl Anbieter wie Nachfrager isoliert auf dem Markt auftreten, wird sich für den tatsächlichen Marktpreis eine mittlere Lage ergeben, die

---

[27]) Vgl. Lexis a. a. O.; Forchheimer, a. a. O. In anderem Sinn unterscheidet Philippovich: „Monopol- und Konkurrenzpreise". Grdr. I, § 86 und 87.

[28]) Artikel „Preis" im H.-W.-B. d. St. Vgl. zu dem Vorhergehenden und Folgenden: Oppenheimer a. a. O., S. 391. „Derjenige Punkt, wo sich wirksames Angebot und wirksame Nachfrage in der stationären Wirtschaft genau decken, ist der Wert der Monopolware, wie jeder anderen Ware..... Die Meinung ist weit verbreitet, daß da, wo mehrere Monopolisten vorhanden sind, ein Monopolpreis überhaupt nur dann entstehen kann, wenn sie zwischen sich die Konkurrenz vertragsmäßig beschränken oder aufheben. Diese Meinung ist ein Irrtum. Sie ist nur in einem einzigen Fall von Monopol richtig, nämlich dort, wo es sich um den privatrechtlichen Monopolpreis beliebig reproduzierbarer Waren handelt, der nur durch die Einschränkung der Konkurrenz erreicht werden kann; aber sie ist völlig falsch, wenn man sie auf die öffentlich-rechtlichen Monopole einerseits und die Naturmonopole andererseits anwendet. Auch bei völlig freier Konkurrenz zwischen mehreren Monopolisten stellt sich der Durchschnittspreis, der Tauschwert der Monopolware auf einen Punkt oberhalb des natürlichen Preises. Das wichtigste Beispiel solchen Rechtsmonopols, (im Sinne Oppenheimers, d. h. die durch das Eigentumsrecht am Boden gewährleistete wirtschaftliche Sonderstellung), an dem viele Berechtigte partizipieren, ist das Grundeigentumsrecht unserer Gesetzbücher: ein ungeheurer Kreis von Monopolisten steht unter sich in voller Konkurrenz und dennoch erzielt jedes Stück Boden einen weit über dem natürlichen Wert stehenden Monopolpreis". Nach Stuart Mill, Political Economy, book III. ch. II., § 5 hängt der Monopolwert nicht ab von einem besonderen Prinzip, sondern ist nur eine bloße Varietät des gewöhnlichen Falles von Angebot und Nachfrage.

den Interessen beider Gruppen am besten entspräche. Ein Preis, der nicht „gerechter“ angesetzt werden könnte, wenn beide Gruppen von einem einheitlichen Willen geleitet, sich auf gleichem Rechtsboden gegenüberträten und zu einem Interessenausgleich bei voller Berücksichtigung aller Marktumstände gelangten. Damit haben wir die freie Konkurrenz der klassischen Schule mit ihrer prästabilierten Harmonie aus dem naturgemäßen freien Kampf der Kräfte. Die Tatsachen, besonders der eklatanteste Widerspruch, die Preisbestimmung im Arbeitsvertrag, haben längst die Unhaltbarkeit der Theorie aufgedeckt. Trotzdem schwebt sie bis heute — meist wohl unbewußt — manchen Bearbeitern der Monopolfrage vor (zum mindesten als heuristisches Prinzip, das die Ausnahmen vom eigentlich Regelrechten scheiden soll).

Die Gesichtspunkte, die uns zu der alten Theorie, wie zu den meisten neueren Theoretikern, besonders der Grenznutzenschule in Gegensatz bringen, hat am markantesten Schmoller zusammengefaßt. Da er gleichzeitig die Wege gewiesen, auf denen wir vielleicht zu einer schärferen Analyse des Konkurrenzbegriffes gelangen können, nehmen wir seine Worte zum Ausgangspunkt (Grdr. II, S. 112 ff.).

„Bei der ganzen Betrachtung Böhm-Bawerks ist vorausgesetzt, daß alle Beteiligten über die Marktlage voll unterrichtet seien. Diese Voraussetzung trifft selten für alle, sehr häufig nur für einzelne, fast stets für die eine Seite oder Gruppe der Beteiligten mehr zu als für die andere. Das Resultat wird dann immer sein, daß die Vollunterrichteten mit mehr Kraft und Geschicklichkeit auftreten und einen größeren Vorteil vom Geschäft haben, den Preis zu ihren Gunsten heben oder senken können.... Ich möchte sagen, das Wesentliche sei die Geschäftsdringlichkeit und die wirtschaftlichen Machtverhältnisse der Käufer- und Verkäufergruppen bzw. der einzelnen in ihnen. Je nach Marktkenntnis und Marktgeschicklichkeit, je nach Einkommen und Vermögen, je nach Macht und Einfluß überhaupt ist, wie in allem wirtchaftlichem Leben, so vor allem auch auf dem Markte häufig, ja vielleicht meist, die eine Seite die starke, die andere die schwache, die eine ist aktiv, hat die Führung und Initiative, die andere ist passiv, läßt sich viel, wenn nicht alles gefallen. Hiervon ist ein großer Teil aller Wert- und Preisbildung beeinflußt..... Die Machtungleichheit bewirkt, daß häufig Wert- und Preisbildungen erfolgen, mit denen die eine Seite unzufrieden sein muß. Die Machtungleichheit, ihr tatsächlicher und möglicher Einfluß auf die Wertbildung erzeugt immer wieder die Verbindung der Käufer und Verkäufer; sie nötigt Gesellschaft und Staat zu Marktordnungen und Konkurrenzregulierungen und zu anderen Eingriffen. Wir werden sagen können, daß die richtige Erkenntnis dieser gesamten Einflüsse der sog. klassischen Volkswirtschaftslehre fehlte, und daß das Verständnis für sie uns heute nicht bloß in der Wertlehre und in allen sozialen, sondern noch in sehr vielen anderen wirtschaftlichen Fragen zu veränderten Ergebnissen gegen früher bringe.“

Durch diese Sätze tritt die unumgängliche Vorfrage jeder „Monopol“-Theorie und vor allem jeder Theorie der Marktgestaltung durch konkurrenzregulierende Verbände klar zu Tage. Bevor die „monopolistische“ Wirkung derartiger Verbände festgestellt werden kann, muß erst einmal klargestellt werden, welche Wirkungen und Gegenwirkungen, welche Macht- und Druckunterschiede in den Marktkämpfen der sog. „freien Konkurrenz“ schon vorhanden sind; was an Vorbedingungen durch den historisch gegebenen Zustand erfüllt ist, um den Boden für die Aussaat der „monopolistischen“ Verbände aufnahmefähig erscheinen zu lassen. Die Frage ist: Welche Lagerungen der Umstände schaffen im Marktkampf einer Marktgruppe (Käufer oder Verkäufer, Nachfrager oder Anbieter) eine von vornherein überlegene Position, die eine Verschiebung des Preisniveaus im Interesse der Überlegenen ermöglicht? Schmoller führt an solchen Momenten an: 1. Größere Geschäftsdringlichkeit auf der einen Seite, die die Gegengruppe zur Überlegenen macht, 2. Die verschiedenen wirtschaftlichen Machtverhältnisse der einander gegenüberstehenden Gruppen, und 3. (worauf mit der größte Nachdruck zu legen ist) die hier sehr große, dort völlig mangelnde Kenntnis der Marktlage und Geschicklichkeit ihrer Ausnützung. Alle drei Momente scheinen sich nicht gegenseitig auszuschließen, lassen eher auf eine innere Wesensverwandtschaft schließen. Der Versuch scheint gerechtfertigt, die einzelnen Ursachenketten der wirtschaftlichen Machtposition im Marktkampf (so wollen wir das „Monopol“ im weiteren Sinn nennen) bis zu ihren Ausgangspunkten zurückzuverfolgen. Dazu bedarf es einer Analyse des Marktkampfes. In der ersten Untersuchung haben wir die Grundlinien einer solchen zu zeichnen versucht; darauf wird jetzt zurückzugreifen sein.

Das Streben jedes Markthandelnden unserer Wirtschaftsepoche geht auf bestmögliche Verwertung seiner Waren auf dem Markte. Je nach den Situationen, die er dort vorfindet, schlägt er den einen oder anderen Weg ein, um zu seinem Ziel zu gelangen. Welche Wege ihm allein offen stehen, haben wir in der ersten Untersuchung gezeigt. Die ältere Theorie sah nur den einen Weg des Marktkampfes (den wir unter Ia und IIa aufführten): Herabsetzen des Warenpreises. Man stellte als Tatsache hin, daß bei freier Konkurrenz der Warenpreis immer um einen Punkt schwanke, der für den Verkäufer außer den Selbstkosten nur einen angemessenen „marktüblichen“ Gewinn enthalte. Die Kritiker der klassischen Schule haben die vielfachen Abweichungen von dieser Regel (wie sie Smith nur für „Monopolverhältnisse“ zugestand) längst dargelegt. Die Grundanschauung, daß bei freiem Wettbewerb vieler von einander unabhängiger Konkurrenten (der gleichen Marktgruppe) sich zuletzt der Preis auf dem beiden Seiten günstigsten Mittelniveau einstelle, ist in dieser folgerichtig präzisen Formulierung überhaupt wohl nie behauptet worden[29]). Bieten doch die Tatsachen des Wirtschaftslebens kaum irgendwelche Anhaltspunkte für eine derartige Behauptung der Theorie. Wir brauchen uns nur die typischen Verhältnisse aus den verschiedenen Stufen der Produktion und Distribution zu vergegenwärtigen, nur die Bilder, die sich unserem Auge täglich bieten, vorurteilslos zu betrachten, um auf jedem Schritt der Diskrepanz zwischen Theorie und Realität zu begegnen.

Nehmen wir eine in rascher Entwicklung begriffene Industriestadt. Bisher deckten kleine, kümmerliche Kramläden den Bedarf an Kleidung und Haushaltungsgegenständen. Die Kramläden vermochten gerade den Bedarf des Platzes zu decken. Sie hatten ihren festen Kundenstamm, dessen Geschmack und Bedarfsmenge sie kannten; das waren für sie ziemlich feststehende Größen. Der Markt war festbegrenzt und gesichert. Neue Kunden heranzuziehen, oder die Bedarfsmenge der alten zu erweitern, gehörte nicht zur Geschäftspraxis dieser „handwerklichen“[30]) Kleinhändler. Wie stand es da mit der Konkurrenz als preisbestimmendem Faktor? Solange die handwerklichen Kleinhändler unter sich waren, verkauften sie zu „hergebrachten“ Preisen[31]); sie bewegten sich

---

[29]) Vgl. S. und B. Webb Industrical Democraty. übers. v. Hugo II., 3. Teil, S. 177. „Die Konkurrenz zwischen den einzelnen Produzenten und Konsumenten, Arbeitern und Kapitalisten, ist aber, wie der Nationalökonom heutzutage sorgfältig hervorhebt, im wirklichen Leben durchaus nicht vollkommen und zeigt auch keine Tendenz vollkommen zu werden“. Hierzu Böhm-Bawerk. Kapital und Kapitalzins II, S. 247 f.: „Solche Reibungswiderstände gibt es in der Praxis unzählige. Es gibt keinen Augenblick und keinen Produktionszweig, in welchem sie gänzlich fehlen würden. Und dadurch nimmt das Kostengesetz seinen bekannten Charakter eines bloß beiläufig geltenden, über und über von Ausnahmen durchsetzten Gesetzes an. Diese unzähligen großen und kleinen Ausnahmen sind die unversiegbare Quelle, aus der immerfort die Unternehmergewinne aber auch die Unternehmerverluste entspringen“.

[30]) In Sombarts Sinn, siehe Kapitalismus, Bd. I und II.

[31]) Vgl. hierzu John Stuart Mill, Political Economy Bk. II. ch. IV., zitiert bei Brentano: Arbeitergilden, II, S. 211: ... „Diese beiden (preisbestimmenden) Faktoren sind die Konkurrenz und das Herkommen; die Nationalökonomen sind gewöhnt, nur auf den ersteren dieser beiden Nachdruck zu legen. Sie drücken sich aus, als ob in allen Fällen die Konkurrenz wirklich bewirke, was stets nur ihre Tendenz ist zu bewirken. Allein es würde eine große Verkennung des wirklichen Verlaufs der menschlichen Dinge sein zu vermuten, daß die Konkurrenz auch in der Tat eine unbegrenzte Wirkung ausübe. Die Konkurrenz ist überhaupt nur in verhältnismäßig moderner Zeit das regelnde Prinzip der Verträge geworden. Je mehr wir zurückblicken, desto mehr sehen wir alle Verträge unter dem Einflusse fester Gewohnheiten. So wird die Bodenrente vielfach noch jetzt mehr durch das Herkommen, wie durch die Konkurrenz bestimmt, und dasselbe gilt für die Preise anderer Waren, wenn diese auch eher der Herrschaft der Konkurrenz unterworfen wurden. Auch jetzt werden eigentlich nur im Großhandel die Preise lediglich durch die Konkurrenz geregelt.

zwischen den etwas schwankenden Kaufpreisen, die sie selbst ihren Lieferanten zu zahlen hatten, und den fast ganz feststehenden Wertschätzungen ihrer Kunden, der „letzten Konsumenten". Diese traditionelle Konsumentenwertschätzung (man denke daran, wie die Hausfrau von der Mutter und Großmutter her ungefähr wußte, was man für die Elle Drillich oder Kattun „billigerweise" zahlte) war noch aus der Zeit der „Manufakturwaren", der handwerksmäßig oder hausindustriell hergestellten Erzeugnisse, erhalten und nur wenig verändert. Was ihm der Großhändler von der Verbilligung der Produktion durch die fabrikmäßige Herstellung ließ, steckte der Kleinhändler ein. Obwohl in seiner Stadt eine ganze Reihe von „Konkurrenten" saßen. Es fiel keinem einzigen dieser älteren Kleinhändler ein, durch erhebliche Preisunterbietungen dem andern die Kunden zu entziehen. Denn eigentlich fand überhaupt keine Konkurrenz, kein Kampf um den gleichen Markt statt; jeder Kleinhänder hatte seinen bestimmten eigenen Markt in seinem Kundenkreis, der sich zwar hier und da mit dem des anderen berührte; es kamen Grenzstreitigkeiten vor — und da wird auch mit Preisunterbietungen um den strittigen Kunden gerungen. Aber in der Hautsache war jeder Händler tatsächlich der einzig in Betracht kommende Warenanbieter für seinen bestimmten Kundenkreis[32]). Er besaß ein tatsächliches „Monopol"[33]). Innerhalb allerdings enger Grenzen hatte er eine wirtschaftliche Machtposition. Das wird deutlich, wenn wir den einzelnen Kaufakt beobachten. Der Kunde hat sich zum Kauf einer bestimmten Warenart und Quantität entschlossen. Er hört

---

Dagegen macht sich im Detailhandel der Einfluß derselben auf die Preise nur sehr wenig bemerkbar. Der regelmäßige Regulator der Detailpreise ist das Herkommen, das von Zeit zu Zeit durch Anschauungen der Käufer und Verkäufer über das, was billig und recht ist, verändert wird. Ebenso aber wie mit den Detailpreisen ist es mit den Gebühren der Ärzte und Advokaten, welche beinahe unveränderlich sind. Wenn aber das Herkommen in so beträchtlichem Maße das Terrain hält gegen die Konkurrenz, selbst wo infolge der Menge der Konkurrenten und des allgemeinen Durstes nach Gewinn der Geist der Konkurrenz am stärksten ist, so können wir sicher sein, daß dies noch viel mehr der Fall ist, wo sich die Leute mit geringerem Gewinn begnügen und ihr pekuniäres Interesse geringer anschlagen als ihr Wohlbefinden und ihr Behagen."

[32]) Wo die Bevölkerung anwuchs, in neuen Stadtteilen, wurden auch neue Läden eröffnet. Häufig verwendete dort der Sohn einer alten Händlersfamilie die zu Hause erworbenen Marktkenntnisse.

[33]) Sehr klar kennzeichnet Macgregor den „Monopol"-Charakter der festen Kundschaft in „Industrial Combination", S. 54 f.: The growth of a monopoly element in all business is the chief safe-guard of the individual firm (against the risk of the open market). We exclude from this the protection afforded by patents and trademarks. There is left a qualified monopoly based on good will, (on contract, on the form or organization). The „good will" of a firm has a sale price, and may be important enough to predominate in the total sale price. It implies a certain

das Preisangebot. Vielleicht findet er es zu hoch; jedenfalls macht er ein Gegengebot, das erheblich niederer; das Feilschen, „the higgling of the market“ beginnt; der Kleinhändler wird gewöhnlich soweit mit seinem Angebot herabgehen, bis der Preis erreicht ist, den er als entsprechend der herkömmlichen Schätzung seines Kundenkreises kennt. Weiter kaum. (Seine ganze Geschäfts- und Gewinnkalkulation basiert auf der Behauptung dieses Preisniveaus). Gewöhnlich wird der Nachfrager diesen Preis akzeptieren. Im Ausnahmefall wird er zum nächsten Kleinhändler gehen und dessen Preisangebot nachsuchen. Das wird sicherlich nur wenig von dem des ersten abweichen. Und wenn der zweite auch den ersten in diesem Fall unterbietet, um ihm den schwankenden Kunden zu entziehen, seinen Gesamtgewinn wird er beim durchschnittlichen Verkauf sicherlich aufrechterhalten, demnach beim nächsten Kaufakt um ein gleiches teurer verkaufen, als er beim ersten nachgelassen. Daraus ergibt sich: Die handwerklichen Kleinhändler lassen sich durch die geringen Grenzstreitigkeiten ihrer gesicherten Märkte nicht zu durchgreifenden Preisdrückereien hinreißen. Sie suchen vor allem ihren hergebrachten Gewinn zu behalten; der später aufkommende Geschäftsgrundsatz: „großer Umsatz, kleiner Nutzen“ ist ihnen fremd; sie kennen keinen eigentlichen Marktkampf, deshalb bleiben ihnen auch die komplizierten Methoden des Kampfes fremd; ohne Vereinbarung, ja im bewußten Gegensatz, handeln diese Kleinhändler doch so, daß sie trotz ihrer Interessengegensätze vor allem ihr gemeinsames Interesse gegenüber den letzten Konsumenten behaupten; es fällt ihnen nicht ein, durch konsequenten Preisdruck die überlegene Marktposition zu untergraben, die ihnen ihre größere Marktkenntnis und Geschicklichkeit gegenüber der Gegenseite auf dem Markt verleiht.

Nun wird ein Warenhaus am gleichen Platz eröffnet. Die rasche Bevölkerungsvermehrung, der Übergang der handwerklichen zur fabrikmäßigen Produktion und die mit dem riesenhaft gesteigerten Verkehr verbundenen durchgreifenden Umwälzungen haben den festen Boden erschüttert, auf dem die handwerklichen Kleinhändler bisher behaglich wirtschafteten. Nur diese tiefgreifenden Veränderungen ließen eine neue Geschäftspraktik aussichtsreich erscheinen. Das Warenhaus überrascht die Kundschaft der Kleinhändler durch Preise einzelner Waren, die merklich unter ihrer bisherigen Schätzung und unter den demnach von den

business connection or „clientéle“ based on the favour or inertia of certain portion of the demand, on preocupation of the field, on local considerations, on local or national prejudice, on the reputation of a great name, on various chances and accidents. It is divided not sharply, but by continuous gradation, from the neutral consumer; or those who exercise an „ill-will“.

Kleinhändlern geforderten Preisen standen. Es reißt rasch einen großen Kreis von Kunden an sich, die der sonstige Detailhandel verliert. Die Marktmethoden des Warenhauses sind: 1. Herabsetzen des Warenpreises durch Verminderung des Gewinns am einzelnen Stück unter Vergrößerung des Umsatzes, so daß der Gesamtgewinn dabei in die Höhe schnellt, 2. ganz besonders jedoch durch Heranziehen der Käufer mittels Reklame und ansprechender Warenauslage. Der Erfolg des ersten Warenhauses wird weitere anlocken, auch die einsichtigsten der kleineren Detailhändler werden den Marktkampf mit der neuen Methode des Warenhauses aufnehmen. Nun sollte man nach der theoretischen Anschauung und dem äußeren Anschein einen allgemeinen Preisdruck erwarten. (Immer vorausgesetzt, daß zwischen den Selbstkosten des Detaillisten und dem Verkaufspreis ein Spielraum vorhanden, der eine merkliche Einengung verträgt, ohne den Unternehmerarbeitslohn auszuschalten.) Bei näherem Zuschauen zeigt sich, daß dies auch jetzt noch keineswegs stattfindet. Der Kampf um die Kundschaft wird durch die Lockmittel aller Art, Reklame, raffinierte Ausstattung und Bedienung, „Lockpreise" einzelner Artikel geführt. Dann allerdings werden auch in genauer Proportion zu den Vorteilen, die Großbetriebsorganisation und verbilligter Einkauf bei größerem Bedarf den einzelnen Detailhandelsunternehmen boten, die Preise allmählich gegen früher auch in ihrer Gesamtheit herabgesetzt. Jedoch immer nur in dem Grade, als sich davon eine ausgleichende Umsatzerhöhung erwarten läßt. Die Warenhäuser und großen Spezialgeschäfte denken niemals daran im Konkurrenzkampf den im voraus erwarteten meist recht hohen Prozentsatz des Gesamtreingewinns zu opfern. Er ist gewöhnlich bedeutend höher als der der Kleinkrämer zur Zeit des „handwerklichen" Kleinhandels. Und das trotz schärfsten Konkurrenzkampfes, der viele Unternehmen erliegen sah. Die Antwort, warum die Marktposition dieses Detailhandels eher gestärkt als geschwächt aus dem Marktkampf hervorging, bleibt ungefähr die gleiche wie vorher: diese überlegene Marktposition rührt her aus der gewaltigen Überlegenheit der Großdetailhändler in der Kenntnis und raschen Ausnutzung der Marktlagen über ihre Abnehmer, die letzten Konsumenten[34]), und was noch dazu kommt, in ihrer stark geminderten

[34]) Vgl. im Gegensatz hierzu S. u. B. Webb a. a. O., S. 197. „Die größeren Kenntnisse und die größere technische Geschicklichkeit sind hier auf der Seite des Verkäufers; ihnen hält aber die außergewöhnliche Freiheit des Käufers bei weitem das Gegengewicht. Der Ladeninhaber ist allerdings nicht in der Zwangslage einen bestimmten Artikel zu einer bestimmten Zeit verkaufen zu müssen. Er muß aber bei Strafe des Bankerotts einen konstanten Strom von Kunden für seine Waren anlocken. Der Kunde dagegen ist frei wie die Luft. Er kann in dem einen Laden, so gut wie in dem andern kaufen. Er braucht nicht einmal zu kaufen, und kann es nicht nur ohne Verlust, sondern mit einem positiven Ersparnisgewinne unter-

oder völlig behobenen Unterlegenheit in der Marktkenntnis gegenüber ihren Anbietern (Lieferanten), dem Großhandel und der Fabrikation. Den Vorsprung, den die reüssierenden Betriebe vor den zurückbleibenden gewinnen, verdanken sie (neben Preisverbilligung durch bessere Organisation) der besseren Kenntnis ihres Absatzmarktes und einer geschickten Markttaktik, die sie von den extensiven zu den intensiven Marktmethoden führt.

Die eingehende Schilderung der Entwicklung im Detailhandel ermöglicht eine kürzere Darlegung der Verhältnisse in den übrigen Produktions- und Distributionsstufen[35]).

---

lassen. Kurz, er muß zum Kaufen verlockt werden, und darauf richtet der Ladenbesitzer seine ganzen Kenntnisse und Fähigkeiten. Die große Masse der Konsumenten kann aber, wenn wir die gewöhnlichen Waren ins Auge fassen, nur durch das Angebot von Waren zu einem ihrer Ansicht nach niedrigen Preise zum Kauf verlockt werden. Der Ladeninhaber ist daher immer auf der Jagd nach Artikeln, die er zu einem billigeren Preise als bisher gewöhnlich der Brauch war, oder billiger als seine Konkurrenten verkaufen kann. Die Konkurrenz zwischen den Ladeninhabern läuft daher in allen diesen Fällen nur auf ein Herabdrücken der Preise hinaus, und das altmodische ruhige Geschäft, das einst zufrieden jeden Preis zahlte, den der Großkaufmann forderte, sieht sich jetzt dazu gezwungen, ebenso scharf nach „billigen Artikeln" auszuschauen wie der schärfste Geschäftsmann.... Unter diesen Umständen ist es leicht begreiflich, daß die ... Revolution im Detailhandel vor allem den Kunden zugute kommt. Die Riesengeschäfte, in denen die Betriebskosten einen viel geringeren Prozentsatz des Umsatzes ausmachen, vermögen zu niedrigeren Preisen zu verkaufen als die kleinen Läden und suchen natürlich durch Anpreisen ihrer Billigkeit weit und breit Kunden anzulocken".

In Goethes „Wilhelm Meister" findet sich eine Stelle (Wanderjahre, 2. Buch, 4. Kap.), die recht treffend die Käuferunterlegenheit kennzeichnet: „Die Männer kommen ihnen (den Frauen) vor wie Käufer im Laden, wo der Handelsmann mit seinen Waren, die er kennt, im Vorteil steht, auch sie in dem besten Lichte vorzuzeigen die Gelegenheit wahrnehmen kann; dahingegen der Käufer immer mit einer Art Unschuld hereintritt, er bedarf der Ware, will und wünscht sie und versteht gar selten, sie mit Kenneraugen zu betrachten. Jener weiß recht gut, was er gibt, dieser nicht immer, was er empfängt. Aber es ist einmal im menschlichen Leben und Umgang nicht zu ändern, ja so löblich als notwendig; denn alles Begehren und Freien, alles Kaufen und Tauschen beruht darauf."

[35]) Vgl. S. und B. Webb (Ind. Democracy II, 3. Teil, 2. Kap., S. 185 f.): „Der Anteil an dem Gesamtprodukte der Industrie einer Nation, der den Lohnarbeitern als Klasse oder dem einzelnen Arbeiter zufällt — insbesondere die Verteilung des Betrages, der sich als das „umstrittene Grenzland" bezeichnen läßt — hängt aber nicht nur von der Stärke oder Schwäche der Stellung der Arbeiter gegenüber den kapitalistischen Unternehmern, sondern auch von der strategischen Stellung der Unternehmer gegenüber den Großkaufleuten, der der Großkaufleute gegenüber den Ladeninhabern, der Ladeninhaber gegenüber den Konsumenten ab. Das Feilschen des Marktes, das unter der Herrschaft des Systems der freien Konkurrenz und individuellen Verträge die Arbeitsbedingungen bestimmt, spielt sich in einer Kette von Verträgen ab, die den Handarbeiter, den kapitalistischen Unternehmer, den Großkaufmann, den Ladeninhaber und den Kunden mitein-

Im Detailhandel finden wir den letzten Konsumenten als Nachfragerpartei. Im gewöhnlichen ist dieser letzte Konsument auch der schlechteste Marktkenner[36]). Doch nicht immer. Man denke an den Wochenmarkt, bei dem die Landleute ihr Gemüse und Obst an die Städter absetzen. Da ist meist die einkaufende Hausfrau ebenso gut, ja manchmal noch besser über die augenblickliche Marktlage unterrichtet wie die hökernde Bäuerin und das Resultat des Marktfeilschens deutet auf keine Marktüberlegenheit des Verkäufers[37]). Die Ware wird gerade so billig abgelassen, daß dem Verkäufer neben den durchschnittlichen Selbstkosten ein schmaler Gewinn bleibt, der seinen in diesem Fall ziemlich bescheidenen Lebensansprüchen entspricht. Das natürlich nur, insoweit Angebot und Nachfrage sich bei diesem Preis die Wage halten. Für die dauernde durchschnittliche Gewinnhöhe der verkaufenden Bauern sind die Beschaffungskosten des letzten wirksam nachgefragten Einzelprodukts letzter Schätzungsmaßstab. Der wirklich zustandekommende Marktpreis stellt sich jedoch diesem Minimum für den Bauern recht nahe. Die Parteien stehen sich hier in idealer Gleichheit der Marktposition gegenüber. Sollte beim Bauern größere Geschäftsdringlichkeit hinzukommen (z. B. Gefahr, daß unverkaufte Ware verdirbt, oder plötzlicher Geldbedarf nicht nur beim einzelnen, sondern bei der großen Zahl der Anbieter), dann stellt sich auch schon die Unterlegenheit der Anbieterposition ein. Der Gewinn wird nahezu oder völlig schwinden.

---

ander verknüpfen. ... Wir müssen daher die Bedingungen eines jeden Vertrages in dieser Kette einzeln untersuchen.“ Die beiden Webb haben hier wohl überhaupt zum erstenmale eine analysierende Darstellung der typischen Marktüberlegenheit der Unternehmer gegeben. Auf die Stichhaltigkeit ihrer allgemeinen Folgerungen für die Markttheorie ist später zurückzukommen.

[36]) Vgl. W. J. Jevons. Theory of Political Economy. 3. Aufl. (London 1888), Kap. IV, S. 124: „Die Kunst des Marktens besteht hauptsächlich darin, daß der Käufer den niedrigsten Preis herausfindet, zu dem der Verkäufer seine Ware hergeben wird, ohne dabei, wenn möglich, den höchsten Preis zu enthüllen, den er (der Käufer) zu zahlen willens ist.

[37]) Zur Illustration diene folgende Telegrammnotiz der „Frankfurter Zeitung“:

Brüssel, 26. Aug. 1911. In einigen wallonischen Dörfern, wo die Landwirte allzustark durch Preiserhöhung von der Dürre profitieren wollten, haben die Hausfrauen die auf dem Markte erschienenen Bauern boykottiert und sie unter Schmähungen zur Herabsetzung der Preise für Butter, Eier und Milch gezwungen.

So geschah es in Ecausinnes, in Soignies und vor allem in Hondeng, wo sich etwa tausend Frauen aus zwei Orten vereinigten, und die Polizei zum Schutze der Marktbauern einschreiten mußte. Dreihundert Frauen von Chapelle zogen nach dem benachbarten Trazegnies, um den dortigen Frauen zu helfen; auch hier würden die Bauern beschimpft und diejenigen, die die Butterpreise nicht ermäßigten, zum Abzug gezwungen.“

Daraus scheint der Schluß berechtigt, daß nicht die Konstellation: Anbieter gegenüber dem letzten Konsumenten als Nachfrager, an sich schon eine Überlegenheit des Anbieters, eine „typische Verkäuferüberlegenheit" in sich birgt[38]). Nur wo eine besondere Kenntnis der Nachfrage beim Anbieter vorhanden, oder wo diese Nachfrage, auch wenn sie beiden Teilen ziemlich gleich gut bekannt ist, für den Anbieter aus besonderen Gründen — größere Geschäftsdringlichkeit bei den Nachfragern — weit günstiger ist als für den Nachfrager, tritt Anbieterüberlegenheit in Erscheinung.

Der Detailhändler tritt als Nachfrager den Großhändlern verschiedenster Waren gegenüber, wenn nicht schon der Fabrikant des fertigen Produktes sein unmittelbarer Lieferant geworden ist. Bevor wir deren Marktstellung betrachten, haben wir einen Blick zu werfen auf die Position einer anderen Gruppe von Marktgegnern der Detailhändler. Denn zum Geschäftsbetrieb bedarf dieser nicht nur der Waren, die er abzusetzen beabsichtigt, sondern auch der Dienste mehr oder minder gut bezahlter Angestellter und Arbeiter, des Kredits seines Bankhauses oder stillen Teilhabers und sehr häufig erst der Geschäftsräume in der dem Geschäft allein entsprechenden Lage; das benötigte Bauterrain ist sehr häufig in fremdem, sicheren Besitz. Liegt hier nicht ein Monopol reinster Art vor? Die wenigen bestgelegenen Bauterrains der neuentstehenden Industriestadt sind in den Händen eines oder zweier ausbeutungslüsterner Spekulanten. Nur gegen kaum erschwingliche Mieten oder Kaufpreise werden den Warenhausunternehmern die Räumlichkeiten in Kauf oder Pacht gegeben. Scheinbar ein typischer Fall überlegener Marktposition eines „monopolistischen" Anbieters gegenüber dem hilflos dessen Willkür ausgesetzten Nachfrager? Und doch ergibt sich ein sehr differenzierter und von der gewöhnlichen Vorstellung stark abweichender Sachverhalt, wenn man von der Betrachtung der meist auffallenden Fälle abnorm hoher Hausmieten zum Durchschnittsverhältnis der Mieten zu den Geschäftsgewinnen fortschreitet. Häufig

---

[38]) Vgl. hierzu Webb. Industrial Democracy. pp. 67, 3—4 and 673. note, und Macgregors Kritik der Webbschen Theorie (Industrial Combination pp 67): „Bargaining power, it has been said (von den Weebs!) lies always with the buyer as again the seller, if there is open competition in the market; and the advantage of the buyer is cumulative as we approach the final consumer of goods. Thus from the production of raw materials to the sale by retailers of finished goods the bargaining advantage is always with the buyer and is increasingly effektive ... This theory appears paradoxical; it would give the conclusion that the persons, whose bargaining strength is normally greatest are those who do not bargain at all — the final consumers of goods or the general mass of the people. They are the least capable of organisation, and it would here surprising, if the advantage lay with the policy of passivity."

wurde schon gerade an der Erscheinung des preissteigernden Hausbesitzers das „Monopol“ vieler Konkurrierenden aufgezeigt, das ohne jede ausdrückliche oder stillschweigende Verabredung wirkt. Es ist wahr, die Ware, welche hier nachgefragt wird, in ihrer ganz spezialisierten Beschaffenheit als Bauterrain in der besten Geschäftsgegend einer Stadt, ist unvermehrbar und bietet ihrem Anbieter eine vorzügliche Marktposition. Je länger er sie vom Markte zurückhält, desto mehr Wert saugt sie in sich ein, ihre „Natur“ bewirkt für den Anbieter das Gegenteil von Geschäftsdringlichkeit. Scheinbar wehrlos ist der Mieter der Mietssteigerung ausgesetzt, denn er findet keinen Boden, der gleiche Vorteile bietet und der ihm billiger überlassen wird. Und doch ist die Hilflosigkeit der Bodenverwerter gegenüber den Bodeneigentümern nicht in dem hohen Umfang „naturgegeben“ wie es häufig angenommen wird. Schafft doch erst der Warenhausunternehmer selbst die hohe Preislage des Bodens an bestimmten Straßen und Plätzen einer Stadt. Er ist, wenn auch nicht der Marktkundigere des bisherigen Marktes — den kennt der Hauseigentümer vielleicht besser wie der neu zugezogene Warenhausunternehmer —, aber er ist der bessere, weil der einzige Kenner der künftigen Marktchancen, die sein kühner und zugleich scharfsichtiger Unternehmungsgeist zu schaffen plant. So wird im allgemeinen der geschäftskundige Warenhausunternehmer nur eine, im Verhältnis zum späteren Gewinn recht geringe Bodenrente an den Terraineigentümer zahlen, Wo jedoch eine regelmäßige Ausbeutung der Käufer und Mieter durch die Bodeneigentümer stattfindet — und sie findet unzweifelhaft häufig genug statt —, wird man das auf die Marktunkenntnis der Käufer zurückzuführen haben, die in ihrer Mehrheit ihre Marktchancen zu überschätzen geneigt sind und vor allem den Wert ihrer Unternehmertätigkeit gegenüber dem Bodenwert zu gering anschlagen. Es ist dann gerade, als ob derjenige Geschäftsunternehmer, der eine zu hohe Miete zahlt, sein Organisationstalent und seine sonstigen geschäftlichen Geschicklichkeiten zu einem zu geringen Lohn in den Dienst des Haus- oder Terraineigentümers stellt. Und wenn auf einem Markt die überwiegende Mehrzahl der Geschäftsunternehmer gleich hohe Miete zahlt, dann liegt der gleiche Fall vor, den wir haben, wenn wir geschickte Qualitätsarbeiter aus falscher Unterschätzung des Marktwerts ihrer Arbeitsleistung zu niedrigen Löhnen sich verdingen sehen. Das Unterbieten der Marktunkundigsten unter ihnen, vielleicht veranlaßt durch zufällige hohe Geschäftsdringlichkeit, hat den Anschein erweckt, als ob der Marktwert der gesamten Arbeitsleistung gesunken wäre. Das Unterbieten wird aber erst dauernd motivirt durch diese falsche Schätzung des Marktwerts durch die überwiegende Mehrheit der Arbeiter, also durch die schlechte Markttaktik der gesamten Marktgruppe. In unserem Falle, Warenhaus gegenüber Hausspekulantentum ist jedoch unzweifelhaft die gewöhnliche Sachlage, daß der Warenhausunternehmer die Belastung, die er sich von seinem stärkeren oder gleichstarken Marktgegner, dem Haus- oder Terrainbesitzer aufbürden läßt, auf die willigeren Schultern seiner schwächeren Marktgegner, seine Käufer und Angestellten, mit Erfolg überzuwälzen sucht. Wenn diese Möglichkeit der Lastüberwälzung ihm beim Terrainkauf oder der Hausmiete nicht vor Augen stände, wäre seine Energie beim Feilschen um den Marktpreis des Hausobjekts sicherlich erheblich größer. So daß hier klar in Erscheinung tritt: Die Widerstandskraft einer Marktgruppe gegenüber ihren Marktgegnern bestimmt nicht nur die Verteilung des „strittigen Grenzlandes" des einen Marktes, sondern beeinflußt auch maßgebend die Haltung der Gegengruppe auf allen Märkten, an denen diese Anteil hat und wirkt so durch alle Stufen der Wirtschaft fort[39]).

Um zusammenzufassen: das Verhalten der einzelnen Gruppenglieder, das die Marktposition der gesamten Gruppe untergräbt, sollte nicht, wie bisher, in erster Linie auf einen Interessenkampf unter den Gliedern der Gruppe, auf „Konkurrenz innerhalb der Branche" zurückgeführt werden, sondern auf die Marktposition der Gesamtgruppe gegenüber den Marktgegnern. Erst der Druck des Marktkampfes stärkt oder zerreißt, je nach der Sachlage, die Reihen der Marktgruppe. Auf diese Auffassung, die sich wesentlich von der bisherigen unterscheidet, führte uns die Untersuchung der Marktkämpfe zwischen letzten Konsumenten einerseits und Detaillisten oder Bauern andererseits, und jetzt auch die kurze Betrachtung des Verhältnisses zwischen Bauterraineigentümern und Detailgeschäftsunternehmern. Wenn wir im folgenden noch einen kurzen Blick auf andere markante Marktkämpfe werfen, so geschieht es nur, um die Haltbarkeit der sich verdichtenden Auffassung vom Kampf der Marktgruppen als dem die Preisbildung primär gestaltenden Faktor vor dem Kampf innerhalb der Marktgruppen, — der „Konkurrenz" im strengen Sinn — noch eingehender zu prüfen.

---

[39]) Vgl. Webb a. a. O., S. 212: „Die ungeheuren Vermögen, die von den Großkonfektionären gemacht wurden und noch gemacht werden, entstehen dadurch, daß eine kleine Gruppe von Kapitalisten das gesamte „strittige Grenzland" für sich annektiert, das zwischen dem Preise, den ein argloser, der Qualität der Ware und der Umgestaltung der Industrie unkundiger Konsument noch weiter zu zahlen bereit ist und dem Lohne liegt, den zur Hälfte anderweitig unterstützte Frauen und ein Strom aus anderen Ländern verbannter Juden gänzlicher Arbeitslosigkeit vorziehen."

Man beginnt heute schon wieder zu vergessen, welch ausschlaggebende Marktposition der Großhändler gegenüber seinen Lieferanten und Abnehmern während der Epoche besaß, die wir in der 1. Untersuchung als 1. und 2. Stadium (1800—1890) in rohen Umrissen zusammenfaßten. War doch der Großhändler am Anfang unserer westeuropäischen Epoche der eigentliche Träger des „kapitalistischen Unternehmertums". Er fand sich zuerst in den neuen Marktverhältnissen zurecht, gewann einen leidlichen Überblick über größere Wirtschaftszusammenhänge, über Möglichkeiten der Produktion und Bedarfssteigerung, dirigierte von seiner Stellung als Großhändler aus die Markthandlungen der Produzenten wie der letzten Händler. Seine überlegene Marktkenntnis unterjochte den alten Handwerker wie die neue Fabrik; einerlei ob Hand- oder Maschinenbetrieb, sie waren seines Wirkens gewärtig, wenn es galt, neue mehrproduzierende Maschinen oder neue Gesellen einzustellen; von ihm erhielten sie die Direktiven über gangbare Muster und Preislagen ihrer Waren; des Großkaufmanns Nachfrage zu befriedigen, für sie in richtiger Einschätzung vorzusorgen, war ihr letztes Geschäftsziel. Um diese Nachfrage des allmächtigen Grossisten, des „Kaufmanns in der Stadt" (während die Fabrikanten meist noch auf dem flachen Lande saßen) galt es zu „konkurrieren". Man übertreibt kaum, wenn man den Großkaufmann als den eigentlichen Schöpfer der ersten, für den Markt produzierenden Industrie bezeichnet; ihre völlige Abhängigkeit von dem „guten Willen" ihrer Kundschaft[40]) brachte diese junge Industrie in die Stellung von Kammerdienern, die sich durch gegenseitige Übertrumpfung in Liebedienerei und verleumderischer Denunziation den Rang abzulaufen suchen. Nur die hoffnungslose, als selbstverständlich hingenommene Unterlegenheit gegenüber dem Marktgegner kann ein derartiges Verhalten „freier Konkurrenz" bis zur Selbsterniedrigung erklärlich machen. Nicht die freie Konkurrenz der Anbieter untergräbt ihre Marktposition, sondern die scheinbar hoffnungslos unterlegene Marktposition findet ihren naturgegebenen Ausdruck in dem schrankenlosen Wettbewerb bei der Preisstellung und den Lieferungsbedingungen. Den Detailhändlern gegenüber scheint jedoch der Großhändler in der gleichen Lage zu sein wie der Fabrikant als Lieferant des Großhändlers. In der Tat empfängt er von dem Kleinhändler die Direktiven über die gangbaren Muster und Preislagen; dessen Bedarf bestimmt seine Dispositionen in der Lagerhaltung und bei den Kaufabschlüssen[41]); auch die

---

[40]) Vgl. das englische the „good will" als Bezeichnung der Kundschaft.

[41]) Weeb a. a. O., S. 195: „Die Ladeninhaber haben eine genauere und neuere Kenntnis dessen, was die Kunden verlangen, und was noch wichtiger, sie vermögen in gewisser Ausdehnung die Nachfrage zu leiten, je nachdem sie der unge-

freie Konkurrenz, der Wettbewerb um die Gunst der Kleinhändler, tritt folgerichtig in Erscheinung. Die Webbs bauen auf dieser Beobachtung ihre eigenartige Theorie auf von der prinzipiellen Überlegenheit aller Nachfrager über die Anbieter. Sie bringen auch recht einleuchtende oder doch nachdenkliche Gesichtspunkte dafür auf; weshalb sind es immer die Anbieter, die den Nachfragern mit ihren Warenangeboten nachlaufen, sie mit Preislisten, Inseraten, Reklame raffiniertester Art überfallen und fast belästigen, und warum sind es immer (?) die Nachfrager, die sich in der stolzen Haltung der Herren der Lage die Dienstleistungen ihrer Lieferanten gefallen lassen? „It is highly significant, that it is allways the seller who bribes, never the buyer.“ (Webb a. a. O. pp. 673 f.) Und doch ist diese Annahme auf einem leeren Schein, auf einer wenig beträchtlichen Äußerlichkeit aufgebaut. Zur Zeit des Werbesystems zogen ziemlich hochgraduierte Offiziere in den Dörfern umher, um blöde Bauernburschen durch Freigelage, Handgeld und Schmeicheleien für ihre Dienste einzufangen. Gar häufig mühten sich um dieselben sonst so verachteten „Bauernlümmels“ zwei oder drei vornehme Herren und suchten sich gegenseitig den Fang abzujagen. Waren deshalb wirklich die Rekruten in überlegener Position? Die Kleinhändler vor 1890 hatten tatsächlich die Auswahl zwischen mehreren konkurrierenden Grossisten, die sich häufig unterboten, um dem anderen die Kunden abzujagen. Aber daß bei dem durchschnittlichen Kaufabschluß etwa die Kleinhändler die ausschlaggebende Rolle spielten und die Vertragsbedingungen diktierten, davon kann gar keine Rede sein. Sie hatten ja bei ihrer ganz beschränkten Marktkenntnis, bei der völlig fehlenden direkten Verbindung mit den Produzenten, bei ihrer Unkenntnis des Rohstoffmarktes, gar keine Anhaltspunkte, um ihren Gegnern einen ernst zu nehmenden Gegenvorschlag zu machen. Nur wenn sie vorher das Angebot eines anderen Grossisten gehört, und Einzelnes daraus für sie vorteilhafter gefunden, werden sie mit Erfolg bessere Kaufbedingungen fordern. Der Wettbewerb der Branchengenossen, hier der Grossisten, hindert nicht ihre Interessengemeinschaft in der Wahrung eines sehr beträchtlichen Gewinns, an dem alle gelegentliche Unterbietung bei einzelnen Kunden und Artikeln im Grunde nichts ändert. Was man auf der einen Seite oder bei einzelnen Artikeln bei dem etwas besser unterrichteten oder schärfer unterscheidenden Kunden nachläßt, das wird an anderer Stelle wieder hereingeholt. Das gleiche Verhältnis, wie wir es schon beim handwerklichen Kleinkrämer kennen gelernt: Aller schein-

---

wissen Kundschaft den einen oder den anderen Gegenstand vorlegen. Der Großkaufmann muß ihnen daher den Hof machen und sie veranlassen, gerade die Artikel zu begünstigen, an denen er ein Interesse hat.“

bare Konkurrenzkampf nur weniger wesentliche, gelegentliche Grenzstreitigkeiten zwischen den Marktgebieten von Monopolisten, Alleinverkäufern auf ihrem allerdings beschränkten und nicht fest begrenzten Marktgebiet. Der Grossist bleibt auch dem Kleinhändler gegenüber in dieser Epoche der entschieden Marktüberlegene; er ermuntert zum Kauf neuer, noch nicht eingeführter Artikel, ja er macht sehr häufig erst das Unternehmen des Kleinhändlers durch Kreditgewährung und langfristige Zahlungsbedingungen möglich. Dann ist der Kleinhändler der eigentliche Bewerber um das Angebot des Grossisten, er bittet dann sogar, vielleicht in der demütigsten Haltung, Waren überhaupt beziehen zu dürfen. Eine geradezu sklavische Abhängigkeit des Kleinhändlers von seinen zwei oder drei Lieferanten, die gleichzeitig seine Kreditgewährer sind, ist die Regel, nicht die Ausnahme. Die Kaufbedingungen, die sich solche „arme Schlucker“ von Abnehmer gefallen lassen müssen, verdienen die Bezeichnung der Ausbeutung häufig mehr als die Behandlung höherstehender Arbeiter vom „kapitalistischen“ Unternehmer.

Es bliebe noch zu untersuchen, was dem Grossisten gegenüber seinen Lieferanten und Abnehmern die überlegene Marktposition in den ersten Stadien unserer Wirtschaftsepoche sicherte. Am meisten fällt an seiner Position in die Augen: er ist der größere „Kapitalist“, er verfügt über bedeutend mehr Betriebskapital oder Betriebskredit als zu seinem Betrieb unbedingt erforderlich. Damit ist auf seiner Seite keine allzugroße Geschäftsdringlichkeit zu erwarten. „Zunächst muß der Fabrikant mehr verlieren, wenn es ihm nicht gelingt, sein Produkt zu verkaufen, als der Großkaufmann, der zeitweilig keine Käufe macht. Für den Fabrikanten, dessen Kapital in Fabriken und Betriebseinrichtungen festgelegt ist, ist die Ständigkeit der Beschäftigung von der größten Bedeutung. Wenn seine Fabriken auch nur einen Tag still stehen müssen, hat er unvermeidlich das Bruttoeinkommen dieses Tages zusammen mit den notwendigen Ausgaben für die Gehälter und den Betrieb verloren. Für den Großkaufmann dagegen ist es von verhältnismäßig geringerer Bedeutung, daß seine Vorräte eine Zeit lang klein werden. Sein unbeschäftigtes Betriebskapital trägt im schlimmsten Falle Depotzinsen auf der Bank und er verliert höchstens einen Bruchteil seines Jahresprofits“. (Webb a. a. O. S. 190.) Die größere Geschäftsdringlichkeit scheint demnach in dem eigentlichen Wesen der wirtschaftlichen Position des Grossisten gegenüber den Fabrikanten zu liegen. Alle angeführten Teilmomente lassen sich jedoch auf ein Hauptmoment zurückführen. Der Grossist hat es in normalen Zeiten in der Hand, alle seine Waren mit dem ihm angemessen erscheinenden Gewinne abzusetzen. Er braucht vor allem nie mehr Ware aufzunehmen, als er nach seiner Schätzung wieder absetzen kann; da durch wird sein Geschäft ein verhältnismäßig so sicheres, daß er sich ohne Mühe den nötigen Kredit verschaffen kann, um zum Aufkauf und zum Absatz seiner Ware den günstigsten Zeitpunkt abzuwarten. Das wäre die ökonomische Machtposition des Grossisten. Aber auch diese Machtposition bedarf wieder einer Voraussetzung, auf deren Boden sie erst gedeihen kann: die überlegene Marktkenntnis. Erst auf Grund seiner beherrschenden Marktkenntnis kann der Großkaufmann seine Dispositionen treffen, seine Kredit- und Warenbeschaffung so gestalten, daß er nicht durch Geschäftsdringlichkeit in Nachteil gerät; sie befähigt ihn, dem Fabrikanten seine Direktiven zu erteilen und die Kaufbedingungen einseitig festzusetzen, und ebenso den Detaillisten nach seinem Willen zu lenken. Es scheint demnach, daß unsere drei Elemente der Marktüberlegenheit, mangelnde Geschäftsdringlichkeit, ökonomische Machtposition und überlegene Marktkenntnis, nicht unabhängig voneinander auftreten, sondern gegenseitig bestimmt und gestützt werden, ja vielleicht daß sie ihre Bestandsmöglichkeit von einander ableiten. In unserem Falle der Marktüberlegenheit des Grossisten konnten wir mangelnde Geschäftsdringlichkeit und ökonomische Machtposition, die hier fast ineinander fließen, von der überlegenen Marktkenntnis als ihrer gemeinsamen Unterlage ableiten. Nur diese Marktkenntnis vermag dem Grossisten seine Marktüberlegenheit nach beiden Seiten zu sichern.

Wir haben bisher unsere Ausführungen vorsichtig auf den „älteren" Großisten der beiden ersten Stadien beschränkt; für das letzte Stadium verlieren unsere ganzen wirtschaftsbetrachtenden Voraussetzungen ihre Geltung.

In unserem dritten Stadium der westeuropäischen Marktentwicklung sind die Marktgegner der gleichen Volkswirtschaft gewissermaßen einander näher gerückt Der Weg vom ersten Produzenten bis zum letzten Konsumenten hat sich durch die Ausnutzung aller erdenklichen Verkehrsmöglichkeiten um ein vielfaches verringert und gewann damit ebensoviel an Übersehbarkeit. Das vielleicht wichtigste Phänomen dieser Epoche, die langsam aber stetig steigende Kenntnis des Gesamtmarktes bei allen Marktgruppen, depossediert notwendig diejenigen, deren gesamte Marktposition auf ihrer überlegenen Marktkenntnis aufgebaut war, und deren fruchtbringende Tätigkeit darin beruhte, auf Grund ihrer Marktkenntnis die Dispositionen für die weniger Marktkundigen zu treffen, ihnen ihre Stellung innerhalb des Zusammenwirkens des wirtschaftlichen Gesamtorganismus anzuweisen. Es ist oft mit nicht geringem Beifall der „kapitalistische Profit" als eine berechtigte Risikoprämie für den Unternehmer bezeichnet worden. Man unterließ hinzuzufügen, daß für den Marktkundigen die Übernahme eines Unternehmerrisikos etwas ganz anderes, eine viel geringere Leistung bedeutet, als für den Marktunkundigen. Darnach ist die Risikoprämie in fast allen Fällen nur die Riesenprovision, die sich der Kundige aus dem Gesamtgewinn von dem Unkundigen, den er geleitet, auszahlen läßt. Sobald die Marktkenntnis der Gegenseite steigt, liegt die Gefahr vor, daß die Unentbehrlichkeit der bisherigen Dispositionsleiter einen bedrohlichen Stoß erhält.

Die äußere Erscheinungsform der veränderten Sachlage ist wieder die gesteigerte Kapitalkraft und Kreditverfügung der Fabrikanten und Detaillisten. Damit ist jedoch noch nicht gesagt: Warum fließt gerade jetzt allenthalben diesen bisher fast von der Hand in den Mund lebenden Wirtschaftsgruppen das Kapital der Banken und Rentenverzehrer zu? Die uns schon längst geläufige Antwort dürfte auch hier genügen: die neu gewonnene Marktübersicht über den Bereich des bisher nächststehenden Marktgegners, des Grossisten hinaus, eröffnte ihnen den Blick auf die Möglichkeiten höherer Marktausdehnung und -Ausnutzung, ermöglichte eine annähernd genaue Rentabilitätsberechnung beim Übergang zu dem offensichtlich vorteilhafteren Großbetrieb. Damit war auch für sie die größere Risikoübernahme durch die größere Marktkenntnis möglich gemacht. Der Fabrikant verstand es nun selbst die Faktoren richtig einzuschätzen, die für die Größe des Marktes seiner Waren maßgebend, und brauchte daher nicht mehr die Direktiven des Grossisten abzuwarten. Damit war der letzte Anlaß seiner Marktunterlegenheit behoben; aus einer Lage, die häufig der Situation der Lohnindustrien recht nahe kam, hatte sich die Industrie mit überraschend kühnem Anlauf emporgeschwungen, um nun ihrerseits die ausschlaggebende Stellung im Gesamtwirtschaftsprozeß anzustreben.

Ähnlich der zweite hauptsächliche Marktgegner des Grossisten, der Detailkaufmann. Auch er hatte allmählich und zuletzt immer mehr den Blick gefunden für das rasche und sichere Erkennen der ihm vorteilhaften Marktaussichten. Auf Grund der recht einleuchtenden Rentabilitätsberechnung seines Detailgroßbetriebs fließt ihm nun das Kapital nicht viel schwerer zu, wie dem Fabrikanten; sein Kapitalbedarf ist meist auch viel geringer als in der Sphäre der Produktion. Er beginnt jetzt die Marktangebote des Grossisten kritisch zu prüfen und durch eigene recht gut durch Sachkenntnis fundierte Gegenangebote zu paralysieren. Der dadurch erst lebendig und unausweichlich gewordene Druck der Abnehmer auf die Lieferanten ruft die wilde, rentabilitätsbedrohende Konkurrenz der Grossisten unter sich hervor. Erst jetzt sehen sie sich genötigt alle Kräfte bis aufs äußerste anzuspannen, um den Anforderungen ihrer Kunden, möglichst billige Waren zu erhalten, nachkommen zu können und damit ihre gefährdete Position zu sichern. Ihr Unternehmerprofit — die „Risikoprämie“, weniger als Entgelt für ihre eigene Marktkenntnis als für die Unkenntnis der Marktgegner — schmolz rasch unter dem Lichte, das sich durch die fortschreitende Marktzentralisation über die bisher nur ihnen bekannten Marktzusammenhänge ergoß. Sehr häufig gelang es ihnen überhaupt nicht auf die Dauer ihre Position zu retten. Das große Angebot der Fabrikation im Großbetrieb fand die Nachfrage jetzt auch schon im Großdetailhandel konzentriert genug, um in direktem Verkehr Befriedigung zu finden. Der „direkte Bezug von der Fabrik“ gewinnt in sehr vielen Branchen heute sehr rasch an Boden. (Sogar der direkte Bezug des Konsumenten vom Fabrikanten des Fertigprodukts gewinnt bemerklich an Boden). Nur in ganz bestimmten Artikeln mit eigenartiger Absatzlage — die einen Detailgroßbetrieb nicht zuläßt, oder eine regelmäßig wiederkehrende gleichgroße Nachfrage der Detaillisten, wie sie für den Fabrikanten um seines festgelegten, zu unablässigem Umsatz zwingenden Kapitals willen allein vorteilhaft, unmöglich macht — nur in solchen und ähnlichen Fällen[42]) bleibt die Vermittlung des aufstapelnden Großhandels volkswirtschaftlich unentbehrlich und damit privatwirtschaftlich rentabel. Der Großkaufmann wird auch in den wohl ziemlich seltenen Fällen der Ausmerzung entgehen, wo es dem Großhandelsunternehmen gelang, noch rechtzeitig, vor Anbruch der geschilderten Neuentwicklung sich einen so umfangreichen Absatzmarkt zu schaffen, daß auch der Großeinkauf der Detailgroßunternehmen dem Fabrikanten die Vorteile der sicheren Massenbestellung des Grossisten nicht ersetzen kann. Der durch den Druck der erstarkten Abnehmergruppe merklich geminderte Profit am einzelnen Verkauf und Warenstück wird wieder eingeholt durch den Riesenumsatz des Großunternehmens. Ob diese Großunternehmen des Großhandels jedoch auf die Dauer ihre Position auf ihre bisherige Wirtschaftstätigkeit der Warenstapelung beschränken, steht sehr in Frage; die Tendenz, die in ihren Händen befindliche Riesennachfrage in eigenen Produktionswerken zu befriedigen, scheint immer stärker hervorzutreten. So daß diese letzten ungeschwächten Vertreter des einst marktbeherrschenden Großhandels freiwillig in die Reihen der eigentlichen Industrieunternehmen, der neuen Marktherrscher einrücken.

---

[42]) Wenn eine rasche Versorgung, bequeme Bestellung und umgehende Lieferung im Interresse des Abnehmers liegt, werden bei kleineren Aufträgen auch heute noch die Grossisten am gleichen Orte den auswärts wohnenden, langsam liefernden Fabrikanten vorgezogen. Darauf beruht z. B. die Existenzmöglichkeit der Berliner Grossisten in verschiedenen Artikeln der Textil- und verwandter Branchen, die der dortigen Konfektion den Bedarf an verschiedensten spezialisierten Artikeln liefern.

Die Grundlinie der Entwicklung der beiden letzten Jahrzehnte geht (neben den letzt erwähnten Teilerscheinungen) unverkennbar dahin, daß Fabriken und Detaillisten diejenigen Funktionen des Warenaustauschs und der Disposition über die zu beschaffenden Mengen, die bisher der Großhandel innegehabt, selbst übernehmen. Eigene Verkaufsabteilungen auf der einen Seite, eigene Großeinkäufer und Disponenten auf der anderen haben den großkaufmännischen Organisationsgeist in sich aufgesogen. Dieser Vorgang entspricht ganz der Angliederung einer bisher durch eine selbständige Gegengruppe geleiteten wirtschaftlichen Betriebsform. In der rein technisch-industriellen Sphäre kennt man längst solche Angliederungen ganzer Wirtschaftsgruppen; die Wissenschaft nennt sie in steigender Übereinstimmung „Integration"[43]) oder stellt sie als „vertikale" Organisationsform den „horizontalen" der Kartelle gegenüber. Daß jedoch diese Angliederung bisher unabhängiger, marktgegnerischer Unternehmungsformen sich auch in anderen Wirtschaftssphären als in der reinen Produktion durchzusetzen beginnt und damit eine typische Bedeutung für den Charakter der ganzen Wirtschaftsentwicklung gewinnt, bedarf der schärfsten Betonung. Es ist marktwirtschaftlich gesehen ganz der gleiche Vorgang, wenn sich die Hüttenwerke reine Walzwerke und Kohlenzechen angliedern, und wenn Großdetaillisten unter Umgehung des Großhandels den Fabrikanten Riesenaufträge in Stapel- oder sogar Spezialartikeln geben. In beiden Fällen liegt der Versuch vor, eine bisher selbständige Marktgruppe vom Markt auszuschalten und ihre Funktionen nach eigenem Belieben in eigener Regie zu besorgen. Der bisher fremde, selbständig schaltende Betriebskomplex wird zu einem „integrierenden" Bestandteil der be-

---

[43]) Vgl. Vogelstein. Kapitalist. Organisationsformen in der modernen Großindustrie. 1. Bd., 1910. Einleitung. Daneben ebenso häufig die Bezeichnung „Kombination", worunter Liefmann „die Zusammenfassung mehrerer aufeinander angewiesener, sonst Gegenstand selbständiger Unternehmungen bildender Produktionsstadien in einer Unternehmung" versteht. Macgregor bezeichnet mit „Industrial Combination" beide Konzentrationsarten gemeinsam, also sowohl Integration als Koalition (vertikale und horizontale Konzentration). „Industrial combination may be defined as a method of economis organization by which a common control of greater or less completeness is exercised over a number of firms which either have operated hitherto, or could operate independently. This control may be either temporary or permanent, for all or only for some purposes." (a. a. O., S. 1.)

Wir wollen alle neuen Verbandsformen (horizontale wie vertikale) unter „Konzentration" zusammenfassen, die Zusammenschluß von Anbietern oder Nachfragern auf gleicher Wirtschaftsstufe (Kartelle, Gewerkschaften, Genossenschaften, in den meisten Fällen) als „Koalition" bezeichnen; die Aufnahme der wirtschaftlichen Tätigkeit einer bisher selbständigen Wirtschaftsstufe durch ihre bisherige Marktgegnergruppe wird am besten „Integration" benannt.

nachbarten, an seinem Mitwirken meistinteressierten Betriebsklassen, die wieder durch sorgfältige Differenzierung in ihrer inneren Organisation und durch das Wachstum ihres Organismus im ganzen für solche erhöhte Leistung tragfähig geworden. Neben den Integrationsbetrieben bleiben jedoch meist die unveränderten selbständigen Marktgruppen als konkurrierende Branchengenossen bestehen. Sobald die Möglichkeit der Integration gegeben, wird sie zur Waffe in der Hand der zur Angliederung fähigen Marktgruppe. Der Grossist kann seine Preise (bei gleichen Zahlungsbedingungen) auf die Dauer nicht mehr höher stellen, als sie der Fabrikant bei direktem Einkauf an den Detaillisten bewilligt.

Noch häufiger als im Handel ist Integration unter den Einzelgruppen der Produktion. Schon die dauernden Änderungen im technischen Verfahren lassen selbständige Marktgruppen nicht selten auftauchen, emporwachsen, und vielleicht in wenigen Jahren wieder verschwinden. Ein neues Patent, eine Ersparnis durch die Verwendung von Nebenprodukten haben ihre Existenz als selbständig Markthandelnde über Nacht in Frage gestellt. Eine bestimmte Überlegenheit der meist in der Produktion unterschiedenen Gruppen über andere, der Rohproduktion, Halb- und Fertigfabrikation, die schon vor der Epoche der neuen Marktmethoden (Integration und Koalition auf gleichem Niveau) vorhanden gewesen, läßt sich kaum in allgemeingültiger Form behaupten. Häufig überragten wohl die Marktvertreter der Fertigfabrikatszone an Marktkenntnis die anderen, aber ihre Marktposition wurde dadurch nicht immer wesentlich beeinflußt; das Eintreten der Geschäftsdringlichkeit hängt hier fast stets von technischen Faktoren ab, die für jede Produktionsgattung eigenartig gelagert sind. Die Umwandlungen in der Produktionssphäre wie im Großhandel vollzogen sich doch in der Hauptsache unter der Wirkung der neuen Marktmethoden: der geschlossene Marktkampf der koalierten Genossen (gleicher Wirtschaftszone) und die Umgehung des Marktgegners durch Übernahme seiner Funktionen in Eigenregie sind die revolutionären Erscheinungen, die alle Theoreme der älteren Konkurrenztheorie zu sprengen drohen. Der Abschätzung ihrer Durchschlagskraft haben die folgenden Untersuchungen zu dienen.

Unsere These von der primären Wirkung des Kampfes der Marktgegner vor dem Konkurrenzkampf unter den gleichen Genossen der gleichen Wirtschaftszone braucht in den beiden noch nicht durchwanderten Sphären der modernen arbeitsteiligen Wirtschaft (außer der „Urproduktion", der Landwirtschaft) dem sog. „Kapitalmarkt" und dem sog. „Arbeitsmarkt", kaum mehr eines Wortes der Beweisführung. Zu grell schon traten hier die alle anderen Gegensätze in den Schatten stellenden Interessenkonflikte der gegenüberstehenden Marktgruppen in Erscheinung, als daß sie nicht längst eingehendste Beobachtung und Analyse gefunden hätten.

Auf dem Arbeitsmarkt, beim Dienstvertrag zwischen Unternehmung und Arbeiter, lassen sich mühelos die drei Elemente der Marktüberlegenheit für die Unternehmer nachweisen.

1. Die erhebliche wirtschaftliche Machtposition, die sich in dem fast dauernden Überangebot an Arbeitskräften für die große Mehrzahl der Produktionszweige kundgibt. Die tieferen Ursachen dieser Marktposition werden Gegenstand einer eingehenderen Betrachtung in der folgenden Untersuchung sein.

2. Die höhere Geschäftsdringlichkeit auf Seiten der Dienstnehmer. Die Webbs schildern diese auch im günstigsten Falle der Hochkonjunktur nicht verschwindende Beschränkung der Entschlußfreiheit (a. a. O. S. 188 f.).

„Es wäre ein Fehler, wollte man annehmen, daß die wesentlichen Nachteile des Arbeiters beim Markten in Zeiten guten Geschäftsganges oder selbst dann verschwänden, wenn die Unternehmer über Mangel an Arbeitskräften klagen. Der Arbeiter braucht sich allerdings nicht vor dem Verhungern zu fürchten, denn er kann sich darauf verlassen, einen anderen Arbeitgeber zu finden. Wenn er aber die Bedingungen des ersten Unternehmers ablehnt, so verliert er doch unwiederbringlich seine Subsistenz für den betreffenden Tag und läuft Gefahr, daß weitere Tage in ähnlicher Weise vergehen. Außerdem kann aber die Suche nach einem anderen Unternehmer oft die Vernichtung seines Haushalts, die Trennung von seinen Freunden, den Schulwechsel seiner Kinder und hunderterlei andere Nachteile der Wanderung und des Exils bedeuten."

3. Die Marktkenntnis, auch hier wieder der zuletzt und doch eigentlich zuvörderst entscheidende Faktor im Kampf um das strittige „Grenzland":

„Das strittige Grenzland hat in Zeiten hoher Profite enorm an Ausdehnung zugenommen und nur der Unternehmer weiß, wie groß der Zuwachs ist. Hier wird der Unterschied zwischen größerer und geringerer Kenntnis der Verhältnisse von der allergrößten Bedeutung und für den isolierten Arbeiter von verhängnisvollem Nachteil. Der Unternehmer weiß ungefähr was die anderen Firmen für die Arbeitskraft gezahlt haben und in welcher Ausdehnung ein wirklicher Mangel an Arbeitern vorhanden ist; er kann sich daher ein Urteil darüber bilden, wie wenig er anzubieten braucht, um die Stelle einem unbeschäftigten Arbeiter annehmbar zu machen. Der isolierte Arbeiter dagegen weiß nicht, ob der Arbeitsmangel auch außerhalb seiner Stadt vorhanden ist, und vielleicht noch länger dauern wird, und hat nicht die geringste Idee davon, wieviel er fordern kann, ohne die Stelle zu verscherzen. Kurz, es ließe sich leicht nachweisen, daß trotz des tatsächlichen Steigens der Löhne in Zeiten guten Geschäftsganges der isolierte Arbeiter gerade dann in der ökonomisch nachteiligsten Lage für die Verteilung des „strittigen Grenzlandes" ist, wenn die Profite am größten sind."

Im Marktkampf der Dienstnehmer gegenüber den Dienstgebern hat die sozialistische Theorie die typische Marktunterlegenheit der

Arbeitnehmer ins grellste Licht gerückt. Die Interessensolidarität der Arbeitnehmergruppe ist als wirtschaftlicher Leitgedanke Gemeingut aller aufstrebenden sozialistischen wie nicht sozialistischen Dienstnehmer geworden, oder wird es mit jedem Tage mehr. Auf diesem Marktgebiet hat sich auch längst gezeigt, wie wenig die Angehörigen der marktüberlegenen Gruppe durch den Konkurrenzkampf, als den ernsthaften Wettbewerb um den gebotenen Marktwert der Gegengruppe, sich zur Preisgabe des Gewinniveaus drängen lassen; auch bei Arbeitermangel scheint ihnen die Marktüberlegenheit gesichert. Die klassische Schule der Nationalökonomie konnte an dieser Tatsache nicht vorübergehen, ohne einen notdürftigen Versuch zu machen, diesen schreienden Widerspruch der Tatsachen gegen ihre Konkurrenzlehre zu verdecken. Sehr lange behalf man sich mit der Malthusschen Bevölkerungstheorie in fast unentwirrbarer Verknäuelung mit der Lohnfondtheorie, dieser krassen Verwechselung von Ursache und Wirkung in einer an sich geschlossenen Reihe ständig sich auseinander neu erzeugender Wirtschaftsprozesse. Seit die unabweisbaren Angriffe aus den verschiedensten Lagern (so Böhm-Bawerks und Franz Oppenheimers) diese Theorie ihrer Beweiskraft für die Lohnpreisbildung wohl endgültig entkleidet haben, klafft hier eine Lücke, die nur eine bedauerliche Resignation an theoretisch-wirtschaftswissenschaftlicher Betrachtung überhaupt ruhig hinnehmen konnte.

Vor allem hinderte an der planmäßigen Durchforschung der typischen Marktüberlegenheit einzelner Marktgruppen über die Marktgegner der Glaube an die prinzipielle Wesensverschiedenheit des Waren- und Arbeitsmarkts. Dem Arbeitsmarkt wurde der Warencharakter mit scheinbar guten Gründen abgesprochen. In der Tat ist die Arbeitskraft als Objekt eines Vertrags zwischen Marktkontrahenten von ganz eigener, mit keiner anderen Ware gleichzustellender Art. Und doch ist und bleibt sie Ware. Denn vom Standpunkt der Wirtschaft aus ist alles Ware, was auf dem Markte Käufer findet. Welcher besonderen Art diese Waren in technischer oder rechtlicher Hinsicht sind, beeinflußt nicht ihren Charakter als Ware, sondern ihre Behandlung im Marktvertrag. Brentano sagt darüber: „In der absolut unlösbaren Verbindung der „Arbeit und ihres Verkäufers besteht aber nicht nur ein gewichtiger „Unterschied der Arbeit von allen anderen Waren, es besteht darin auch „der einzige.“ (Arbeitergilden II, S. 6).

Nicht im Wesen einer Ware selbst liegt die Marktposition ihres Anbieters oder Nachfragers begründet, sondern in der besonderen Marktstellung der ganzen Anbieter- und Nachfragergruppen. Für den Arbeitsmarkt läßt sich auch eine typische Überlegenheit oder doch Marktgleichheit des Arbeitnehmers gegenüber seinem Dienstgeber denken, sogar ihr

Vorkommen historisch nachweisen. Webb erwähnt (a. a. O. S. 231 in einer Fußnote):

„Gegen das Ende des 17. Jahrhunderts werden die Arbeiter der Papiermühlen, Teppichwebereien und Spiegelfabriken als starke, obgleich unautorisierte Korporationen geschildert, die durch die Unternehmer gestützt wurden, ihre Rekruten ausschließlich aus den Reihen der Söhne und Schwiegersöhne der Arbeiter entnahmen und tatsächlich ein erbliches Monopol schufen. Die Papierarbeiter waren so mächtig, daß im Jahre 1793 (?) und wieder im Jahre 1796 (?) besondere einschränkende Gesetze für dieses Gewerbe gegeben werden mußten“. (Du Cellier, Histoire des Classes Laborieuses en France, Paris 1860, S. 259 f.)

Die zahlreichen gesetzlichen Bestimmungen der Maximalgrenze der Löhne vor und während des 17. Jahrhunderts weisen auf die damals offenbar vorhandene Möglichkeit hin die Marktposition der Arbeitnehmer zu Ungunsten der Dienstgeber zu verschieben.

Mehr der Durchsichtigkeit der Darstellung wegen als in Übereinstimmung mit dem tatsächlichen Sachverhalt wurde in den bisher geschilderten Beispielen von Marktkämpfen auf jeder Seite, der des Angebots und der der Nachfrage, eine in sich gleichartige Marktgruppe angenommen. Die Anbieter des Großkaufmanns wurden alle als „Fabrikanten“ auf eine in weiten Grenzen bestimmte Wirtschaftsstufe gestellt; sie waren als im gleichen Sinne tätige Mitglieder der gesellschaftlichen Arbeitsteilung im Organismus der „entwickelten Verkehrswirtschaft“ gedacht. Für den Zweck der Darstellung genügte diese vage Umgrenzung des Begriffs der Marktgruppen. Denn im „Großkaufmann“ „Großdetaillisten“ „Kleinkrämer“ und „Fabrikanten“ rückten wir uns eben nicht den Marktanbieter oder -Nachfrager als solchen vor Augen, sondern die unter gleichen Verhältnissen tätigen, in ihrer Marktposition dadurch schon ungefähr gleichgestellten Vertreter einer bestimmten Wirtschaftsstufe — —. Ein Großhändler läßt häufig gleichzeitig, vielleicht zu ganz gleichen Preisen, einen Artikel wie farbige Hemden von Fabriken mit elektrisch-mechanischem Betrieb herstellen und daneben von armen Heimarbeiterinnen, die ganze Tage und halbe Nächte an ihren Nähmaschinen sitzen. In beiden Fällen der gleiche Markt, auf dem einmal das Großunternehmen, im anderen Fall die Heimarbeiterin als Anbieter auftreten. Und beidemal der gleiche Marktpreis. Und doch wäre es widersinnig auf eine gleiche Wirtschaftsposition aller Mitglieder der Anbietergruppe zu schließen. Vielmehr zeigt gerade dieses Beispiel: Der Marktvertrag und Marktpreis, der für einen unter bestimmten Verhältnissen arbeitenden Teil einer Marktgruppe das Resultat einer großen Marktüberlegenheit oder doch Marktgleichheit sein kann, dieser gleiche Marktpreis kann auf einen unter gänzlich davon verschiedenen Verhältnissen arbeitenden Teil der gleichen Marktgruppe als krasse Marktunterlegenheit wirken. Der Hemden konfektionierende Fabrikant arbeitet mit einem patentierten Steppverfahren und mechanischen Zuschneidemaschinen, seine Produktionskosten bei Massenanfertigungen sind für das einzelne Stück minimal; er verkauft zu einem Preise, der ihm einen ganz gewaltigen Profit am Gesamtumsatz sichert. Das kann er, solange nicht seine Abnehmer, wenn sie erst genug Marktkenntnis besitzen, um seine Preise zu hoch zu finden, eine Möglichkeit gefunden haben ihn zu billigeren Preisen zu drängen (entweder indem sie ihren Bedarf einem Konkurrenzunternehmen zuwenden, das durch diesen Zuwachs an Absatzmöglichkeit leicht zu einer Preiserniedrigung veranlaßt werden kann, oder indem sie, wenn ein Konkurrenzunternehmen in erreichbarer Nähe nicht vorhanden, ihre Nachfrage auf längere Zeit zurückhalten und damit die Grundlage der wirtschaftlichen Tätigkeit des Marktgegners überhaupt in Frage stellen. (Die Anwendbarkeit dieser Waffen im Marktkampf wird uns in der folgenden Untersuchung beschäftigen.) In grellem Kontrast zu der Marktüberlegenheit des Großunternehmens als Lieferanten des gedachten Artikels steht die Marktunterlegenheit der Heimarbeiterin. Der Großkaufmann hat nur dann ein Interesse an ihrer Lieferung, wenn sie zu einem Preise liefert, zu dem auch der Fabrikant anbietet. Im Falle der Heimarbeiterin reicht dieser Marktpreis, bei dem geringfügigen Umsatz, der ihr möglich, gerade aus ihr ein Einkommen hart am Existenzminimum denkbar niedrigster Lebenshaltung zu verschaffen.

Daraus ist zu folgern: Wenn wir bisher gesagt haben, die Marktposition einer Wirtschaftsgruppe wird *vor allem* bestimmt durch die Wirkung von Druck und Gegendruck im Marktkampf der als Anbieter und Nachfrager einander gegenüberstehenden Gruppen und nicht durch die Konkurrenz der Angehörigen der gleichen Gruppe, so bedarf es sehr bedeutender Einschränkungen:

Die Marktposition der Anbieter wird maßgebend beeinflußt durch die Haltung des jeweils den Interessen der Gegengruppe am weitesten entgegenkommenden Teilnehmers der Anbietergruppe, der willens und imstande ist durch sein Unterangebot einen immer wachsenden Teil der Bedarfsdeckung an sich zu reißen und damit den Umsatz der übrigen Mitglieder der gleichen Marktgruppe zu schmälern.

Die Marktposition der Nachfragergruppe wird maßgebend beeinflußt durch die Haltung des jeweils den Interessen der Gegengruppe am wenigsten entgegenkommenden (am hartnäckigsten widerstrebenden) Teilnehmers der Nachfragergruppe, der willens und imstande ist, durch sein Beharren auf einem bestimmten, seinem Interesse ent-

sprchenden Nachfragepreis den Absatz der Anbietergruppe derart zu schmälern, daß der dadurch entstehende Verlust den durch den höheren Preis zu erwartenden Gewinn für die Anbieter überwiegt.

Die Wirtschaftsposition einer Wirtschaftsgruppe[44]) ist nicht identisch mit einer bestimmten Marktposition, die diese Wirtschaftsgruppe als Markthandelnde auf einem bestimmten Markt behauptet, sondern ergibt sich erst aus dem Gesamtresultat der Summe von Marktkämpfen, an dem die Wirtschaftsgruppe (als Glied der gesamten, arbeitsteiligen Wirtschaft) teilzunehmen hat.

Der letzte Satz ergibt sich bei einer schärferen Scheidung der Begriffe von selbst. Wenn wir bisher in der Regel den einzelnen Markt isoliert betrachtet haben und dabei die Anbieter und Nachfrager vorläufig nur in ihrer Rolle als Anbieter und Nachfrager dieses einen Marktes sahen, so müssen wir jetzt in der Erforschung der Tatsachen zu den komplizierteren Wechselbeziehungen fortschreiten, die ein und derselbe Anbieter oder Nachfrager als Glied der arbeitsteiligen Wirtschaft aufrecht zu erhalten hat. Es gilt sich nun stetig vor Augen zu halten, daß z. B. dem Detaillisten neben dem Konsumenten (und ihren grundverschiedenen Einzelgliedern, man denke an Massenkonsumenten, Beamtenvereine usw.) und dem Warenlieferanten (Großkaufmann, Fabrikant, Bauer, Handwerker) noch folgende Marktgruppen gegenübertreten können: Arbeiter und Angestellte, Haus- und Grundbesitzer, Licht- und Kohlenlieferanten, solche von Betriebsgegenständen u. a..

Trotz der Bedeutsamkeit dieser Unterscheidung zwischen Marktposition und Wirtschaftsposition dürfte dieser kurz erläuternde Hinweis

---

[44]) Die von anderen verschiedene Fragestellung und Folgerung meiner Untersuchung zwingt mich zu einer ziemlich ungewohnten Terminologie; ich glaube jedoch, daß aus dem Gedankenzusammenhang die klare Bedeutung der Begriffe und Worte deutlich genug hervorgeht, um eine dauernde Unterbrechung durch gesonderte Definitionen vermeiden zu können.

Wie schon früher wird hier im Gang der Untersuchung mitten in der Betrachtung der wirtschaftlichen Entwicklung und der konkreten aus der Entwicklung geborenen Zustände zur Formulierung allgemeiner Sätze geschritten. Es ist in Untersuchungen unserer Art fast durchweg üblich, möglichst streng den beschreibenden Teil von dem theoretischen zu trennen. Ganz abgesehen von dem dann unvermeidbaren Übelstand ständiger Wiederholungen des Gleichen halte ich diese Anordnung auch für methodisch zum mindesten gefährlich. Dem beschreibenden Teil fehlt die eigentliche, wissenschaftliche Würze, wenn er zur bloßen Aufzählung von Tatsachen benutzt wird, und dem theoretischen wird das Fleisch und Blut der Anschaulichkeit entzogen, wenn er sich von den Tatsachen isoliert findet.

zur Klarlegung genügen. Schwieriger erscheint die Erfassung des Konkurrenzeinflusses auf die Marktposition.

Wir stellten bisher den Einfluß des Wettbewerbs auf die Markt- und Wirtschaftsposition gegenüber dem des Gegendrucks der Marktgegner zurück, um möglichst scharf die primäre Bedeutung dieses preisbestimmenden Faktors hervortreten zu lassen; denn erst auf Grund der schon in bestimmten Grenzen durch den Druck der Marktgegner festgelegten Marktposition kann der Wettbewerb unter den Anbietern und die Haltung einzelner Nachfrager preisbestimmend wirken, und auch dann nur, in ganz bestimmten Grenzen, „im Kampf um das strittige Grenzland" (Webb).

Schon bei der Formulierung des Satzes vom Einfluß des Verhaltens der Teilnehmer an einer Gruppe auf die Marktposition der Gesamtgruppe ergab sich die Notwendigkeit scharf zwischen Anbieter- und Nachfragergruppe zu scheiden. Wir begegneten diesem Unterschied schon früher verschiedentlich. Er liegt der Auffassung der Webbs von der durchgängigen Käuferüberlegenheit zugrunde[45]). Die bedeutsame Verschiedenheit der Stellung des Käufers zum Mitkäufer und des Verkäufers zu seinem Mitverkäufer hat Franz Oppenheimer in seinem Aufsatz „Käufer und Verkäufer" behandelt[46]). Seine Ausführungen gipfeln in den Sätzen:

„Während wir sahen, daß das privatwirtschaftliche Interesse des einzelnen Käufers ihn zu einer Handlungsweise führt (Einschränkung der Nachfrage bei übersteigertem Preis), die mit dem Kollektivinteresse sämtlicher Käufer derselben Ware auf das glücklichste harmoniert, sehen wir, daß gerade umgekehrt das Privatinteresse des einzelnen Verkäufers ihn zu einer Handlungsweise führt, (Mehrung des Angebots), die mit dem Kollektivinteresse der Gesamtheit der Verkäufer derselben Ware in der denkbar stärksten Weise kollidiert. Wir haben also die vollste Harmonie zwischen sämtlichen Käufern und die vollste Disharmonie zwischen sämtlichen Verkäufern."

Die Interessenharmonie der Käufer und die Disharmonie der Verkäufer erscheint zweifellos vorhanden, wenn die Voraussetzung Oppenheimers von der Wirkung der Konkurrenz unter den Anbietern in dem ausschlaggebenden Umfang, den er annimmt, richtig ist. Unsere Untersuchung hat uns gezeigt, daß eine preisherabdrückende Konkurrenz nicht in jedem Fall wirksam wird, wo freier Wettbewerb überhaupt möglich, sondern erst dann, wenn die Haltung der Marktgegnergruppe (wirtschaftliche Machtposition, Marktkenntnis, unterstützt durch die Lage der Gruppe selbst, Geschäftsdringlichkeit), zum scharfen Preiskampf zwingt. Ein Herabsetzen des Preises durch einen Anbieter kann nur

---

[45]) S. und B. Webb a. a. O., II.Bd., III. Teil, 2. Kap.

[46]) Schmollers Jahrbücher 1900, Nr. 2, Heft 4.

dann seinem Marktinteresse entsprechen, wenn — wie wir in der Marktanalyse auf S. 4 nachwiesen — Aussicht gegeben ist, den Gesamterlös des Marktabsatzes dadurch zu mehren, daß entweder die Verminderung des Gewinns am einzelnen Stück durch die Mehrung des Gesamtgewinns mehr als ausgeglichen wird oder eine Verminderung der Marktbeschaffungskosten eine Preisherabsetzung ermöglicht, die mehr und kaufkräftigere Käufer zum Markt führt. Von den technischen, rechtlichen und historischen Besonderheiten eines Marktes hängt es ab, ob dieser Preisdruck durch das egoistische Vorgehen eines einzelnen Verkäufers in Frage kommt oder nicht.

Oppenheimer macht für das Geltungsbereich seines Satzes eine wichtige Einschränkung: In der „Urproduktion“ der Landwirtschaft liege dieser Widerstreit zwischen Einzel- und Gesamtkäuferinteresse nicht vor. Der Bauer habe auch als Verkäufer eine „Käuferseele“. Er begründet das in der Hauptsache mit folgendem:

„Der Preis der Nahrungsmittel wird bekanntlich durch einen ganz anderen Mechanismus bestimmt, als der der Industriewaren. Wird dieser auf die Dauer durch die technischen Verhältnisse des bestausgestatteten Betriebes bedingt, der die ungünstiger gelegenen unterbieten kann, geschieht also die Preisfestsetzung wesentlich durch das Angebot, so geschieht die Preisbestimmung der landwirtschaftlichen Produkte derart, daß dem letzten Landwirt in der größten Entfernung bzw. auf dem schlechtesten Boden, dessen Erzeugung für die Versorgung des Marktes noch gerade erforderlich ist, d. h. daß dem „Grenzbauern“ seine Produktionskosten samt den Transportkosten im Preis vergütet werden müssen. Hier geschieht die Preisfestsetzung also wesentlich durch die Nachfrage. Es ist also hier von Unterbietung keine Rede“.

In gewerblichen Produkten soll demnach die Preisfestsetzung „wesentlich“ durch das Angebot, in landwirtschaftlichen „wesentlich“ durch die Nachfrage geschehen. Schon die unsichere Fassung reizt zu kritischer Nachprüfung. In den gegenwärtigen Kämpfen um die Lebensmittelpreise erscheint es nicht wahrscheinlich, daß die Nachfrage die Preise einseitig bestimmt und in der Hausindustrie erscheint es noch unwahrscheinlicher, daß das Angebot, etwa die Thüringer Spielwarenverfertiger, die Preise für den Großhandel einseitig festsetzt. Hier liegen keine seltenen Ausnahmen vor, sondern wichtige Erscheinungen, die den Wert der gesamten Feststellung in Frage stellen[47]).

Wenn durch rentable Maschinen, höheren Nährgehalt des Bodens oder was sonst zur Minderung der Beschaffungskosten beiträgt, die Selbstkosten des Anbieters landwirtschaftlicher Produkte fallen, wird der ein-

---

[47]) Oppenheimer gibt in seinen Hauptschriften eine Erklärung für die Regelwidrigkeiten unserer „politischen Ökonomie“ durch seine Monopoltheorie, die uns später teilweise zu beschäftigen hat.

zelne Verkäufer seinen Vorteil dabei finden, wenn er den Preis herabsetzt; allerdings nur unter der uns längst bekannten Voraussetzung, daß der verminderte Preis den Marktabsatz zu vermehren verspricht, und wenn seine Produktenmenge die Absatzvermehrung überhaupt zuläßt. Es ist nicht ersichtlich, warum ein Gemüsebauer nicht den Preis seiner Spinatstauden herabsetzen soll, wenn er erwartet, daß er durch Inseratankündigung dann mehr Spinat als früher absetzen kann; die übrigen Spinatverkäufer, die auf die gleiche Nachfrage angewiesen sind, werden ebenfalls die Preise herabsetzen müssen, wenn sie nicht ihren Absatz verlieren wollen. Der Bauer handelt hier als Verkäufer ebenso gegen das Gesamtverkäuferinteresse (und tut es regelmäßig, wenn er Hoffnung auf Mehrabsatz hat und seine Warenmenge größer als sein bisheriger Absatz ist), wie ein Verkäufer gewerblicher Produkte.

Die sogen. Ricardosche Grundrententheorie, auf der Oppenheimers Ausführung im wesentlichen basiert, behauptet, daß in der Landwirtschaft der Aufwand, den die schlechtesten Böden verlangen, die zur Marktbefriedigung noch bebaut werden müssen, den Preis der Bodenprodukte bestimmt, während in der Industrie die billigsten Herstellungskosten das Preisniveau bestimmen[48]). Obwohl der erste Teil des Satzes unzweifelhaft zutrifft, beruht der zweite auf der Überschätzung des Preisdrucks durch Konkurrenzkampf. Es ist nicht wahr, daß auf dem Markt der gewerblichen Produkte die billigsten Herstellungskosten immer den Preis bestimmen. Es gilt vielmehr auch hier ohne Einschränkung der Satz, daß im Preis der Aufwand derjenigen Anbieter gezahlt werden muß, die die höheren Selbstkosten haben und deren Angebot zur Marktbefriedigung noch nötig ist. Der Mehrgewinn der billiger Produzierenden bei gleichem Preisniveau wirft in gewerblichen Produkten genau so eine Rente ab wie in landwirtschaftlichen, wenn dem billiger Produzierenden nicht die Möglichkeit vorhanden scheint, durch Preiserniedrigung einen größeren Absatz zu erlangen, als er schon hat, oder wenn er nicht mehr Ware auf den Markt bringen kann, als er zum bisherigen, höheren Preise absetzt. (Unter gleichen Voraussetzungen kann das Unterangebot seitens eines auf dem Markt neu Auftretenden geschehen.) Trotz des Bestehens der landwirtschaftlichen Grundrente bedarf es demnach keiner Ausnahme-

[48]) Vgl. hierzu aus Schmollers Aufsatz „Volkswirtschaft usw. im H. d. St. S. 483, 2. Sp. unten: „Neumann führt als anerkannte Gesetze, die aus dem wirtschaftlichen Eigennutz sich ergeben, folgende an: Preisgesetze.... b, daß die Preise nach dem Betrag der niedrigen Kosten billigster Produktionsart gravitieren, sofern letztere nach Bedarf auszudehnen ist, im anderen Falle aber nach den nie drigsten Kosten der zur Befriedigung solchen Bedarfs noch in Anspruch zu nehmenden teuersten Produktionsart."

regel für die Preisbildung der landwirtschaftlichen Produkte. Der Bauer nimmt als Verkäufer häufig eine Position ein, die ihn nicht in Widerspruch mit dem Gesamtverkäuferinteresse setzt, ebenso wie es bei Verkäufern anderer Waren unter den gleichen Marktverhältnissen zutrifft.

Damit wäre die Marktlage des Bauern als regelmäßig zu betrachten, wenn wir die Regel über den abstrakten Verkäufer an und für sich auf den Verkäufer bestimmter Waren am bestimmten Markte einschränken. Nur in ganz bestimmten Fällen die allerdings in der Wirtschaftsentwicklung der neueren Zeit zu den häufigereren gehören, treibt das Selbstinteresse den Verkäufer gegen das Gemeininteresse aller Verkäufer zu handeln, nämlich dann, wenn er durch eine Preiserniedrigung seinen Mitverkäufern (= Mitanbietern) Kunden entreißen kann (Marktanalyse, Fall 1c auf S. 5). Wenn die Preiserniedrigung jedoch eine Vermehrung der Gesamtnachfrage bewirkt, kann nicht ohne weiteres von einem Handeln gegen das Interesse der Gesamtanbietergruppe die Rede sein, sondern höchstens gegen das Interesse derjenigen, die ohne Verlust nicht der Preiserhabsetzung folgen können. Oppenheimers an sich richtige Beobachtung, führt durch allzuweite Verallgemeinerung zur Unklarheit.

Für den Käufer scheint jedoch ausnahmslos zuzutreffen, daß sich sein Eigeninteresse mit dem Gesamtkäuferinteresse deckt. Jedoch auch hier gibt es Anstöße, wenn wir Fälle des Wirtschaftslebens beobachten. Als die Fleischteuerung im September 1911 infolge schlechter Futterernte in erneuter Stärke einsetzte, versuchten die Metzger in den belgischen Industriezentren einen Boykott der landwirtschaftlichen Viehzüchter durchzusetzen, um die ihnen zu hoch erscheinenden Preise herabzudrücken. Allein die Brüsseler Metzger weigerten sich, dem Boykott beizutreten, zahlten nach wie vor die erhöhten Viehpreise. Ihr Eigeninteresse stand dem Gesamtnachfragerinteresse entgegen; während die hauptstädtischen Fleischer eine Preiserhöhung beim Fleischverkauf gemäß der Viehverteuerung bei der hohen Kaufkraft ihres Kundenkreises durchzusetzen hofften, ohne an Absatzhöhe beträchtlich einzubüßen, fürchteten ihre Berufsgenossen in den proletarisierten Industriestädten durch die notwendig gewordene Preiserhöhung (wenn ihr früherer Gewinnsatz nicht geschmälert werden sollte) ihren Absatz stark zu vermindern, da ihre Arbeiterkundschaft dann den Fleischkonsum notwendig einschränken mußte. Hier liegt entschieden ein Fall der Disharmonie des Einzelinteresses von Käufern gegenüber dem Gesamtkäuferinteresse vor, der typische Bedeutung hat. Die Oppenheimersche Formulierung, der Verschiedenheit in den Beziehungen zwischen Verkäufern unter sich und Käufern unter sich erscheint uns demnach nicht präzis genug.

Vielleicht ist es mit der schon oben mitgeteilten Fassung des Konkurrenzeinflusses gelungen, eine annähernd befriedigende Umschreibung der Erscheinung zu finden. Auf der Anbieterseite ist es der dem Druck der Gegner gegenüber Nachgiebigste, auf der Nachfragerseite im Gegenteil der am hartnäckigsten Feilschende, der den Preisausschlag zuletzt bewirkt. Immer unter der Voraussetzung, daß jeder von beiden willens und imstande ist, den Marktabsatz der übrigen Mitanbieter durch sein Verhalten wesentlich zu schmälern. Und dann auch unter der zweiten Voraussetzung, daß die Mitanbieter und Mitnachfrager von der Sonderstellung des Einen erfahren.

Beispiele: Der Händler A bietet Kartoffeln um 1 M. pro Zentner niedriger an, als der bisherige Marktpreis war. Die Händler mit gleichem Abnehmerkreis A_2, A_3 usw. werden nun ebenfalls ihren Kaufpreis herabsetzen müssen, wenn A_1 willens und imstande ist, durch sein Unterangebot einen immer wachsenden Teil der Abnehmer an sich zu reißen und damit den Umsatz der anderen zu schmälern; d. h. er muß eine Menge Kartoffeln auf den Markt bringen können, die einem viel größeren Kundenkreis genügt, als er bisher versorgte. Er vermehrt damit das Angebot, und nach der einfachen Formel vom wirksamen Angebot und der wirksamen Nachfrage sinkt damit der Preis. Diese mechanische Formel sagt jedoch nichts darüber, wann eine Erhöhung des wirksamen Angebots und der wirksamen Nachfrage eintritt. Der Abnehmer B_1, der einen Bedarf $= {}^1/_{20}$ der Gesamtnachfrage des Marktes hat, weigert sich zum bisherigen Marktpreis zu kaufen. Wenn der Händer A_1, bei dem B_1 bisher seinen Bedarf deckte, nicht ${}^1/_5$ seines Marktabsatzes einbüßen will (sagen wir B_1 besitze eine Branntweinbrennerei, die nur zu einem um 1 M erniedrigten Kartoffelpreis rentabel wird), so muß er den Preis um 1 M. erniedrigen. Und zwar, wenn der Markt ein offener, nicht nur für B_1, sondern auch für seine anderen gleichgroßen Abnehmer B_2 und B_3.

In beiden Fällen müssen die Mitanbieter und Mitnachfrager den bewirkten Preisdruck in Erfahrung bringen. Dieses Wissen von den Kaufbedingungen der Mitmarkthandelnden bildet einen wesentlichen Bestandteil der „Marktkenntnis", deren überragender Einfluß auf die Preisbestimmung wir immer wieder zu betonen haben.

Erst nach dieser eingehenderen Analyse der Preisbildungsvorgänge ist es möglich, mit einiger Aussicht auf Erfolg zur Betrachtung der komplizierten Marktverhältnisse des Kapitalmarktes zu schreiten.

Voraussetzung jeder Kapitalverwertung überhaupt, also der Möglichkeit eines Kapitalmarkts ist, daß es Wirtschaftende gibt, die durch eine Geldsumme oder durch das dafür Beschaffbare an Produktionsmittel imstande sind, das Resultat ihrer Tätigkeit zu vergrößern. Das ist in unserer Wirtschaftsepoche der Fall — nicht nur, wie Marx will, weil es „freie“ Arbeiter, d. h. allen Kapitals und damit aller Produktionsmittel bare Arbeiter gibt, sondern schon dadurch, daß einzelne Wirtschaftstätige fähig sind durch ihre hohe geschäftliche Geschicklichkeit oder durch eine ihnen vor anderen gegebene wirtschaftliche Machtposition das Kapital besser zu verwerten als andere.

Kapital ist zwar Ware, sobald es als verwertbares Objekt einen Markt findet, ebenso wie es die Arbeitskraft ist. Aber wie diese unterscheidet es sich, außer in diesem spezifischen Verhältnis, in allen anderen von den übrigen Warenarten. Die klassische Schule faßte Kapital, Arbeit und Boden als die drei Elemente oder Faktoren jeder produktiven, in unserem Sinne „wirtschaftlichen“ Tätigkeit. Daß diese Dreigliederung auch von den Neueren, die die gefährliche Grenzverwischung zwischen technischen und wirtschaftlichen Gesichtspunkten in den Systemen der Älteren erkannt haben, doch noch in der Hauptsache festgehalten wird, spricht sehr für die Stichaltigkeit ihrer Grundlage. Freilich ist es fast absurd, sie heute noch wie damals zum Obersatz weitläufiger und für ganze Systeme entscheidender Deduktionen zu machen, mit der gleichen, zweifelssicheren Bestimmtheit, mit der man etwa aus algebraischen Sätzen deduziert. Kommt es doch dabei auf so präzise Umgrenzung des Inhalts und Umfangs des Behaupteten oder Bewiesenen an, aus dem man folgert, daß man hier, in der Algebra, die Größen, mit denen man verfährt, um der Präzisität willen überhaupt allen Inhaltes entkleidet hat, während in unserem Falle alles auf den Inhalt und seine Eindeutigkeit ankommt. Fassen wir Kapital, Arbeit und Boden nur in ihrem Verhältnis als Waren, die einen von den anderen Warenarten gänzlich verschiedenen Markt finden, so können wir ziemlich sicher gehen, nicht auf die verschlungenen Irrwege zu geraten, auf die das fast gänzlich unmotivierte Streben führen muß aus der Dreiheit der Elemente mit Gewalt eine höhere Einheit zu schaffen.

Die Ware „Kapital“ (was für uns Verfügungsgewalt und damit Veräußerungsfähigkeit des Eigentums oder der Nutzung von Geld oder in Geld wertbarer Güterquanten bedeutet) unterscheidet sich von allen anderen Waren und auch von den beiden anderen „Produktionselementen“ dadurch, daß sie ihrem Wesen nach nur die Wertdimension der Quantität, nicht oder nicht mehr die der Qualität besitzt: Kapital sein, heißt eben in Geld gewertet sein, also des Qualitätscharakters mittels des Quantitätsmaßes entkleidet sein. Die Preisbildung findet in der Größe ihr einziges Kriterium und kann dadurch auf ihre einfachsten Funktionen zurückgreifen. Mit den beiden anderen Produktionselementen gemeinsam ist dem Kapital, daß es als solches nicht wie andere Waren Ziel und Resultat eines bestimmten wirtschaftlichen Prozesses oder Teilprozesses ist, sondern Vorbedingung jedes, wie auch immer gearteten Wirtschaftsprozesses. Daraus ergibt sich, daß jedes Subjekt des Marktgeschehens auch Nachfrager des Kapitals ist oder sein kann[49]). Mit der Marktstellung als Kapitalnachfrager ist somit keine auch nur irgendwie zu charakterisierende Wirtschaftsstellung verbunden (wie es bei den Marktgruppen, deren Beziehungen bisher Gegenstand unserer Betrachtungen waren, immer mehr oder weniger der Fall war).

Eine dritte Eigenart, die das Kapital mit keiner anderen Ware, auch mit keinem der Produktionselemente teilt, läßt seine einziggeartete Wesenheit noch mehr hervortreten: wie es am Anfang jedes Wirtschaftsprozesses steht, so verdankt es selbst seinen Ursprung dem Ergebnis eines Wirtschaftsprozesses, gleichgültig welcher Art. Damit ist angedeutet, daß für die Marktgruppe der Kapitalsanbieter fast das gleiche gilt, was eben von den Kapitalsnachfragern gesagt wurde: Mit der Marktstellung als Kapitalanbieter ist nicht ohne weiteres eine bestimmte Wirtschaftsstellung, die sich einigermaßen abgrenzen läßt, verbunden. Ganz so unbestimmbar wie die Markteigenschaft der Kapitalnachfrager sind die der Anbieter nicht; wohl ist der Kapitalbesitz (genauer: die Kapitalnutzung) Voraussetzung jedes wirtschaftlichen Handelns (auch des Lohnarbeiters), nicht aber ist es in unserer Wirtschaftsepoche ebenso notwendig oder gewöhnlich, daß das Endergebnis eines Wirtschaftsprozesses in Kapital überführt werden kann. Das bedeutet: Wenn ich etwas zu einem wirtschaftlichen Zwecke „unternehme“, muß ich über eine gewisse Kapitalmenge verfügen können — und wenn es nur die wäre, die mir das Abwarten des Resultats meiner Unternehmung ermöglicht —, wenn jedoch die Unternehmung beendet oder ihr Erfolg für eine gewisse Zeitspanne ihres Bestehens übersehbar, so sind drei Fälle möglich: Entweder die Unternehmung ist nicht imstande auch nur meine Selbstkosten zu decken, oder sie reicht gerade zur Deckung der Selbstkosten aus, ohne einen Überschuß zu liefern, der dann in Kapital umgewandelt werden könnte, oder drittens sie läßt einen solchen Überschuß, der durch seine Umwandlung in Kapital die Grundlage eines neuen Wirtschaftsprozesses bilden kann. Nur in diesem letzteren Fall ist der Wirtschaftshandelnde imstande als Kapitalmarkt-Anbieter aufzutreten.

Aus dieser eigentümlichen Wesenheit der Ware „Kapital“ ist auch die eigenartige Gestaltung des sich von allen übrigen Märkten unter-

---

[49]) Auch der Nachfrager von Diensten, so z. B. der Lohnarbeiter kann es sein. Man denke an den Fall, daß ein bisher ziemlich unqualifizierter Metallarbeiter, der natürliche Handfertigkeit und Anstelligkeit bewiesen, sich eine Kapitalsumme leiht, um ein oder zwei Jahre in einer gewerblichen Schule sich fortzubilden und aus seinem späteren höheren Lohn Zins und Amortisationsrate zurückzuzahlen.

scheidenden Kapitalmarkts verständlich. Fast alle Wirtschaftshandelnde sind an der Lage dieses Marktes, an der Position der Anbieter und Nachfrager direkt interessiert. Seine eindimensionale Preisbildung ermöglicht eine Präzisität der Marktfunktionen, und damit eine Übersichtlichkeit und Durchsichtigkeit des Marktorganismus, die alle anderen Märkte entbehren. Was Wunder, wenn der Kapitalmarkt der Epoche des „Effektenkapitalismus“[50]) längst zu den höchstentwickelten und unendlich verfeinerten Marktmethoden fortgeschritten ist; in einer Zeit, wo sich der Markt fast aller anderen Waren noch mit verhältnismäßig recht primitiven Methoden der Marktstrategie begnügt. Wie man den Organismus einer modernen Heißdampflokomobile nicht dadurch erschöpfend erklärt, daß man das so unendlich verschlungene Räder- und Kräftegetriebe von irgend einem Punkt aus verfolgt, sondern vielmehr mit der Darstellung der primitiven Dampfkolbenlokomobile der ersten Anfänger beginnend, zu den verbesserten Modellen fortschreiten muß, so werden wir von den Verhältnissen primitivster Art ausgehen müssen, die der Kapitalmarkt schon zu Beginn der uns beschäftigenden Epoche zu überwinden ansetzte.

Zwei äußerlich recht verschieden erscheinende typische Vorgänge mögen als Untersuchungsmodelle dienen. Einmal sei der Kapitalnachfrager ein kleiner Bauhandwerker; seine Mittel reichen nicht aus um den Auftrag ohne Kreditinanspruchnahme auszuführen. Da ihm nicht, wie heute, gutgeleitete Banken oder gar seine Kreditgenossenschaft zur Verfügung steht, sondern das Ausleihegeschäft noch in den Händen weniger Geldhändler (häufig Lombarden und Juden u. a.[51]) liegt, so sieht er sich einer nicht allzu zahlreichen Anzahl von privaten Kapitalanbietern gegenüber. Im zweiten Fall sei der Kapitalnachfrager ein anleihebedürftiger Staat und seine wenigen Kapitalanbieter Geldhändlerfamilien wie die Fugger und Welser oder später das Haus Rothschild.

In unserem ersten Falle ist die typische Lage des Nachfragers: größere Geschäftsdringlichkeit, unendlich geringe Marktkenntnis (als Handwerker geht ihm die Kenntnis des Kapitalmarkts fast völlig ab) und fast ebenso geringe Marktgeschicklichkeit; die des Anbieters größere

[50]) Siehe Liefmann: Beteiligungs- und Finanzierungsgesellschaften. Jena 1909, S. 12 ff.

[51]) Die nationale Verschiedenheit der Kapitalanbieter von den Kapitalnachfragern ist für die für uns ausschlaggebende Interessensolidarität der Marktgruppe, die bis zu einem gewissen Grade für die Preisbildung primär entscheidend wirkt, und noch mehr für die Voraussetzung eines gewissen typischen Grades der Marktkenntnis und Marktgeschicklichkeit aller Gruppenglieder von hohem Interesse. Vgl. Schmollers Grundriß I. Einleitung, die Abschnitte über „Rassen“.

Machtposition (durch die ihm bekannte Geschäftsdringlichkeit des Gegners und die geringe Anzahl der Mitanbieter) und endlich überlegene Marktkenntnis und - Geschicklichkeit. Die geradezu notwendige Marktüberlegenheit des Anbieters ist unbezweifelbar. Keine Konkurrenz ist imstande auf dieser Stufe der Marktentwicklung die Ungleichheit in der Position beider Marktgruppenglieder auch nur annähernd auszugleichen.

Im zweiten Falle auf seiten des Nachfragers wieder die größere Geschäftsdringlichkeit und gleichfalls die geringere Marktkenntnis, wenn auch nicht in dem Grade wie beim kleinen Handwerker, und vielleicht auch die geringere Marktgeschicklichkeit des Finanzministers gegenüber dem gewiegten Geldhändler. Jedoch die Machtposition des Nachfragers hält hier zum mindesten der des Anbieters die Wage, wenn sie ihr nicht überlegen ist. Um die Millionenanleihe des kreditfähigen Staatshaushaltes reißen sich 4 oder 5 bei der primitiven Organisation des Kapitalmarktes in Frage kommende Konkurrenten und konkurrierende Konsortien, so daß hier, wenn nicht sicher, so doch wahrscheinlich, eine Gleichheit der Marktposition der Markthandelnden bewirkt wird, oder sogar zu Ungunsten der Anbieter durch deren Konkurrenz oder durch den Druck der überlegenen Machtposition (politischer Druck) des Nachfragers in Ungleichheit umschlägt.

Vorausgesetzt ist in beiden Fällen die primitive Stufe des Kapitalmarkts etwa zu Beginn unserer Wirtschaftsepoche (um 1800). Die Kapitalanbieter bringen fast nur in eigenen Betrieben (Bergwerke, Plantagen, Geldwechsel, früherer Geldhandel) gewonnene Kapitalien zu Markt. Der Kapitalmarkt bietet für sie weniger eine Vermögensanlage als die hauptsächlichste Erwerbsquelle. Der Kreis der Anbieter ist durch Gesetz und Sitte und vielleicht ebenso sehr durch die wenig verbreitete Kenntnis der Markttechnik sehr beschränkt. Wenn der Nachfrager nicht ein mächtiger Staat oder einflußreicher, über alle Zweifel kreditwürdiger Privatmann, dann wirkt die Konkurrenz nur wenig mildernd auf die hohe Marktüberlegenheit des Anbieters. Die Nachfrager sind nur verhältnismäßig wenige Personen in zufällig bedrängter Lage oder mit eigentümlich gelagerten Einkommens- und Verpflichtungsverhältnissen.

Mit dem raschen Fortschreiten des Gesamtmarktverkehrs, mit dem ungeheuerlichen Emporwachsen der Nachfrage aller Märkte im Verlauf des 19. Jahrhunderts verändert sich das Bild des Kapitalmarkts von Grund aus. Man kann die Anwendung aller nur möglich erscheinenden Marktmethoden geradezu der Reihe nach aufweisen. Vor allem brachte es wieder die Natur der Ware „Kapital“ mit sich, daß bald die nämlichen Wirtschaftsubjekte, die Kapital nachfragten, ebenso häufig als Kapitalanbieter auftraten[52]). Damit war der von da ab für den hauptsächlichsten Kapitalmarkt dauernde Zustand gegeben, daß Anbieterpartei und Nachfragerpratei unter völlig gleichen Bedingungen und gleichem Rüstzeug in den Marktkampf eintreten. Als Resultat dieser Entwicklung ist die Börse, der offene Kapitalmarkt anzusehen. Daß man hier nicht von einer Marktüberlegenheit prinzipieller Natur auf Seiten der Anbieter oder der Nachfrager sprechen kann, will natürlich nicht besagen, daß nun durch die Marktgleichheit ein Zustand geschaffen ist, der bei jedem Marktabschluß ein naturnotwendiges Gleichgewicht in den Vorteilen herbeiführt, die jeder Markthandelnde aus seinem Geschäfte zieht. Im Gegenteil wird gerade hier das kleinste und feinste Gewicht, das die Marktkenntnis und -Geschicklichkeit oder die durch die Zufälle der schwankenden Konjunkturen (irgend eines fremden Marktes, der sich dem Einfluß der Markthandelnden entzieht) herbeigeführte Machtposition auf die Wagschale der einen Seite legt, und die höhere Geschäftsdringlichkeit der Schale der anderen entnimmt, zum ausschlaggebenden Faktor.

Es gibt keine Organisationsform der Marktwirtschaft, die nicht auf dem Kapitalmarkt erfolgreiche Anwendung gefunden hätte. So zuerst der Großhandel des Kapitalmarktes, das Depositenbankgeschäft. Den zerstreuten in ziemlich großer Unkenntnis der Marktverhältnisse lebenden „Kapitalproduzenten“ (alle Unternehmen mit anlagefähigem Gewinnüberschuß) wird die Möglichkeit einer ziemlich gesicherten Rente geboten, und die so gekaufte Kapitalnutzung gewissermaßen „wiederverkauft“. Dann der Großhandel für die Kapitalnachfrager, die Emissionsbanken, die wiederum den Kapitalbedürftigen und kreditwürdig Erscheinenden durch eine Art Termingeschäft die Kapitalnutzung verkaufen und dafür durch die emittierten Aktien, Obligationen oder Pfandbriefe selbst eine billigere Kapitalnutzung einkaufen. Der Kontokorrentverkehr und das Diskont- und Lombardierungsgeschäft stellen verfeinerte Methoden dar, um in jedem Moment des Wirtschaftsprozesses aus allen Zellen der Volkswirtschaft das gerade im Augenblick brach liegende Kapital in die Kanäle des Kapitalmarktes zu leiten. So daß damit die Konkurrenz der Anbieter immer der größtmöglichen Ausdehnung des Marktbedarfs angenähert wird. Das Report- und Deportgeschäft und andere sich um den Terminhandel gruppierende Geschäftspraktiken versuchen die faßbar gewordenen Unterschiede der Position der Markt-

---

[52]) Es wäre zur Beurteilung der Entwicklung der Markttechnik, die in unserem Sinne bisher noch gar keiner wissenschaftlichen Beobachtung unterlag, von entscheidender Bedeutung, wenn einmal festzustellen versucht würde, inwieweit auch Nachfrager anderer Waren regelmäßig (nicht durch eine zufällige Konjunktur gezwungen! Intervention:) gleichzeitig als Anbieter der gleichen Ware auf (lokal) gleichem Markt auftreten.

gruppen wieder dem Ausgleich näher zu bringen oder ins Gegenteil überzuführen. So integriert und differenziert sich der Markt bis in die feinsten Faserungen.

Der Genossenschaftsgedanke hat auf dem Kapitalmarkt die frühzeitigste und erfolgreichste Verwirklichung gefunden. Wie der Großhandel, das Bankwesen, gleichzeitig der Nachfrager- wie der Anbieterpartei als Mittler und Agent dient, so finden sich die Genossenschaften der Anbieter wie der Nachfrager, die im Auftrag und auf das Risiko der einen oder anderen Seite die Funktion der Banken selbst übernehmen (analog der Tendenz der Genossenschaften auf den Märkten anderer Waren, den Zwischenhandel auszuschalten und seine Gewinne sich selbst zu sichern). Für die Nachfrager nach Kapital sind das die Kreditgenossenschaften der Handwerker, die Darlehnskassen der Landwirte, im gewissen Sinne auch die Notenbanken der Staaten u. a. Für die Anbieter die öffentlichen Sparkassen (analog den öffentlichen Staats- und Kommunalbetrieben) und auch wieder, in beschränkter Weise, die Aktienbanken (da deren Aktionäre doch selbst Kapitalanbieter).

Die Koalition, die Bildung von Verkäufer- und Käuferverbänden, (zu „monopolistischer Beherrschung des Marktes" allerdings nur soweit das bei der offenen, übersichtlichen und leichtbeweglichen Artung des Kapitalmarktes möglich) bildet eine frühzeitige Form des Marktkampfes. Das Konsortium, die Interessengemeinschaft, drängt sich als Mittel der Marktstrategie geradezu auf[53]). Die mannigfache Interessenverbindung,

---

[53]) Vgl. Riesser (Entwicklungsgeschichte der deutschen Großbanken, II. Aufl., Jena 1906).

S. 64 f. „Bei aller Emissions- und Gründungstätigkeit hatten aber die damaligen Banken auch schon früh den Wert und die Notwendigkeit jenes Grundprinzips aller vorsichtigen Bankpolitik, der Risikoverteilung, klar erkannt, an dem manche Banken bei ihren Emissionsgeschäften sogar bis zur Ängstlichkeit und oft sehr zum Nachteile ihrer Gewinne festgehalten haben.

Im Jahre 1859 bildete die Darmstädter Bank behufs Übernahme mehrerer — im Jahre 1860 zur Abwicklung gelangter — Engagements (insbes. der Rhein-Nahebahn-Obligationen) wohl zum ersten Male ein „Banken-Konsortium; Geschäftsbericht 1860: „Diese Form hat ihre entscheidenden Vorzüge, indem sie das Risiko vermindert und zugleich die Durchführung erleichtert."

S. 165. „Die Bildung von Konsortien erfolgte in erster Linie angesichts der immer größer werdenden Kapitalien, um die es sich handelte, im Interesse der Risikoverteilung, dann in dem einer besseren Sicherung der Durchführung des Geschäfts. Es ist aber kein Zweifel, daß da, wo die konsortiale Geschäftsbehandlung in eine dauernde Gruppenbildung überging und hier wiederum da, wo solche Gruppen die Großbanken oder einen erheblichen Teil derselben umfaßten, diese Gruppenbildung zugleich auch einen kartellartigen oder monopolistischen Charakter annahm. Denn solchen Gruppen gegenüber konnte die Konkurrenz zwar den Versuch machen, ein Gebot zu „unterbieten", sie mußte aber trotzdem vielfach dann unterliegen, wenn sie nicht die gleiche Sicherheit die fortschreitende Fusionstendenz, die nur durch die gleichzeitige, ebenso natürliche und deshalb ebenso starke Differenzationstendenz in den Beziehungen der Großbanken (Rayonverteilung nach historischen, lokalen oder marktspezialistischen Gesichtspunkten, vgl. Riesser a. a. O.) zeugen mit tausend Zungen für unsere These, daß die Interessensolidarität der Marktgruppen den Interessengegensatz des Wettstreits innerhalb der Gruppen weit überwiegt.

Die bis zur feinsten Faserung des Marktorganismus fortschreitende Entwicklung hat längst Gebilde der Integration und Differenzation (vertikale Kombination und Spezialisation) geschaffen, deren Konstruktion gegenüber der der zurückgebliebenen Warenmärkte sich aus nimmt, wie die Schnellzugslokomotive Modell 1910 gegenüber der Stephensons. Die wichtigste dieser Integrationsmethoden ist die Form der Aktiengesellschaft. Die Genossenschaft der Kapitalanbieter hat hier die Funktion der Kapitalnachfrager, nämlich das Kapital wiederum im Wirtschaftsprozeß „arbeiten" zu lassen, in eigene Regie übernommen. Damit wäre eine Rückkehr zum Ausgangspunkt[54]), allerdings auf dem Wege über das Genossenschaftsprinzip, gegeben; die Kapitalbeschaffer sind auch gleichzeitig die Kapitalanwender, wie in der Zeit, wo ein durchgängiger Kapitalmarkt überhaupt nicht existierte. Der „Effektenkapitalismus", die Synthesis aus der Thesis: genossenschaftliche Kapital-

---

zu bieten vermochte, sei es in bezug auf Zahlungs- und Abnahmeverpflichtungen, sei es in bezug auf die rasche und glänzende Durchführung des Geschäfts und das gute und dauernde Placement etwa zu ermittelnder Werte.

Manche Konsortien aber hatten auch einigermaßen den Charakter von Preiskonventionen. So, wenn, wie dies häufig der Fall war, Konsortien die sich ursprünglich für die Übernahme von Werten unabhängig voneinander gebildet hatten, sich schließlich, um ein gegenseitiges Höhertreiben zu beseitigen, vereinigten."

[54]) Daß die Entwicklung auch auf anderen Wirtschaftsstufen durchgängig zur Vereinigung bisher in weitgehender Spezialisation zerteilter Betriebe führt und damit zur Gesamtproduktion im Einheitsunternehmen zurückkehrt, von dem sie vor der Spezialisation ausgegangen, möge folgendes Zitat belegen: Alfred Heller: Das Buchdruckergewerbe: Die wirtschaftliche Bedeutung der technischen Entwicklung, München 1911, S. 94: „Die Geschichte bewegt sich im Kreis; eine Vereinigung der verschiedensten technischen Elemente in der Buchdruckerei gab es schon, ehe das Auftreten des vielfältigen Bedarfs und ehe die umgestaltende Entwicklung der Technik einsetzte. Gerade als Folge dieser Entwicklung sahen wir ein Zurückweichen von einer langen Kette aufeinanderfolgender Produktionsfaktoren und eine Zerlegung des ursprünglich so großen technischen Gebietes des Buchdruckers in viele vor- und nebeneinander gelagerte selbständige Gewerbe. Nachdem nun jedes zu der Ausbildung gelangt ist, die nur eine strenge Konzentration auf sich selbst zuwege bringt, nachdem nun die Spezialisation alle einzelnen Zweige einzeln vervollkommnet hat, steigert die Neigung zum Großbetrieb die Betriebseinheit."

anlage und der Antithesis: genossenschaftliche Kapitalnachfrage — um einmal Hegels Bild zu benutzen, das eben nur ein Bild aus dem Bereich der Logik ist, keine Beweisformel über sie hinaus — eröffnet mit der gleichen Gebärde dem extremsten wirtschaftlichen Individualismus wie dem Interessenausgleich und dem aktiv und faßbar gewordenen Gesamtinteresse immer umfassenderer Gruppen von Wirtschaftssubjekten freie Bahn (Treuhandgesellschaften, Trustbanken, Holding-Companies).

Es wäre eine verlockende Aufgabe, die Marktmethoden des Kapitalmarkts bis in ihre einzelnen Besonderheiten nach scharf gefaßten Gesichtspunkten darzustellen und zu klassifizieren. Mit hoher Wahrscheinlichkeit läßt sich vermuten, daß wir für die gegenwärtige und zukünftige Marktgestaltung aller Warenmärkte auf dem Kapitalmarkt nahezu ausnahmslos annähernd bis ins einzelne analoge Gebilde vorfinden. Denn die Identität der Nachfrager und Anbieter räumt alle Hindernisse des Interessenausgleichs aller Beteiligten durch die möglichst im Gesamtinteresse produktive Marktgestaltung mit Leichtigkeit hinweg; Hindernisse, wie sie in scheinbar unüberwindlicher Schroffheit auf den übrigen Märkten bestehen. So daß durch eine scharf sichtende Parallele ziemlich sichere Entwicklungslinien für andere Märkte zu ziehen wären. Hier gilt es vorläufig erst die gröberen Zusammenhänge in der Marktgestaltung der Gesamtwirtschaft und ihre Veränderung durch Einwirkung von Verkäufer- und Käuferverbänden sichtbar zu machen.

Eine Seitenfrage mag hier noch kurz gestreift werden: Sind die koalierten Kapitalanbieter, deren Einfluß durch die Mandatardienste einer Großbank oder eines Bankenkonsortiums noch vervielfacht werden kann, in der Lage, einen entscheidenden, herrschenden Einfluß auf die durch ihr Kapital begründeten Industrieunternehmen und damit auf wichtige Teilprozesse der gesamten Volkswirtschaft auszuüben? Die Frage ist schon zu oft entschieden verneint worden, als daß hier eine ausführlichere Betrachtung nötig erschiene. In unserem Gedankengang ist sie aus wenigen Gesichtspunkten heraus zu beantworten. Die Marktkenntnis der Kapitalanbieter bzw. ihrer Mandatare ist gegenüber den komplizierten, nur dem Fachmann ganz offenliegenden Vorgängen des Markts der Industrieprodukte und noch mehr in bezug auf die möglichst marktgängische Verarbeitung verschwindend gering. Die eigentlichen Leiter der industriellen Unternehmen sind trotz aller Vertreter der Banken im Aufsichtsrat[55]) die entscheidenden Faktoren, die das Auftreten des Unternehmens auf seinen Märkten bestimmen. Ja noch mehr, das fast unbedingte Vertrauen, das die Kapitalanbieter in die Geschäftstüchtigkeit

[55]) Vgl. Liefmann, a. a. O., S. 63 und den dort zitierten Jeidels: Verhältnis der deutschen Großbanken zur Industrie 1905, S. 161.

und Zuverlässigkeit der industriellen Betriebsleiter setzen müssen, da davon ja nicht nur ihr Rentenbezug, sondern das Schicksal ihres Kapitals abhängt, gibt eher umgekehrt den industriellen Größen die Möglichkeit die Art der Kapitalanlage entscheidend zu beeinflussen. Hier tritt das wichtigste Moment der Integration klar hervor; sie verwischt den Interessengegensatz der beteiligten Marktgruppen und gibt der gesamtwirtschaftlich belangreicheren Interessenrichtung das Übergewicht vor der privatwirtschaftlich beschränkten. Hierfür zwei Zitate aus dem Munde deutscher Industrieller: Generaldirektor Kirdorf sagte 1905 auf dem Kongreß des Vereins für Sozialpolitik in Mannheim: „Niemals „war der Einfluß der Großbanken in der Großindustrie Rheinlands und „Westfalens vorher so gering, wie er zur Zeit ist.“ (Schr. d. V. f. S. Bd.116 S. 285). Liefmann erzählt a. a. O. S. 272: „Ein Direktor der deutschen Bank sagte mir: „Wenn Thyssen zu uns kommt, schwindelt uns immer der Kopf von all den großen Plänen, die er mit unsserem Gelde ausführen will[56]).“

Man ist gewöhnt die Verhältnisse der landwirtschaftlichen Märkte unter prinzipiell anderem Gesichtswinkel zu betrachten, als die der gewerblichen Produkte. Tatsächlich spricht für eine grundsätzliche Verschiedenheit der Preisbildung bei landwirtschaftlichen Produkten gegenüber den gewerblichen eine Reihe gewichtiger Gesichtspunkte. Schmoller zitiert in seinem Grundriß (I. S. 48) eine Formulierung des Ministerialdirektors Thiel über die Eigenart der Konkurrenz in der Landwirtschaft:

„Es fehlt der Landwirtschaft der Stachel des Wettbewerbs, des Kampfes ums Dasein;.... der fleißigste und tüchtigste Landwirt und der faulste und dümmste können jahrelang die nächsten Nachbarn sein, ohne sich einander zwingend zu beeinflussen.“

Franz Oppenheimer hat, wie wir schon berührt haben, dem Landwirt als Anbieter eine „Käuferseele“ zugesprochen; er führt darüber weiter aus:

„Der Landwirt ist nicht, wie der Gewerbetreibende, am Preise einer Ware interessiert, sondern an dem vieler; er kann bei sinkendem Preise die Produktion nicht so steigern und den Markt nicht so überführen wie jener. Ich möchte sagen, er ist nicht so in die Zusammenhänge der Volkswirtschaft verflochten, er kann nie so spekulieren; sein Erwerbstrieb bleibt immer ein anderer; seine sittlich-psychologische Atmosphäre unterscheidet sich von der des Städters immer im ganzen so, daß er nicht leicht an der Konkurrenz sich stark beteiligt; nie so auf die Abwege der feindlichen Konkurrenz kommen kann, aber auch meist nicht die Tatkraft, die wirtschaftliche Energie und Findigkeit zeigt wie jener.“

Aus diesen etwas allgemein und unbestimmt gehaltenen Bemerkungen ergibt sich, daß in der Landwirtschaft jedenfalls auf verschiedenen Ge-

---

[56]) Vgl. hierzu auch Liefmann, a. a. O., S. 268 f.

bieten recht verschiedene Methoden der Marktstrategie Anwendung finden und daß diese Methoden weniger bis zur größten Intensität der Marktausnutzung fortgeschritten sind als die der gewerblichen Anbieter. Eine Sonderstellung nimmt vor allem der Teil der Landwirtschaft ein, der für den Eigenbedarf produziert. Hier wird das Produkt überhaupt nicht zur Ware. Von einer Preisbildung kann da deshalb nicht gesprochen werden. Sobald jedoch der „Urproduzent“ in die „Zusammenhänge“ der Volkswirtschaft (hier Marktwirtschaft) verflochten ist“, hört auch seine Sonderstellung als Anbieter auf. Wäre der landwirtschaftliche Verkäufer wirklich eine „Käufernatur“, dann müßte sich seine Marktposition nach unserer Konkurrenzregel durch die Haltung des jeweils den Interessen der Gegengruppe am wenigsten entgegenkommenden Verkäufers landwirtschaftlicher Produkte bestimmen. Wenn demnach die kanadischen Getreidebauern auf der Berliner Fruchtbörse die Tonne Weizen zu 10 anbieten, der ostpreußische Rittergutsbesitzer jedoch nicht unter 15, dann müßte ein Gesamtdurchschnittspreis von 15 sich ergeben, da ja der Kanadier sofort, nachdem er erfahren, daß der Ostelbier zu 15 anbietet, ebenfalls 15 verlangt. Das ist offensichtlich unrichtig. Ein anderer Fall: In einer städtischen Markthalle bietet der zuerst ankommende Bauer seine Kartoffeln zu 9 an, der später Kommende beabsichtigte vorher zu 5 anzubieten. Als er jedoch den Erfolg des Angebots zu 9 sieht, bietet er ebenfalls zu 9 an. So lange er zu diesem Preis Nachfrager findet! Nach der bequemen These vom Verhältnis des wirksamen Angebots zur wirksamen Nachfrage bieten beide Fälle gar keine Schwierigkeiten. Wann wird jedoch das Angebot und wann die Nachfrage gerade so wirksam, daß die Preisbestimmung dann so und nicht anders erfolgt?

Da ist auf eine Sonderheit einzelner landwirtschaftlicher Produkte als Ware, die sie von den anderen Waren unterscheidet, zurückzugreifen. Für sehr viele landwirtschaftliche Produkte sind nicht eine bestimmte marktgegnerische Wirtschaftsgruppe, sondern alle übrigen (nicht landwirtschaftlichen) Erwerbsgruppen Nachfrager und zwar regelmäßige Nachfrager mit nur wenig schwankender Bedarfshöhe. Die hohe Dignität des durch diese Waren befriedigten Nachfragerbedürfnisses sichert dem Marktabsatz von Anfang an und dauernd schon die größtmögliche Ausdehnung. Man kann nicht durch Reklame und Propaganda anderer Art (heute!) für den Kartoffelverbrauch neue, bisher trotz ihrer Kauffähigkeit nicht auf dem Markt vorhandene Käufer werben (wohl aber für Bananen!).

Eine zweite und wohl die größte Schwierigkeit bei der Anwendung der für andere Waren möglichen Marktmethoden: die Verminderung der Marktbeschaffungskosten, die eine Grundlage für bedeutsame Preisherabsetzungen, bzw. Unterbietungen abgibt, ist in der landwirtschaftlichen Produktion um vieles schwieriger und enger begrenzt wie in der gewerblichen. Gesetz des abnehmenden Bodenertrags! Doch sobald diese Verminderung möglich, tritt prompt die Wirkung des Konkurrenzkampfes bzw. des Preisdrucks ein.

Daraus erhellt: Der Unterschied in der Preisbildung landwirtschaftlicher gegenüber der gewerblicher Produkte ist nicht prinzipieller Natur, sondern beruht auf der beschränkten Anwendungsfähigkeit der in der gewerblichen Sphäre gebräuchlichen Marktmethoden für die landwirtschaftlichen. Die angeführten Gründe ließen sich leicht noch um eine ganze Reihe anderer und ebenso belangreicher vermehren.

Gerade durch diese Beschränkung der Variabilität der Marktmethoden entsteht der unverkennbare Eindruck von der Interessensolidarität der landwirtschaftlichen Anbieter gegenüber den gewerblichen Nachfragern. Man hat diese Koalition ohne Verabredung als „Naturmonopol" bezeichnet. Auch ohne Zuhilfenahme solcher Kunstgriffe läßt sich der Mangel an preisdrückendem Wettbewerb in der landwirtschaftlichen Sphäre begreifen. Der Anbieter landwirtschaftlicher Produkte verfügt über eine gewisse wirtschaftliche Machtposition, da er immer auf Abnehmer seiner Produkte rechnen kann und da diese notgedrungen zu einem Kaufabschluß gelangen müssen, während er im Notfall seine Produkte noch für den eigenen Bedarf verwenden kann. (Wie betont, gilt dies nur für einige bestimmte, aber dabei die wichtigsten landwirtschaftlichen Produkte.) Ihm steht meist der Händler (wenn nicht der letzte Konsument) gegenüber, dessen ganzes Interesse dahin geht, den Preis auf ein möglichst niedriges Niveau herabzudrücken: jede Preiserniedrigung bedeutet die Möglichkeit eines Mehrabsatzes oder einer Gewinnerhöhung. Die Marktkenntnis und — Geschicklichkeit des Händlers wird der des Bauern meist überlegen sein. Das Preis- und damit das Gewinnniveau für den landwirtschaftlichen Anbieter wird danach kaum so sehr durch die Konkurrenzfähigkeit des Mitanbieters als durch den gewaltigen Gegendruck der Nachfrager bestimmt. Was dem Anbieter an Marktüberlegenheit bleibt, kann nicht aufgegeben werden, ohne das soziale Durchschnittseinkommen, die herkömmliche Lebenshaltung des gesamten Erwerbsstandes zu gefährden.

Durch eine Betrachtung der typischen Markterscheinungen der einzelnen Wirtschaftsstufen wurde der Beweis zu erbringen versucht, daß der Wettbewerb der Mitanbieter für die Preisbestimmung und damit die Marktgestaltung nicht von primärer Bedeutung sein kann (wie bisher meist angenommen), daß vielmehr die durch verschiedene Faktoren begründete, typische Marktposition einer Wirtschaftsgruppe vor allem den Gewinnanteil der Gruppe und damit jedes einzelnen Gruppenteilnehmers bestimmt. Schon vor dem Entstehen von Verbänden der Verkäufer und Käufer besteht demnach eine weitgehende und regelmäßig wirksame Interessensolidarität der (unorganisierten!) Verkäufer- und Käufergruppen gegenüber ihren Marktgegnern.

Im einzelnen ergaben sich folgende für den Fortgang der Untersuchung bedeutsame Sätze:

Jeder Marktpartei — der Anbieter- wie der Nachfragergruppe — eignet zu einem bestimmten Zeitpunkt eine bestimmte Marktstellung. Schmoller hat als Bestimmungsgründe angeführt die ökonomische Machtstellung einer Gruppe, ihre Geschäftsdringlichkeit und die Marktkenntnis und Geschicklichkeit, die sie beim Marktkampf anzuwenden versteht. Auf Grund einer solchen mehr oder weniger bestimmt gegebenen Position beginnt erst der Kampf um das „strittige Grenzland". Dieser Kampf kann je nach der Eigenart der Marktlagerung nach verschiedenen Methoden geführt werden. So dadurch, daß ein Teilnehmer der Anbietergruppe auf Kosten der anderen seinen Absatz zu vergrößern sucht. Das kann wiederum auf verschiedene Weise bewirkt werden. Unter anderem dadurch, daß er in seinen Preisen und sonstigen Verkaufsbedingungen dem Nachfragerinteresse etwas mehr entgegenkommt wie seine Mitanbieter. Nach der von uns aufgestellten Konkurrenzregel wird durch dies Entgegenkommen eines Anbieters (der willens und im Stande ist, durch sein Unterangebot einen immer wachsenden Teil der Bedarfsdeckung an sich zu reißen und damit den Umsatz der anderen Anbieter zu schmälern droht) die Marktposition aller Anbieter entscheidend beeinflußt, d. h. das Preisniveau zu ihren Ungunsten verschoben. Die Betrachtung der tatsächlichen Marktpolitik der Anbieter der verschiedenen Wirtschaftsstufen hat jedoch ergeben, daß die Aufrechterhaltung der bisherigen Marktposition (die nicht identisch mit dem Preisniveau ist, sondern auf einem bestimmten, annähernd konstanten Durchschnittsgewinnsatz beruht) als Gemeininteresse aller Teilnehmer der gleichen Marktgruppe die preis- oder genauer gewinnverderbende Tendenz des Sonderinteresses des konkurrierenden Einzelanbieters an Bedeutung bei weitem übertrifft. Der Preisdruck durch Konkurrenz unter den Anbietern bewirkt im gewöhnlichen nur ein geringes Schwanken des durchschnittlichen Gesamtgewinnsatzes der Anbietergruppe. Das ändert sich erst dann, wenn die Marktposition der gegenüberstehenden Nachfragergruppe durch eine Verschiebung im Kräfteverhältnis eine andere geworden; nun beginnt der Gegendruck Schritt für Schritt die bisherige Position der Anbieter zu untergraben. Der Weg hierzu ist der, daß zuerst einer der Anbieter dem Drucke nachgibt, dann einige und immer mehr ihm notgedrungen folgen, bis die Verschiebung im Kräfteverhältnis in der Preisrelation ihren gebührenden Ausdruck gefunden hat. Oder eine Verschiebung hat nicht im Kräfteverhältnis zur Nachfragergruppe, sondern in der eigenen Arbeitssphäre der Anbietergruppe stattgefunden. Wenn die Kosten der Marktbeschaffung sich wesentlich verändert und damit auch der Durchschnittsgewinnsatz verschoben wurde, dann wird es der einzelne Teilnehmer für angebracht halten den Preis herabzusetzen, um den Absatz zu erweitern, und wird damit alle Mitanbieter mit ungefähr gleichen Marktbeschaffungskosten mit sich ziehen. (Im Fall der Erhöhung der Marktbeschaffungskosten wird nur dann auch eine Preiserhöhung durchgesetzt werden können, wenn die übergroße Mehrzahl der Anbieter diese Preiserhöhung in ihrem Interesse findet, und das wird dann eintreten, wenn die Kostenerhöhung so groß, daß der zu erwartende Mehrabsatz bei Aufrechterhaltung des alten Preises gegenüber dem zu erwartenden Absatz bei erhöhtem Preis nicht den Gewinnverlust am einzelnen Stück wettzumachen verspricht). Dadurch wird jedoch für die leistungsfähigen Glieder der Gesamtgruppe wohl das Verkaufsniveau, vielleicht das Gewinniveau am einzelnen Stück, nicht aber das Gesamtgewinniveau tangiert.

Wir haben damit den Beweis zu erbringen versucht, daß der Kampf der Marktgruppen primär gestaltend auf die Preisbildung einwirkt, dagegen der Interessenkonflikt der Gruppenteilnehmer untereinander nur sekundär in gewissen Grenzen eine Verschiebung der Preisrelation verursacht, wenn er nicht im Grunde nur als Folgeerscheinung der Machtverschiebung im Verhältnis der Marktgruppen auftritt. Dabei sind wir schon auf einzelne Momente gestoßen, welche die Situation des Martkampfes bestimmend zu beeinflußen scheinen. Wir haben das Grundgesetz der Preisverschiebung durch das Vorgehen einzelner innerhalb der Anbieter- und Nachfragergruppen in Sätze zu fassen gesucht. Wenn wir die Wirkung von Verkäuferverbänden und Käufervereinigungen, die das Vorgehen des isolierten Gruppenteilnehmers durch das einheitliche Vorgehen eines ausschlaggebenden Teils der Gesamtgruppe ersetzen, erfassen wollen, so müssen wir die Bestimmungsgründe kennen zu lernen versuchen, die imstande sind die Marktposition einer Wirtschaftsgruppe entscheidend zu ihren Gunsten oder Ungunsten zu verschieben; erst dann, wenn das Gemeininteresse der Gesamtgruppe ernstlich tangiert erscheint, läßt sich vermuten, daß die Mehrzahl der Teilnehmer zu gemeinsamem Handeln gedrängt wird.

III. Die Elemente der Marktposition und die Methoden der Marktstrategie.

„Das erste Aushilfsmittel — sich gegen den vollen Strom des Konkurrenzdrucks zu schützen — des angelsächsischen Arbeiters läßt sich eher als eine Art Instinkt denn als eine Methode bezeichnen. In einem großen Teile des industriellen Reiches halten die Lohnarbeiter mit starrer Hartnäckigkeit an einer bestimmten herkömmlichen Lebenshaltung fest. Wie überwältigend auch die strategische Stellung des Unternehmers sein mag, wie unorganisiert und ohne Hilfsmittel auch die Lohnarbeiter sein mögen, es ist unmöglich, die Löhne und die anderen Arbeitsbedingungen bestimmter Grade von Arbeitern unter ein gewisses, nicht genau bestimmtes Niveau herabzudrücken. In den Jahren schlechtesten Geschäftsganges, wenn Tausende von Maschinenbauern oder Kesselschmieden, Steinhauern oder Klempnern auf der Suche nach Arbeit das Pflaster treten, ist es, wie auch der gierigste Unternehmer weiß, nutzlos ihnen Arbeit zu 10 oder 15 s. wöchentlich anzubieten. Ehe sie ihre Überzeugung von dem, was für ihre soziale Stellung angemessen und passend ist, so sehr vergewaltigen lassen, arbeiten sie lieber als unqualifizierte Arbeiter oder verrichten Arbeiten, die sich ihnen gelegentlich bieten, für dieselbe oder sogar eine geringere Bezahlung als die, welche sie als Handwerker zurückweisen. Diese hartnäckige Weigerung, die bestimmten Dienste ihrer Klasse für Löhne zu verrichten, die ihrer Ansicht nach in schmählicher Weise unter ihrem herkömmlichen Standard bleiben, hängt nicht von ihrer Zugehörigkeit zu einem Gewerkvereine ab, denn sie ist für Gewerkvereinler und Nichtgewerkvereinler gleich charakteristisch und findet sich auch in Gewerken, wo es keine Koalitionen gibt. Selbst der Dockarbeiter, der wie wahnsinnig an den Docktoren um Beschäftigung kämpft, wird unzufrieden und verläßt nach einigen Stunden die Arbeit, wenn man von ihm verlangt, für 1 s. pro Tag zu arbeiten..... Dieses konventionelle Minimum hat keine genau angebbare Beziehung zu den wirklichen Unterhaltskosten. Der junge Maschinenbauer und Klempner ohne Frau und Kind weigert sich voll Unwillen, für einen Lohn zu arbeiten, von dem Millionen seiner Mitbürger nicht nur existieren, sondern auf den hin sie auch heiraten und mit dem sie ihre Familien unterhalten. Andererseits nimmt der Londoner Dockarbeiter, der nicht für 1 s. pro Tag arbeiten will, unregelmäßige Arbeit bereitwillig zu einem Stundensatze an, der nachweisbar nicht dazu ausreicht, seine physische Kraft und gewerbliche Leistungsfähigkeit zu erhalten, wenn man die mit seinem Berufe verbundenen Perioden der Arbeitslosigkeit berücksichtigt."

„Für den modernen Arbeiter ist es klar, daß das Vorhandensein einer identischen Auffassung von der Größe und Art der wöchentlichen, zur Existenz notwendigen Ausgabe bei allen Arbeitern eines bestimmten Grades an und für sich schon so gut wie eine stillschweigende Koalition ist. Sie ist in der Tat, wie sie auch entstanden sein mag, eine beginnende gemeine Regel, die durch eine universelle und langdauernde Arbeitsweigerung unterstützt wird — eine Arbeitsweigerung, die deshalb nicht weniger ein Streik ist, weil sie unbewußt und nicht verabredet ist. Wenn jeder Arbeiter ohne jede Verabredung mit seinem Gefährten das instinktive Vorurteil hat, daß er und seine Familie Weizenbrot, Fleich, Bier und Tee verzehren müssen, statt von Hafermehl, Mais, Kartoffeln und Wasser zu leben, dann werden die Arbeitgeber ihre Andeutung, daß „irgend eine Mahlzeit besser als keine ist" nutzlos finden. Diese machen bald die Entdeckung, daß die Angehörigen der Klasse, die sie brauchen, bei ihnen keine Stellung annehmen werden, wenn sie ihnen Löhne anbieten, die nur für die billigeren Nahrungsmittel ausreichen. Sie sehen sich in der Tat einem universellen Streik gegenüber. Wie alle anderen Streiks kann auch dieser aus dem einen oder anderen Grunde nach einiger Zeit erfolglos sein. So lange er aber dauert, ist die Alternative für den Arbeitgeber, der sich mit dem Arbeiter nicht einigen kann, nicht das Fehlen ines Arbeiters in seiner gewöhnlichen Arbeiterschaft, sondern die Unmöglichkeit, überhaupt Arbeiter zu erhalten, nicht der Verlust eines Teiles seines Profits, sondern der Schluß seines Betriebs überhaupt." (S. und B. Webb, a. a. O., S. 218 f.)

Diesen überaus klaren Sätzen der Webbs läßt sich kaum etwas hinzufügen. Sie stellen fest: Das Angebot an Arbeitskräften von bestimmter Qualität (= Qualifikation) wird erst dann wirksam, wenn die Nachfrage bereit ist einen Preis aufzuwenden, der einer hergebrachten Schätzung des Mindestwertes der Arbeit entspricht. Eine derartige „herkömmliche" Schätzung geht aus von dem „Klassenstandard", der sich „instinktmäßig" dem Werturteil als untere Einkommensgrenze im Laufe der Zeit eingeprägt hat.

Die Beobachtungen der Webbs führten nicht zu mathematischen, d. h. aneinander meßbaren Größen, die uns den Maßstab für die Angebots- und Nachfragebildung an die Hand geben, sondern zu psychologischen in sich selbst verankerten Momenten, deren Umdeutung in (miteinander in Beziehung gesetzte) Größen eine Vergewaltigung ihres innersten Wesens bedeutet. Wenn der englische Metallarbeiter zum mindesten 30 s Wochenlohn verlangt, so erhebt er den Anspruch aus folgenden Motivreihen: So lange ich mich erinnere, und wo ich auch immer Leute meines Berufs, englische Metallarbeiter mit gleichen Gewohnheiten und Bedürfnissen, angetroffen habe, lebten sie, sobald sie normal gute Arbeit lieferten, unter einem ihnen und mir zur Selbstverständlichkeit gewordenen Lebensaufwand, der einen Wochenlohn von mindestens 30 s voraussetzt. Daß ein Monteur 60 s erhält, der Aufseher 90 s, der Direktor 300 s, ist für die Schätzung des „gerechten", „anständigen" Arbeitslohnes des einen Metallarbeiters belanglos. Der ist, wenn nicht zufrieden, doch nicht in seinem Gerechtigkeitsgefühl gekränkt, wenn er soviel erhält, daß er seinen gewohnten Lebensunterhalt bestreiten kann, oder doch unter normalen Umständen könnte. Nicht das Verhältnis des Lohnsatzes einer Arbeiterschicht zu einem bestimmten anderen Einkommenssatze (so zu dem des „Grenzkuli") bestimmt das durchschnittliche Lohneinkommen der Schicht, sondern ein psychologischer Wertungsbegriff, der meist unbewußt der Schätzung des „gerechten" Lohnsatzes zu Grunde liegt, gibt die einzig feste Grundlage für die Lohnforderung des Anbieters von Arbeitskraft. Die Analyse dieses Wertungsbegriffs gestaltet sich einfach. Durch die dauernde Erfahrung, mit einer Arbeitsleistung bestimmter Art ist ein Lohn zum mindesten von der Höhe n verbunden, haben sich beide Vorstellungen als ohne Not nicht trennbar assoziiert. Bestärkt wird diese Wertfestlegung durch die dauernde Erfahrung, daß dem Mindestlohn wiederum ein Mindestaufwand der Klassen entspricht, der den Wesensbegriff der Klasse überhaupt erst voll ausmacht. (Der Mindestaufwand ist im Begriff der Klasse a priori gegeben). Zu einer schärferen Umgrenzung der Klassenstandardbildung dürfen wir zu gelangen hoffen, wenn wir die von den Webbs beobachtete und jetzt etwas eingehender analysierte regelmäßige Mindestschätzung des Lohneinkommens auf die typischen Einkommen überhaupt ausdehnen. Wir können dann den Webbschen Ausführungen einige Sätze Schmollers ergänzend beifügen:

„Es ist daran festzuhalten, daß der überlieferte Tauschwert stets den Ausgangspunkt der Marktverhandlungen bildet. Er kann sehr festsitzen, so daß ein mäßiger Druck ihn nicht oder kaum berührt. Man hat gesagt, früher habe die Gewohnheit die Preise beherrscht, heute tue es die Konkurrenz. Aber auch heute noch hat die Gewohnheit, die Neigung an überlieferten Sätzen festzuhalten, eine sehr große Macht. —" (a. a. O., S. 110 ff.)

Bei jeder Marktgruppe, den Anbietern wie den Nachfragern, bildet „ein herkömmlicher Preis den Ausgangspunkt der Marktverhandlungen". Die Idee dieses herkömmlichen Preises wurde als eine auf dauernde Erfahrung beruhende Assoziation von Vorstellungen erkannt. Das Geschehen jedoch, das eine derartige dauernde Erfahrung möglich macht, harrt noch der Erforschung. Dauernd erfahren, so daß sich eine Assoziation bildet, bedeutet, eine Reihe von Eindrücken in sich aufnehmen (wobei der folgende Eindruck den vorhergehenden von neuem und immer verstärkt ins Leben ruft), die von einem in gleichmäßiger Wiederholung wahrgenommenen Tatbestand ausgelöst sind. Die Menschen in England, die gute Metallarbeit leisten, erhalten seit Jahren zum mindesten 30 s Wochenlohn. Der seit Jahren gewohnte Lebensaufwand der metallarbeitenden Wirtschaftsschicht Englands ist so groß, daß er, um dauernd aufrecht erhalten zu werden, einen Mindestwochenlohn von 30 s voraussetzt. Beide Tatbestände können nur ihr Zustandekommen der Tatsache verdanken, daß etwa seit 20 Jahren der Wochenlohn aller Metallarbeiter im Durchschnitt pro Jahr oder Jahrfünft nie unter 30 s sank, sondern zwischen 30 und 60 s schwankte. Ein gleicher, annähernd fester Mindestsatz für eine gewisse Zeitspanne (gerade so groß um in den markthandelnden Menschen die Vorstellung ausnahmsloser Regelmäßigkeit zu erzeugen) gilt für die Erdarbeiterlöhne, Schreiber- wie Direktorengehälter, aber auch für das zwar zeitweise stark schwankende, aber für längere Zeit gesehen im Effekt (= Lebensaufwand) gleichmäßige Mindesteinkommen der Bäckermeisterschicht, Hausbesitzerschicht, Großgrundeigentümer schicht, Rentenbezieherschicht und der Schicht des industriellen Großunternehmertums. „Es handelt sich bei der Gruppenkonkurrenz um die Verteilung gewisser Gewinne und Vorteile, welche die aufeinander im Geschäftsleben angewiesenen Gruppen im ganzen machen, auf die verschiedenen Teilgruppen“ (Schmoller, a. a. O. S. 43 f). Die festen Mindesteinkommensätze einer bestimmten Epoche stellen den Schlüssel dar, nach dem die Gewinne der Marktwirtschaft verteilt werden, solange nicht Konstellationsänderungen eintreten, die das Verhältnis der Größen innerhalb dieses Schlüssels verschieben. Wenn dem so ist, muß dieses Größenverhältnis für eine (eben durch diese eine Konstellation charakterisierte) Epoche in der Hauptsache konstant sein. Das würde bedeuten: Für längere oder kürzere Zeit erhalten die Anbieter einer bestimmten Wirtschaftsschicht auf dem Markte für ihre Waren regelmäßig einen bestimmten Mindestpreis. Ihre Marktgegner, die Nachfrager, sind nicht imstande für weniger auf die Dauer ihren Bedarf zu decken. Die Marktposition der Anbieter ist für diese Epoche stark genug, um ein Zurückweichen hinter diese äußerste Grenze auf die Dauer zu verhindern. Alle Anbieter stimmen ohne jedes Übereinkommen doch darin überein, daß sie unter dieser Grenze nicht genötigt sind Preise zu akzeptieren. Die Erfahrung hat ihnen gezeigt, daß sie imstande sind den Preis auf der gedachten Höhe zu halten. Vergegenwärtigen wir uns die Sachlage. Der Industriearbeiter erhält Fleisch nicht unter 60 Pf. pro Pfund, weil kein Metzger gewillt ist, den Preis zu beschneiden, der neben seinen Selbstkosten den Mindestgewinn für seinen Lebensaufwand enthält. Der Metzger hat so hohe Selbstkosten, weil der Händler oder der Bauer auf seinem Satz von 50 Pf. mit denselben Gründen besteht usw. Wo bleibt dabei das preisbestimmende Verhältnis von Angebot und Nachfrage? Die Grundlage dieses Verhältnisses, ohne daß es überhaupt nicht zustande kommen könnte, bleibt der eben angeführte herkömmliche Verteilungsmodus.

Wenn wir die Elemente der Marktposition bis in ihre letzte Basis, den Klassenstandard, zurückverfolgen, treten wir damit an die Grenze des streng wirtschaftswissenschaftlichen Forschungsgebietes. Der gewohnheitsmäßige „herkömmliche“ Verteilungsmodus, der einzig feste Punkt in der ewig fließenden Welt der Wertschätzung und Preisbildung, ist der wirtschaftliche Niederschlag außerwirtschaftlicher Verhältnisse: er zeigt an, in welchem Grade es einer Wirtschaftsschicht gelungen ist für ihre Betätigung im arbeitsteiligen Organismus einen möglichst großen Anteil am volkswirtschaftlichen Gesamtgewinn zu behaupten.

Die Grundlage der differenzierten Marktstellung verschiedener Wirtschaftsschichten bildet die Klassendifferenzierung der Gesellschaft — wie umgekehrt die Marktstellung der Wirtschaftsschichten die Machtstellung der in ihr hauptsächlich vertretenen Klassen grundlegend beeinflußt. Klassenbildung nenne ich Abscheidungen von Einzelkreisen innerhalb einer politischen Gemeinschaft, herbeigeführt durch die Verschiedenheit der Lebensgewohnheiten, der durchschnittlichen Bedürfnis- und Bildungshöhe, und der Ausschließlichkeit des persönlichen Verkehrs. Die Eigenart ihrer Stellung im Gesamtorganismus beruht auf dem Einfluß, den sie im Lauf der gewöhnlichen Entwicklung des Gemeinschaftsganzen auf dessen Gestaltung auszuüben verstanden. Ein Einfluß, zu dessen Eroberung politische Energie und Weitsicht, auch wohl machthungerige Rücksichtslosigkeit ebenso gehört wie die Ausnutzung und Behauptung der erlangten Position durch wirtschaftliche Anpassungsfähigkeit und Marktgeschicklichkeit. Momente soziologischer, politischer, auch wohl anthropologischer und rassenpsychologischer Natur haben mit und vor den ökonomischen am Aufbau der Klassen und damit der Wirtschaftsschichten gewirkt. Nur soweit sie in der Marktsphäre ihren Ausdruck finden, können sie Gegenstand unserer Betrachtung sein[57]). Hier stellen sie sich dar als der Untergrund eines in langsamer, aber stetiger Umbildung begriffenen gesamtwirtschaftlichen Organisationssystems, das sich in der Psyche des Einzelnen als herkömmliche Wertschätzung oder „gerechter" Mindestpreis spiegelt.

Franz Oppenheimer (a. a. O., S. 235 ff) bezeichnet die Differenzation des Verteilungsmodus durch den Einfluß der Klassenbildung als „Klassenmonopol". Er führt darüber in der Hauptsache aus:

„Als „Monopol" bezeichnen wir eine gesellschaftliche Machtposition dann, wenn zwischen ihren Inhabern und anderen Mitgliedern der Gesellschaft wirtschaftliche Beziehungen bestehen, denen zufolge jener, der „Monopolist", einen „Monopolgewinn" erhält; d. h. sein Einkommen ist um einen gewissen Betrag höher als das Einkommen anderer Wirtschaftspersonen, die sich nicht der Verfügung über eine solche Machtposition erfreuen, unter sonst gleichen Umständen ist, nämlich bei gleicher Anspannung gleich qualifizierter (?) Arbeitskraft in gleicher Zeit..... Die politische Ökonomie ist ja dadurch charakterisiert, daß die Wirtschaftsgesellschaft infolge der Bodensperrung durch das Großgrundeigentum in zwei Klassen gespalten ist: Herren und Untertanen vom politischen, besitzende und besitzlose vom wirtschaftlichen Gesichtspunkt aus. Zwischen diesen Klassen besteht ein „Klassenmonopolverhältnis", das der Oberklasse sowohl als Totalität, wie ihren sämtlichen Mitgliedern als Personen einen Monopolgewinn abwirft. Hier bestehen also Klassenmonopole."

Oppenheimers Monopoltheorie kann uns hier nur soweit beschäftigen, als sie (allerdings unter gänzlich anderen Perspektiven) zu einer

---

[57]) Vgl. Schmollers Aufsatz im H. d. St., Bd. VIII, 3. Aufl., 1911 „Volkswirtschaft" usw. S. 474, 2. Spalte unten: „Auch die Volkswirtschaft und die sozialpolitisch eigentlich wichtigste Tatsache, die soziale Klassenbildung, gehört diesem Gebiet an; sie ist nie wirtschaftlich allein, sie ist nur biologisch und psychologisch und im Zusammenhang mit allen gesellschaftlichen Phänomenen zu erklären."

Darstellung der tatsächlichen Marktverhältnisse gelangt, die sich mit der unsrigen nahezu deckt. Nur daß Oppenheimer (als Anhänger der abstrakten Schule) in der gesellschaftlichen Machtposition, die sich im politisch-ökonomischen Verhältnis des Klassenmonopols kundtut, eine „pathologische" Erscheinung, ein Krankheitsmoment am Wirtschaftskörper sieht (als deren alleinigen Verursacher er das Großgrundeigentum nachzuweisen sucht). Soweit es überhaupt mit den Mitteln der Wirtschaftswissenschaft möglich ist, die Bestimmungsgründe der ökonomischen Machtposition aus der Klassenbildung nachzuweisen, wird ihre Art vielleicht am besten umschrieben, wenn man sie auf die historisch erwachsene Fähigkeit der Durchschnittsvertreter einer Klasse zurückführt, auf die Entwicklung der politischen und wirtschaftlichen Gemeinschaftsverhältnisse durch richtige Schätzung und Ausnutzung der gegebenen Kräfteverteilung entscheidend einzuwirken. Vorbedingung dieser Einwirkung auf die wirtschaftliche Sphäre ist die Verfügungsgewalt über gewisse persönliche und sachliche Mittel der Marktbeherrschung. Zuerst die sachlichen:

Um Waren auf dem Markt hoch verwerten zu können, bedarf es vor allem der unentbehrlichen Beschaffungsmittel. Wenn eine Klassifikation überhaupt notwendig erscheint, so kann man am einfachsten auf die Produktionselemente der älteren Schule zurückgreifen: es bedarf der Verfügungsgewalt über „Boden, Kapital und Arbeit", das ist über die naturgegebenen Materialien, die in früheren Arbeitsprozessen geschaffenen Hilfsmittel zur Unterhaltung des neuen Prozesses, und über die menschliche, zielbewußt wirkende Arbeitsenergie, in dem Maße, wie sich solche zur Beschaffung der in Frage kommenden Warenart und Warenmenge erforderlich erweisen.

Die Verfügungsgewalt über die sachlichen Beschaffungsmittel wird erst zum tätigen Werkzeug in der Hand von Markthandelnden, die es verstehen, durch die Kenntnis der gegebenen und die geschickte Schätzung der kommenden Marktchancen ihre Einsätze im Marktkampf an die richtige Stelle zu rücken. Kommt dazu noch der überragende Einfluß einer führenden, bewunderten und beneideten sozialen Schicht auf die Güterwertung der tiefer rangierenden Klassen, dann erscheint die Festigung und Steigerung der einmal erlangten Marktposition gesichert. Das Streben nach Mehrung und Sicherung der ökonomischen Machtposition führt bewußt oder unbewußt zur Usurpation der für einen bestimmten Produktionsprozeß unentbehrlichen Beschaffungsmittel durch die diesen Prozeß beherrschende Wirtschaftsschicht[58]). Dadurch

[58]) Vgl. hierzu Oppenheimers Fassung (a. a. O., S. 150 f.): „Der kapitalistische Verkäufer hat neben dem legitimen Interesse, seinen Arbeitslohn so hoch wie möglich zu halten, das viel größere illegitime Interesse, seinen Gesamtprofit

entsteht die herrschende ökonomische Machtposition als Element der Marktstellung. Von den sachlichen Beschaffungsmittel ist „der Boden“, die durch menschliche Einwirkung nicht vermehrbaren, naturgegebenen Materialien, am geeignetsten zur wirksamen Usurpation. Marktkenntnis und Marktgeschicklichkeit, der überlegene Einfluß der führenden sozialen Schicht, sind ihrer Natur nach leicht als ausschließlicher Besitz der herrschenden Klassen zu bewahren.

Die notwendige Reflexwirkung der ökonomischen Machtposition einer Marktgruppe ist die Geschäftsdringlichkeit der Gegengruppe. Sie besteht in der Situation einer Marktgruppe, deren Markthandeln die Befriedigung von Bedürfnissen höherer Dignität als die der Gegner bezweckt, oder die Befriedigung von unaufschiebbaren Gegenwartserfordernissen ihrer Lebenshaltung gegenüber der Zukunftsvorsorge ihrer Gegner.

Wir können zusammenfassen: Die Elemente der Marktposition einer Wirtschaftsgruppe finden ihr Fundament in der mehr oder minder hohen ökonomischen Machtposition der Wirtschaftsschicht. Diese besteht in der mehr oder minder ausschließlichen Verfügungsgewalt über die sachlichen und persönlichen Beschaffungsmittel einer Warenart, wie Naturmaterialien, Hilfsmitteln aus früheren Arbeitsprozessen und geeignete Arbeitskräfte, dann Marktkenntnis und Marktgeschicklichkeit. Der höheren ökonomischen Machtposition der einen Seite entspricht die typische größere Geschäftsdringlichkeit der anderen.

Von dieser Kernstellung der Marktparteien aus entspinnt sich der Marktkampf um das strittige Grenzland mit den Methoden der Marktstrategie. Die möglichen Methoden der Anbieterseite fanden in der 1. Untersuchung ihre Darstellung; es verbleibt die Klassifikation der Methoden der Nachfragerpartei.

---

so hoch wie möglich zu halten. Sein Wunsch ist erst erfüllt, wenn er die Nachfrage aller Abnehmer allein befriedigt, wenn er das Monopol des Marktes hat. Und das kann er nur erlangen durch die wirtschaftliche Vernichtung seiner Konkurrenten. Erst wenn kein anderer selbständiger Unternehmer auf seinem Gebiet mehr Mehrwert zieht, kann er ruhen. Dann erst sind nicht nur alle erreichbaren Profitraten sein eigen, sondern er kann auch die Höhe der einzelnen Profitrate bestimmen, d. h. nicht nur seine Arbeiter, sondern auch die Konsumenten ausbeuten. Dieses notwendige Streben nach dem Monopol — notwendig, weil es gleichzeitig der einzige Weg der Selbsterhaltung gegen das gleichgerichtete Streben der Konkurrenten ist, führt zu zwei verschiedenen Erscheinungen, welche aber schließlich zu demselben Resultat führen. Es sind dies der wirtschaftliche Vernichtungskampf und das monopolistische Bündnis.“

In Anlehnung an die frühere Fassung der Marktanalyse vom Anbieterstandpunkt aus formulieren wir:

In unserer Wirtschaftsepoche sind die wirtschaftenden Personen in ihrer Eigenschaft als Nachfrager bei allen ihren Handlungen vom Streben geleitet, den Markt für die von ihnen benötigten Waren mit allen möglichen Mitteln dahin zu beeinflussen, daß sie zu einem möglichst niedrigen Geldaufwand möglichst viele und brauchbare Ware erhalten, die sie zur Bedarfsdeckung ihrer Wirtschaftstätigkeit benötigen. (Deckung geschäftlicher und persönlicher Bedürfnisse; letzter Konsument!)

Zur Erreichung ihres Zieles stehen ihnen bestimmte Wege offen:

I. Der Marktwert des gesamten Angebots einer Ware kann im Preiskampf herabgedrückt werden. Dies kann geschehen:

a) durch Vermehrung der auf den Markt gebrachten Warenmenge, indem:

1. Die Zahl der Anbieter sich vermehrt, ohne daß sich das Angebot des Einzelnen in gleichem Verhältnis vermindert. (Beispiel: Häufung der Schuhdetailgeschäfte in größeren und mittleren Städten während des letzten Jahrzehnts; dadurch und mittelbar durch die Fortschritte der Produktionstechnik, namentlich der amerikanischen, langsames Sinken des Schuhdetailpreises; Heranziehen ausländischer Arbeiter durch die Nachfrage nach Landarbeitern.)

2. Die Größe des Gesamtangebots bei gleicher oder verminderter Zahl der Anbieter sich erhöht. (Beispiel: Petroleummarkt unter dem Einfluß des Kampfes der Standard Oil Company und der Russisch-Rumänischen, später Österreichischen Syndikate.)

b) Durch Verminderung des Bedarfs der Nachfragergruppe an der in Frage stehenden Ware, indem:

1. Die Zahl der Nachfrager sich vermindert, ohne daß sich der Bedarf der einzelnen Nachfrager in gleichem Verhältnis erhöht. (Beispiel: Sieg des Großbetriebs über den Kleinbetrieb; dadurch Materialersparnis, Ersparnis an Arbeitskräften, Kapitalien und Gebäuden; dann jede Änderung der Marktkonjunktur, die ein Nachlassen des Bedarfs an einer bestimmten Ware bewirkt, so z. B. wurde durch Einführung des mechanischen Webstuhls die qualifizierte Arbeitskraft für die Fabrik und Heimindustrie billiger, d. h. die Arbeitslöhne sanken infolge des vermehrten Angebots und der verminderten Nachfrage nach Arbeitskräften.)

Ebenso, indem sich der Bedarf des einzelnen Nachfragers vermindert, ohne entsprechende Erhöhung der Gesamtzahl der Nachfrager. (Beispiele: Einführung materialsparender Verfahren (Gasglühlicht Auers) oder neuer technischer Prozesse, die an Stelle teuerer Materialien sich mit bedeutend billigeren begnügen, so Indigoherstellung auf chemischem Wege aus Anilin — statt aus Pflanzenstoffen.)

2. Einschränkung der Gesamtnachfrage durch das Vorgehen eines, mehrerer oder aller Nachfrager eines bestimmten Marktes. Preiskampf durch Boykott.

II. Die Grundlage dieses Marktwerts, die Marktposition der Anbietergruppe kann zugunsten der Nachfrager beeinträchtigt werden durch Herabdrücken des Standards der anbietenden Wirtschaftsgruppe. Dies kann geschehen durch politischen Druck, Koalitionsverbote, Antitrustgesetzgebung, niedere Volksbildung oder durch wirtschaftlichen Druck auf das Lebensniveau der Anbieter.

a) Vereinbarung einer größeren Zahl von Nachfragern, nicht mehr zum bisherigen, sondern nur noch zu einem niedrigeren Preis die Ware zu kaufen. Die Möglichkeit, einen solchen Preisdruck auszüben, wird schon gegeben durch den Massen einkauf der Großbetriebe (Nachfrager-Koalition!).

b) Heranziehen von neuen Anbietern, die bisher auf dem Markte nicht vorhanden und auf Grund einer niedrigeren Lebenshaltung billiger liefern. (Ausländische Arbeitskräfte, Ersatz qualifizierter männlicher Arbeiter durch unqualifizierte, Frauen undKinder, Bezug aus dem Ausland oder der Großstadt, durch Versandhäuser usf.).

c) Übernahme der Funktion der Anbieter in Eigenregie. (Integration!) Errichtung von Einkaufsgenossenschaften für Futterstoffe, Sämereien und Düngemittel durch die Bauern, Kreditgenossenschaften der Handwerker, Eigenbezug der Beamtenvereine, Konsumvereine, Vertrieb von Fleisch, Kartoffeln, Seefischen in städtischer Regie oder unter städtischer Kontrolle, Angliederung von Kohlenzechen an Hüttenwerke, von Maschinenfabriken und Stahlwerken an Schiffswerften u. a.

Damit wären die Mittel der Marktstrategie der Nachfrager erschöpft.

Erst durch das Gegenüberstellen der Kampfmethoden der Anbieterpartei und der ihrer Marktgegner lassen sich die Entwicklungsmöglichkeiten der Marktkämpfe unserer Zeit begreifen. Die Zusammenfassung der Ergebnisse unserer bisherigen Betrachtung möge den Tatbestand erhellen, aus dem die neu erstehenden Verbände von Käufern und Verkäufern emporwachsen.

1. Der Markt der Waren hat die Fähigkeit stetig fortschreitender Erweiterung der Absatzmöglichkeiten, wie sie der Grundtendenz unserer Wirtschaftsepoche entspricht und wie sie besonders der Wettbewerb um das Kapital in Epochen wirtschaftlichen Aufschwungs gebieterisch fordert, allmählich nahezu eingebüßt. Der Gesamtabsatz eines Marktes ist stetig und dadurch mit annähernder Sicherheit berechenbar geworden. Und damit auch der Gesamtnutzen einer Mehrzahl von konkurrierenden Anbietern. Sobald die Rentabilität der konkurrierenden Wirtschaftsunternehmen den Mitanbietern klarliegt, ist dem Gedanken der Weg gebahnt, durch Vereinigung oder Vereinbarung mit dem Konkurrenten oder durch Ankauf seiner sämtlichen Betriebsmittel aus zwei oder mehreren Klein- oder Mittelbetrieben einen Riesenbetrieb zu schaffen. Hierzu drängt im Falle mangelnder Erweiterungsfähigkeit des Marktes die Aussicht auf rationellere Marktausnutzung. So bessere Vertriebsorganisation, Ersparnisse an Verwaltungs-, Transport-, Propagandakosten, Ersparnisse durch Großeinkauf; die Koalition bedeutet Stärkung der Marktposition gegenüber den Anbietern und Festigung der Stellung gegenüber den Nachfragern.

Mit der abnehmenden Elastizität der Marktgrenzen (alle Absatzgebiete befinden sich in „festen Händen", die Eroberung neuer Gebiete kann für den einen nur auf Kosten von anderen erfolgen und das auch wieder nur durch Unterbieten und damit durch Schwächung der Marktposition der Gesamtgruppe), *werden die bisher angewandten Marktmethoden seitens der Anbieter: Vermehrung der Zahl und dann der Kaufkraft der Abnehmer unzureichend: neue Gewinnmöglichkeiten bieten sich nur durch Anwendung der dritten Anbietermethode, Erhöhung des Warenpreises mit der Maßgabe, daß die Absatzmenge, wenn nicht gleich bleibt, so doch nicht völlig im umgekehrten Verhältnis sinkt: Da es nicht im ausreichenden Maß mehr möglich ist, neue und kaufkräftigere Abnehmer zu erhöhtem Preis heranzuziehen, bleibt dem Anbieter nur der letzte Weg: Nötigung der Abnehmer einen größeren Teil der für sie auf dem Markt anlegbaren Werte dieser einen Ware zuzuwenden. Die Analyse der Konkurrenzvorgänge in der Anbietersphäre zeigte, daß jeder Anbieter von entsprechender Bedeutung durch seine Haltung die Position der Gesamtanbietergruppe schwächen, also den Druck auf Preiserhöhung vereiteln kann. Nur ein gemeinsames Vorgehen aller Anbieter nach einheitlichem Plane kann die Nötigung durchführen, entweder unmittelbar durch Preiserhöhung, oder mittelbar durch Angebotseinschränkung. Die Konstellation eines nicht* mehr stetiger Erweiterung fähigen Marktes führt früher oder später notwendig zur Anbieterkoalition, zum Verkäuferverband.

2. Den Kernpunkt jeder Marktposition bildet die herkömmliche Lebenshaltung, das gewohnte Normaleinkommen einer Wirtschaftsgruppe. Diese Grundposition stellt sich dar als ein stillschweigendes Übereinkommen aller Genossen derselben Wirtschaftsgruppe. Seine obere und untere Grenze erhält das Normaleinkommen durch die Marktposition der marktgegnerischen Gruppen[58a]). Jede Verschiebung des Kräfteverhältnisses erzeugt den Drang und den Zwang die Grenzen der bisherigen Position zu behaupten oder womöglich zu erweitern. Die Kampfmittel sind einmal Erhöhung der Marktkenntnis und Marktgeschickichkeit womöglich aller Glieder einer Anbietergruppe; dies geschieht am wirksamsten durch Zusammenfassung aller Einzelanbieter in einer Interessenorganisation. Dann Stärkung der politischen und ökonomischen Machtposition; beides weist wieder auf gemeinsames Vorgehen unter einheitlicher Leitung hin, um allen die Widerstandskraft und den Gemeinschaftssinn der Gruppe zu vermitteln. Ebenso muß allen Anbietern daran liegen, daß die Geschäftsdringlichkeit keine ihrer Mitanbieter zu notgedrungener Unterbietung zwingt. Mittel hierzu: Arbeitslosen-, Kranken-, Invalidenversicherung durch die berufliche oder politische Gemeinschaft, Hagelschadenversicherung, Regelung des Lehrlingswesens, Gewinnausgleichung und -Verteilung, Zuweisung bestimmter Absatzrayons an die einzelnen Wettbewerber u. a. Zur Durchführung all dieser Maßnahmen befähigt allein die Koalition, der Käufer- oder Verkäuferverband[58b]).

Gegenüber einer starken marktüberlegenen Gegnergruppe gibt es nur zwei aussichtsreiche Wege die Überlegenheit im Marktkampf wettzumachen. Die straffe Zusammenfassung möglichst aller Mitglieder einer Anbietergruppe oder möglichst vieler einer Nachfragergruppe unter einem einheitlichen Willen, die Koalition, oder die Übernahme der Wirtschaftsfunktion der Gegengruppe in Eigenregie, die Integration.

Mittels der ersten Methode kann der Gegner im Marktkampf durch Ausnutzung aller eigenen Vorteile und aller Schwächen des Gegners

---

[58a]) Adolf Wagner spricht von einem „reellen" Preismaximum oder „reellen" Notpreis für den Nachfrager, bzw. einem „reellen" Preisminimum für den Anbieter oder dessen Notpreis. Man vergleiche zu diesem und vielem anderen Wagners Preistheorie, S. 222 ff. in seiner „Theoretischen Sozialökonomik", Erste Abteilung. Leipzig 1907.

[58b]) Vgl. insb. Wagner, a. a. O., S. 228.

Schritt für Schritt zurückgedrängt werden. Denn die tatsächliche Koalition verleiht gegenüber der stillschweigenden eine hohe Widerstandskraft, wenn nicht Überlegenheit. Die tatsächliche Koalition der Gegner zwingt unabweislich ebenfalls zur Verbandsbildung, um die eigene unabhängige Wirtschaftsexistenz zu sichern.

Die zweite Methode, Übernahme der Wirtschaftsfunktion der Gegnergruppe in Eigenregie, angewandt durch die Anbieter, setzt in die Reihen der Nachfrager einen Konkurrenten auf ihrem bisher allein beherrschten Absatzgebiet, der ein dauerndes Interesse hat, den Gruppenstandard auf ein möglichst niedriges Niveau herabzudrücken. Denn: Das Schwergewicht der Wirtschaftsposition liegt für den vorgeschobenen Vasallenbetrieb der Nachfragerzone in der vorhergehenden Anbieterzone. Jede Beschränkung der gesamten Betriebskosten des Vasallenbetriebes ermöglicht ein Herabsetzen des Warenpreises, ohne Schmälerung des Gewinniveaus des Hauptbetriebes und damit die Möglichkeit des Mehrabsatzes. Die Integration eines Nachfragerbetriebs, durchgeführt durch einen Anbieterbetrieb, neigt zum Druck auf den Gewinnstandard der Nachfrager.

Erfolgt die Übernahme der Wirtschaftsfunktion der Anbietergruppe in Eigenregie durch die Nachfrager, dann ergibt sich eine ganz entsprechende Sachlage. Der Vasallenbetrieb in der Anbietersphäre ist nur vom Interesse beseelt, die von seinem Auftraggeber benötigten Waren unter möglichst niedrigem Eigenaufwand zu beschaffen. Er durchbricht damit die geschlossene Front der Anbieter und drängt sie in ihrem Gewinnstandard bis zu einem äußersten Minimum zurück, falls es ihm gelingt eine bedeutsame Setllung auf dem Markt zu gewinnen.

Die Methode der Integration, wirksam angewendet, ist demnach in zum mindesten gleich hohem Grade wie die der Koalition geeignet für Anbieter wie Nachfrager das strittige Grenzland in ihrem Sinne zu sichern und zu erweitern.

Aus der Eigentümlichkeit der Konkurrenz unter Anbietern und der unter Nachfragern ergibt sich für die Anwendbarkeit und Wirksamkeit von Koalition und Integration weiterhin.:

1. Da im Marktgruppenkampf die Position der Anbieter wesentlich beeinflußt wird durch die Haltung des am wenigsten zum Widerstand befähigten und geneigten Anbieters, bedarf es des Anschlusses möglichst aller oder doch der überwiegenden Mehrheit der Anbietergruppe eines Marktes, um den Preisstandard wirksam zu behaupten und zu beeinflussen.

2. Unkoalierte Nachfrager sind unkoalierten Anbietern bei sonst gleichen Bedingungen, (d. h. wenn nicht die stillschweigende Koalition der Anbieter ihrer Gesamtgruppe feste Haltung verleiht oder die Markt-

position der Anbieter typisch überlegen ist) an sich überlegen. Denn der am hartnäckigsten auf seinem Interessenstandpunkt verharrende bedeutsame Nachfrager bestimmt ohne Rücksicht auf die Haltung der übrigen Gruppenglieder die Marktposition der Gruppe.

3. Die Integration ist dagegen als Kampfmittel gegenüber Anbietern wie Nachfragern gleich wirksam, weil sie in beiden Fällen den Wirtschaftsgruppen in ihrer Anbietereigenschaft gefährliche Konkurrenten setzt.

Durch eine gegebene überlegene Marktposition eines Marktgegners oder durch die mittels Koalition oder Integration geschaffene Marktüberlegenheit wird der unterlegene Marktgegner zum Zurückweichen genötigt. Dem übermächtigen Druck von der Seite dieses Marktgegners kann jedoch immer noch ausgewichen werden durch Überwälzung auf einen anderen Marktgegner (so Überwälzung des Drucks der Lieferanten auf die Abnehmer oder umgekehrt); sobald dieses Ausweichen durch die gefestigte Marktposition aller in Betracht kommenden Marktgegner nicht mehr möglich, wird die Frage der möglichen Koalition oder Integration akut, als letztes Hilfsmittel die wirtschaftliche Unabhängigkeit der Gruppe aufrechtzuerhalten.

Wann die Marktkampfmethoden der Koalition und der Integration möglich, aussichtsreich und notwendig, sollen die folgenden Untersuchungen zeigen.

IV. Die Systeme der Koalition: Marktkampf der Verbände.

„Die Kartelle schaffen eine ganz neue Verfassung der Volkswirtschaft, eine gänzlich andere Machtverteilung auf dem Markte und zwischen den Gesellschaftsklassen, eine ganz neue Art der Preisbildung und Gewinn- bzw. Einkommensverteilung, kurz, wirtschaftliche Zustände, welche von den 1815—1880 gewordenen schon jetzt sehr verschieden sind und immer verschiedener werden.... Ich gehe zunächst vom wichtigsten, praktischen Punkte, der Preisbildung aus. Die Kartelle wollen in erster Linie höhere Preise für ihre Produkte, nur dadurch kommen die notleidenden Industrien wieder in gute Lage. Das Publikum muß die höheren Preise zahlen; es kann damit nicht ohne weiteres zufrieden sein.“ (Schmoller, auf der Tagung des Vereins für Soz.-Pol. 1905, 1. Bd., 116, S. 242.)

Kartelle sind Verbände von sonst selbständig Markthandelnden der gleichen Wirtschaftsgruppe, die den Zweck und die Fähigkeit haben, die Höhe des Preisniveaus der Waren, an denen sie interessiert sind, in ihrem Interesse ausschlaggebend zu beeinflussen.

Aus juristischen Bedingtheiten und aus der Eigenart produktionstechnischer, geographischer, vielleicht auch sozialpsychologischer Verhältnisse heraus sind sie zur typischen Erscheinungsform der Verkäuferkoalition in Deutschland geworden. Ihre innere Verfassung, das Maß ihrer Zentralisation, die größere oder geringere Handlungsfreiheit ihrer Mitglieder, der Ausdehnungsbereich ihrer Funktionen sind bei jedem einzelnen Verband individuell ausgebildet, weil wesensnotwendig den jeweiligen Verhältnissen in der Produktionssphäre und der Marktgestaltung angepaßt, daneben sicherlich auch durch die Eigenart der leitenden Persönlichkeiten mitbestimmt.

Die rein betriebstechnischen Verhältnisse im Arbeitsapparat des Einzelunternehmers (wie etwa Beamtenhierachie, Verkaufs- und Kassenorganisation u. a), können und müssen zwar als Hilfsmaterial für die ökonomische Untersuchung der Marktwirtschaft herangezogen werden — ebenso wie produktionstechnische Bedingtheiten anderer Art —, sind aber als solche nicht Gegenstand wirtschaftswissenschaftlicher Analyse. Ebensowenig kann die Verbandsverfassung und Funktionsverteilung einer Verkäuferkoalition als solche selbst schon Stoff zu Untersuchungen der genannten Art liefern, wenn auch die Kenntnis des Funktionsverlaufs, der zu dem uns allein interessierenden Effekt führt, naturgemäß für jede Betrachtung des Gegenstands unerläßliche Voraussetzung ist. Die ganz überwiegende Mehrheit der Kartelliteratur begnügt sich — neben einführenden und schlußziehenden allgemeinen Bemerkungen — mit der beschreibenden und klassifizierenden Darstellung der zu ihrer Kenntnis gelangten Kartellformen; bietet willkommenes und unentbehrliches Hilfsmaterial zur wirtschaftswissenschaftlichen Analyse, selten mehr.

Unsere Analyse kann sich nur auf die Tatsache erstrecken, daß es gelungen ist, ganze Wirtschaftsgruppen in ihrem Markthandeln unter einheitlichem Plane dauernd zu gemeinschaftlichen Operationen zu bestimmen. Ob dies mehr oder weniger vollkommen gelungen ist, welche Mittel vertragstechnischer Art angewandt wurden, ob die selbständige Dispositionsfähigkeit des früheren Einzelgliedes in der Produktionssphäre oder auf anderen Märkten mehr oder weniger bewahrt oder völlig aufgegeben wurde, kann uns jedenfalls hier nicht beschäftigen, wo es sich darum handelt, festzustellen, wie sich durch die neue Konstellation die strategische Stellung einer koalierten Marktgruppe gegen den früheren Zustand geändert hat, und dann, unter welchen Auspizien sich jetzt der Marktkampf der beiderseits koalierten Parteien zu entfalten pflegt.

Sombart sagt einmal: „Eine Theorie hat die Aufgabe, darzulegen 1. die Ursachen (treibende Momente, die den Willen mobil machen), 2. die objektiven Bedingungen (die „Verumstandungen“ die den Weg des Willens der Überlegung als gangbar erscheinen lassen), 3. die Wirkungen (als Folge der Tatsetzung)“.

Die Ursachen (in diesem Sinne) der Koalitionsbewegung sind im wesentlichen schon dargelegt worden. Sie sind für den Fall der Anbieter-Koalition zu scheiden von dem der Nachfragerkoalition.

In einer Anbietergruppe wird der Wille zur Koalition regelmäßig dann rege, wenn die Erweiterung der Warenverwertungsmöglichkeit in engen Grenzen beschränkt erscheint, nur durch Mehrung des Absatzes des einzelnen Gruppengliedes auf Kosten anderer möglich ist, und damit notwendig das Preisniveau der Gesamtgruppe dauernd herabgedrückt wird. Sobald dieser Preisdruck so weit vorgeschritten ist, daß der Klassenbestand und damit das herkömmliche Lebensniveau, resp. die gewohnte Kapitalrente ernstlich bedroht erscheint, und sich keine neuen Anbieter mit gewohnt niedrigeren Gewinnansprüchen einfinden, wird die tatsächliche Koalition einer ausschlaggebenden Mehrheit der Anbieter notwendig als letzte Möglichkeit erscheinen, das Gewinniveau jedes einzelnen, das die früheren Marktmethoden jetzt nicht mehr zu wahren imstande sind, dauernd zu erhalten.

Daraus folgt von selbst: Der Drang zur tatsächlichen Koalition tritt nicht ein, wenn die Marktposition durch die stillschweigende Koalition, die Widerstandskraft aller Gruppenglieder als einzelne, genügend gesichert ist, um ein Zurückweichen bis an die Grenze des Lebensstandards dauernd zu verhindern.

Dann: Die Marktkonstellation, die den Gedanken der Koalition nahelegt, leitet ihren Ursprung mit in erster Linie vom überlegenen Druck der marktgegnerischen Nachfragergruppe her, die es verstanden hat, die ursprünglich geschlossene Front der Anbieter durch das Zurückdrängen einzelner zu durchbrechen. Dies genügte, um die ganze Linie der Anbieter zum Zurückweichen im Gewinnsatz am einzelnen Stück zu nötigen.

Für die Nachfragerkoalition gilt: Durch die ursprünglich überlegene Marktposition der Nachfragergruppen als solche (ihre Stellung beruht auf dem Widerstand des hartnäckigsten einzelnen Nachfragers!) wird die Koalition als Marktkampfmittel nicht so sehr nahegelegt wie bei den Anbietern (für die es darauf ankommt, jeden einzelnen ihrer Gruppe widerstandsfähig zu erhalten, da jedem Zurückweichen einzelner Glieder die ganze Gruppe folgen muß!). Wir beobachten daher die Nachfragerkoalition (so Arbeitgeberverband, Handwerker-Kreditgenossenschaft, Einkaufsvereine der Detaillisten und Konsumenten, Mietervereine) verhältnismäßig seltener und auf einer späteren Entwicklungsstufe der Wirtschaftsverfassung als die Anbieter-Koalition[59]. Regelmäßig tritt sie

---

[59]) Vgl. Baumgarten und Meszlény. Kartelle und Trust, S. 74 f. „Von viel geringerer organisatorischer Kraft legen jene Kartelle Zeugnis ab, die von den Unternehmern als Mitgliedern der Nachfrage einerseits dem Arbeits-

auf, wenn es der Anbietergruppe gelungen ist, durch ihre überlegene Marktposition die Nachfrager bis in ihre letzte Bastion zurückzudrängen. Erst wenn auch der hartnäckigste Einzelnachfrager nicht mehr genug Widerstandskraft besitzt dem Andrang der Anbieter Stand zu halten, wird er gewillt sein, die selbständige Stellung im Marktkampf aufzugeben und sich in Reih und Glied der Koalition zu stellen, die seine schwächeren Gruppengenossen vielleicht längst eingegangen. Das Solidaritätsgefühl dringt daher auch regelmäßig bei der Nachfrager-Koalition langsam und weniger nachhaltig durch als bei den Anbietern.

Um wiederholend zusammenzusfassen: Aus ganz bestimmten Marktsituationen heraus entsteht bei den Anbietern einerseits und den Nachfragern andererseits der Drang, ja meist der Zwang zur Koalition. Für die Anbieter gilt: Sobald die Erweiterung der Absatzmöglichkeit in der Hauptsache nur auf Kosten eines schwer aus der Bahn zu drängenden Mitanbieters möglich ist, bedeuten die der Anwendung nach älteren Methoden des Marktkampfes, die sog. freie Konkurrenz der Anbieter unter sich, die dauernde Schwächung der Anbieterposition. Falls die Marktposition der Anbieter nicht durch eine Art stillschweigender Koalition, beruhend auf irgendeinem Faktor typisch überlegender Marktposition der Gesamtgruppe, vor der allmählichen Preisgabe geschützt ist, gewährt endlich nur die Koalition die Möglichkeit den bisherigen Gewinnstandard zu behaupten. In diesem Sinne darf man die tatsächlich vorhandene oder drohende Unmöglichkeit den Marktabsatz ohne allzu große Opfer zu erweitern, die „Ursache" der Anbieterkoalition nennen.

Namhafte Autoren der Koalitionstheorie führen den gleichen Sachverhalt, wenn auch meist in anderer Fassung, doch in der Sache völlig übereinstimmend, als verursachendes Moment auf.

---

angebot gegenüber abgeschlossen werden. Das Bewußtsein einer Konkurrenz ist bei den Subjekten der Nachfrage im allgemeinen unklarer als auf Seite des Angebots; ja es pflegt überhaupt erst zu erwachen, wenn das Angebot schon einen Monopolcharakter angenommen hat. Bis zu diesem Punkte wird es nämlich niemand gewahr, daß die Konkurrenz auf Seiten der Nachfrage die Preise ebenso in die Höhe treibt, wie die Angebotskonkurrenz dieselben drückt, und daß dies ebenso sehr im Gegensatz mit dem natürlichen Interesse der Nachfrage steht wie der Preissturz mit dem des Angebots. Die monopolistische Stellung des letzteren bewegt jenen Teil der Konsumenten, welcher zufolge seiner Unternehmerstellung die größere Übersicht über die Marktverhältnisse und Energie zur Verwirklichung eines richtig erkannten Entschlusses hat, zur Kartellbildung. Prinzipiell können diese Kartelle ebenso mannigfaltig sein, wie die des Angebots: In Wirklichkeit sind aber nur zwei Typen derselben zur Entwicklung gelangt, nämlich die der Unternehmer dem Arbeitsangebot gegenüber und die den Lieferanten von Rohprodukten und Halbfabrikaten gegenüber. Beide sind nur von Bedeutung, wenn sie zum Schutz gegen ein straff organisiertes Angebotskartell zustande kommen."

Als Belege seien folgende Zitate angeführt:

F. C. Huber sagt in seiner Schrift „Die Kartelle“ (Stuttgart und Leipzig 1903), S. 8:

„Der erste Grund zur Kartellierung ist weder der Krach oder vorangehende Überproduktion, wie Grunzel annimmt, noch die Hochkonjunktur, wie Gothein meint, sondern die Überkapitalisierung und die damit zusammenhängende Depression“, die wir seit Jahrzehnten im Geschäftsleben haben, und das Bedürfnis, zwischen den Selbstkosten und dem Verkaufspreis ein normales Verhältnis herzustellen, was heute ohne ein Zusammengehen nicht mehr möglich ist.....

„Geschichtlich betrachtet, liegt die Wurzel der Kartellierung unserer Industrie nicht, wie viele annehmen, in der Profitmacherei, oder in dem Übermut des Großkapitals, sondern im Gegenteil in der Existenznot des beteiligten Geschäftszweiges und der einzelnen Firmen. Es ist bezeichnend, daß eines der ersten Kartelle, das Schienenkartell, den Produzenten durch den in den staatlichen Submissionen liegenden ständigen Preisdruck aufgenötigt wurde. Da die Submissionen dem Zwecke dienten, den Preis wie eine Schraube ohne Ende systematisch herabzudrücken, so lag in der Vereinbarung eine ganz berechtigte Notwehr.“

„Überkapitalisierung“ und „Depression im Geschäftsleben“ bedeutet marktwirtschaftlich gesprochen: Das im Wesen unseres Einzelunternehmens begründete notwendige Streben nach Erweiterung des Marktabsatzes führt notwendig an einen Punkt, wo annähernd gleich leistungsfähige Unternehmungen keine Erweiterungsmöglichkeit mehr finden, außer durch dauernde Schmälerung des Gewinnstandards. Die Marktmethoden der sogenannten „freien Konkurrenz“ können somit dann nicht mehr als geeignete Mittel zur Erreichung des Marktwesens gelten.

H. W. Macrosty (Trustwesen 1910, S. 1 f) zitiert:

„Von den Ursachen, welche zur Bildung von industriellen Unternehmerverbänden geführt haben, ist nach Ansicht der meisten Auskunftspersonen an erster Stelle zu nennen eine Konkurrenz, die so stark wurde, daß fast alle konkurrierenden Firmen ihren Gewinn einbüßten.“ American Industrial Commission Preliminary Report on Trusts.)“

Liefmann (Kartelle und Trusts 1910, S. 20 f.):

„Die Zunahme der Konkurrenz ist eine allgemeine Erscheinung der modernen Volkswirtschaft, und sie ist es, die in erster Linie die Entstehung der Kartelle veranlaßt hat..... Der gesteigerte Konkurrenzkampf hatte nun für alle Unternehmer die nachteiligsten Folgen. Auf der einen Seite vergrößerte sich immer mehr ihr Kapitalrisiko, auf der anderen verminderten sich ihre Gewinne. Dies ging so lange, bis schließlich den Unternehmern der Gewinn nicht mehr als genügendes Entgelt für ihr gesteigertes Kapitalrisiko erschien (Bedrohung des Gewinn- bzw. Einkommenstandards! Eigene Anm.). Sobald diese Ansicht einmal in einem Gewerbe allgemein geworden und die Erkenntnis durchgedrungen ist, daß gemeinsame Vereinbarungen hier Abhilfe schaffen könnten, ist die Grundlage für die Entstehung der Kartelle gegeben. Rein subjektiv, aus den Bestrebungen der Unternehmer selbst heraus, kann man die Kartelle daher als Produkt der wachsenden Divergenz von Kapitalrisiko und Gewinn bezeichnen."

Am schärfsten formuliert der englische Kartelltheoretiker Macgregor (Industrial Combination, S. 38 f.):

Combination of either order, (local oder central, vom Marktstandpunkt aus) which is based on the excesses of previous competition, presupposes an investment of capital too great for the market to maintaint a remunerative price. „Overproduktion" at any time or place is relative to the profits of capital. The excess of investment may be due either to an increase in the amount or power of capital the market remaining the same, or not expanding in proportion; or to a contraction of the market, the investment remaining the same, or not being with drawable at the same rate. Thus we may have either „initial" overinvestment, as when trade is stimulated by a tariff; or again „resultant", as when a tariff contracts the foreign market, or technical progress of any kind renders each existing firm more powerfull.

In these circumstances, firms which are nearly equal in strength, or which can draw on financial reserves, will prefer to combine rather then fight a long and losing battle for supremacy".

Für die Nachfrager wird die Koalition zum letztverbleibenden Verteidigungsmittel, wenn auch die widerstandsfähigsten unter ihnen sich außer Stande sehen, dem übermächtigen Druck der Anbieter standzuhalten und ihren Einkommenstandard durch die Schmälerung ihrer Gewinnmöglichkeit ernstlich bedroht sehen. Das ist erst der Fall, wenn sie nicht, ohne allzu großen Widerstand befürchten zu müssen, den gesteigerten Druck auf ihnen gegenüberstehende andere Wirtschaftsgruppen überwälzen können.

Um die Situation, unter denen die beiden Koalitionsfälle auftreten, richtig zu würdigen, muß immer wieder betont werden: Die tatsächliche Koalition ist im Verlauf der westeuropäischen Epoche kein plötzlich neuauftauchendes, revolutionierendes Kampfmittel, sondern die bewußte Anwendung einer der im Wesen des Marktkampfes liegenden Kampfmethoden. Daß die Tatsache der stillschweigenden Koalition, der geschlossenen Front überlegener Wirtschaftsgruppen von den unterlegenen deutlich erkannt oder doch empfunden wurde, zeigt die sozialistische Theorie von der „Solidarität der herrschenden Klassen", die oft stark verzerrte und mißdeutete Interpretation einer gefühlsmäßig in jedem Arbeiter vorhandenen Ideenrichtung.

Nach den Ursachen wären die objektiven Bedingungen der Koalitionsbewegung festzustellen.

Um sämtliche Markthandelnde einer Anbietergruppe dahin zu bringen, ihre Aktionen einer einheitlichen Leitung zu unterstellen, gibt es verschiedene Mittel und Wege. Sie werden den Sonderverhältnissen innerhalb der in Frage stehenden Anbietergruppe entsprechende Anwendung finden.

Die möglichen Fälle lassen sich in großen Umrissen etwa so fassen:

Erstens: Die der gleichen Anbietergruppe zugehörigen Markthandelnden sind in ihrer Wirtschaftsposition untereinander so verschieden, daß die Faktoren der Marktposition jedes einzelnen völlig andere sind als die der Mitanbieter. Während der eine über reichliche Betriebskapitalien verfügt, arbeitet sein Mitanbieter unter dem hemmenden Druck dauernder Geschäftsdringlichkeit. Überlegene Marktkenntnis und -Geschicklichkeit ermöglicht einem Teil der Anbieter Ausnutzung aller Fehler und Schwächen des Gegners, eine andere Teilgruppe läßt sich energielos die Preise vom Marktgegner aufdrängen und ermangelt jeder Übersicht über die Gesamtmarktverhältnisse. Oder der Lebensstandard des einen Teiles basiert auf einem niederen Preisniveau und kleinem Umsatz, während der von anderen Teilgruppen zwar auf dem gleichen Preisniveau, aber auf unendlich viel größerem Gesamtumsatz und damit auf viel höherem Gewinniveau basiert.

Ein weiterer Fall, der sich mit den vorher umschriebenen Differenzierungen praktisch meist decken wird: Von einer größeren Anzahl von Teilgruppen der Anbieter ist jede einzelne mit Ausnahme dieses einen Falles, als Anbieter eben an gänzlich anderen Märkten (besonders als Nachfrager) als die anderen Teilgruppen mit ihrem Interesse engagiert, hat also die Möglichkeit einen etwa übergroßen Druck auf diesem Markt auf Gegner an anderen Märkten abzuwälzen, während den anderen Teilgruppen diese Möglichkeit verschlossen bleibt. (Beispiele für diese Fälle wurden schon in den früheren Untersuchungen angeführt; ich erinnere an die Heimarbeiterin, die zum gleichen Preise wie der Fabrikant mit seinen elektrisch betriebenen Zuschneide- und Steppmaschinen Hemden an den Großkaufmann liefert.)

Der Koalitionsprozeß innerhalb einer derartig stark differenzierten Anbietergruppe kann sich nicht auf kollegialer Grundlage vollziehen; die Interessenverschiedenheit ist unüberbrückbar. Die Widerstandsfähigsten und Marktkundigsten werden rücksichtslos auf die Schwächung ihrer Mitanbieter hinarbeiten. Sobald es gelungen ist einen Konkurrenten nachhaltig zu schwächen, wird er unschwer davon zu überzeugen sein, daß er besser tue sein Unternehmen zu einem immerhin angemessenen Preis (auf Grund der bisherigen Rentabilität) an den überlegenen Mitbewerber zu verkaufen, als durch die Fortsetzung des ungleichen Kampfes ein Gebiet seines Marktabsatzes um das andere einzubüßen. So gelingt es Schritt für Schritt einen Konkurrenten nach dem anderen auf die Knie zu zwingen. Die Zahl der selbständig Konkurrierenden auf gleicher Stufe wird geringer, ihre Marktposition gleichmäßiger, der Weg zur kollegialen Koalition gangbar[60]).

Eine viel schärfere Konzentration, die oft bis zur völligen Verschmelzung der gesamten Anbieterinteressen in einem Riesenunternehmen führt, ist dann möglich, wenn die hauptsächlich in Betracht kommenden oder zuletzt überlebenden Unternehmen Aktiengesellschaften oder auf fremdes Kapital angewiesene Firmen sind. Die dauernde Schwächung der Anbieterposition in der gesamten Wirtschaftsgruppe durch das Ringen um das Absatzgebiet des Mitanbieters wird von dem „unpersönlichen Kapital", das häufig an beiden konkurrierenden Unternehmen beteiligt ist, bald als sinnlos und selbstmörderisch empfunden. Macrosty berichtet einen charakteristischen Vorgang aus der Entwicklung zur Betriebskonzentration der englischen Industrie (a. a. O., S. 41):

„Ende 1902 wurde eine Fusion der größten Röhrengesellschaft Schottlands, A. & J. Stewart & Menzies, mit Lloyd & Lloyd in Birmingham, den größten Röhrenfabrikanten Englands erzielt. Ausgesprochenermaßen war das Ziel die Vernichtung der Konkurrenz. „Bis jetzt" — sagte der Vorsitzende von Lloyd & Lloyd — hatten sich ihre Wege fortwährend und an allen Punkten des Erdballs gekreuzt. Der Kampf war sehr hart gewesen, und der Sieg fiel bald der einen, bald der anderen Partei zu. Aber ob Sieg oder Niederlage — das Resultat für die Aktionäre beider Gesellschaften war das Gleiche, nämlich eine Verminderung der Dividende. Dieser Konkurrenzkampf fiele nun in Zukunft fort und die Vereinigung ihrer praktischen Erfahrungen würde es ihnen ermöglichen, von nun an mit der in- und ausländischen Konkurrenz leichter fertig zu werden."

Das Interesse des Aktionärs geht zweifellos dahin, das Unternehmen unter der Leitung des Mannes zu sehen, dessen Erfolge im vorhergehenden Kampf um das Absatzgebiet seine überlegene Geschäftstüchtigkeit erwiesen haben. Das Interesse des Einzelaktionärs würde auch in Deutschland unbedingt zur Vertrustung geführt haben, wenn es sich unvermischt

---

[60]) Vgl. Julius Wolf Nationalökonomie als exakte Wissenschaft. S. 51 f.:

„Die wachsende technische Gleichartigkeit der Produktion in den verschiedenen Betrieben (auf Grund der besten Methoden), die fortschreitende Annäherung der Produktionsbedingungen, insbesondere bei Ver(aktien)gesellschaftung, und die mit letzterer verbundene „Entindividualisierung (Unpersönlichmachung) der Unternehmungen mit besonders starker Wirkung, sodann — vermöge ihrer Allgemeinheit in der Industrie — die Anweisung des Konkurrenzkampfes auf immer kleinere Bruchteile des Preises, sowie (und vor allem) auf das gleiche Absatzfeld infolge der Herabsetzung der Frachtkosten usw., auch Identität der Interessen nach anderer Richtung hin (vgl. z. B. das Verhältnis zum Arbeiter) haben die „Kartelle", „Syndikate" als „Interessengemeinschaften" (im Unterschiede zu den Trusts als Betriebsgemeinschaften vgl. S. 69) auf Grund verschieden weitgehender „Übereinkommen", „Konventionen", die danach also den Weiterbestand der Unternehmungen als selbständiger, wenn auch in ihrer „Souveränität" „geminderter" Einheiten nicht berühren, entstehen lassen und zu immer größerer Bedeutung geführt."

Geltung verschaffen könnte[61]). Tatsächlich jedoch gibt nicht das Interesse des Einzelaktionärs, sondern die Dispositionen und Operationen des organisierten Kapital, besonders in den Händen der Großbanken und modernen „effektenkapitalistischen Unternehmungen" (Finanzierungsgesellschaften, Holdingcompanies u. a.) den Ausschlag. Von ihrem Verantwortungsgefühl, ihrer persönlichen Haftung gegenüber ihren Auftraggebern hängt es in hohem Maße ab, ob sie den unzweifelhaft vorhandenen Drang nach Gesamtkonzentration („Monopolisierung", „Gesamtfusion", „Vertrustung") begünstigen, oder zugunsten einer gesunden Risikoverteilung und einer sachgemäßen Auslese der Tüchtigsten, die eine autokratische Leitung immer gefährdet, in klug gezogenen Grenzen halten. Die vorherrschend kollegiale Koalition in Deutschland gegenüber der autokratischen Amerikas liegt wohl in der Hauptsache begründet in der vorsichtigeren Verwaltung des deutschen Sparkapitals durch unsere Großbanken, und in dem höheren Verantwortlichkeitsgefühl, das unseren Verwaltern des Nationalvermögens anerzogen erscheint; während in den Vereinigten Staaten die reine Raubbauwirtschaft auf Kosten der Zukunft und der Gesamtheit, das rohste Dividendeninteresse die Dollars der Sparer in die Hände moderner Conquistadoren trieb, bewahrte unser Aktienrecht und die Verfassung unserer Großbanken unsere Wirtschaftsverfassung vor der Revolution und Usurpation der „Trustees".; Es hat heute den Anschein als ob durch die allmählich straffere Aktien- und Trustgesetzgebung, noch mehr jedoch durch die Notwendigkeit, aus ungeschlachten Riesengebilden, deren Augenblickserfolg mehr einem geschickten Inszenierungscoup als einer dauernd fundierten, organisatorisch haltbaren Wirtschaftsmaschinerie ähnlich sieht lebensfähige, wohlgegliederte, dauernd übersehbare Unternehmungen von höchster wirtschaftlicher Zweckmäßigkeit zu schaffen, auch in den Ver-

---

[61]) Alfred Weber (Referat über die Kartellfrage in den Verhandlungen des VII. Vertretertages des Nationalsozialen Vereins, Hannover 1902 (Buchverlag der Hilfe). S. 61):

„Die Wurzel.... ist beim Trust ganz offenbar; das Kapital akkumuliert sich hier chemisch rein, aber auch beim Kartell ist die Sache dieselbe. Der Unterschied liegt nur in der Form, richtiger, er liegt in dem Ort, wo der Gedanke der Verbindung entsteht. Beim Trust ist das die Bühne, wo in Aktienform flottant gemachtes Produktionskapital sich bewegt, die Banken und Börsen. Beim Kartell sind es die Köpfe der Verwender des Produktionskapitals. Hier sagen die Unternehmer sich selbst, daß es für sie Vorteile hat, wenn sie ihre Kapitale zu Monopolen vereinen, wenn sie dadurch die Anlagen neuer Kapitalien in anderen Händen als ihren verhindern, und so schließen sie ihre Kapitalien in der Form zusammen, in der sie es ausschließlich vermögen, wenn sie nicht als individuelle Verwender, als Einzelproduzenten von der Bühne abtreten wollen, in der Form des Kartells. Das Kartell ist also ganz genau wie der Trust eine Ausdrucksform der Konzentrationsbewegung des Kapitals.

einigten Staaten das Produktionsinteresse dem reinen Kapitalinteresse die Leitung entwinde. Wie ja auf die Dauer immer der tatsächliche Leiter des Wirtschaftsprozesses als der beste Sachkenner und unentbehrlichste Steuermann des Unternehmens den anfangs allein ausschlaggebenden Geldgeber immer mehr in den Hintergrund drängen wird[62]. Die deutschen Kartelle entwickeln sich in entgegengesetzter Richtung fort. Ihre ursprüngliche Vereinbarungsbasis war das bisher souveräne Wirtschaftsunternehmen. Das Interesse der eigenen Wirtschaftsgruppe, die Konstellation des eigenen Absatzmarktes, führten zur Koalition. Mit der Konsolidierung und jahrelangen Bewährung der Koalition wird die Kapitalbasis des Syndikats (eigene Fonds und weiter Spielraum der Kreditinanspruchnahme) immer breiter und tragfähiger. Damit kann die Organisation (Arbeitsteilung unter den Kartellteilnehmern, Einrichtung von Hilfsproduktionen, Organisation des Transports, der Reklame, der Arbeiterbeschaffung u. a.) nach den Gesichtspunkten höherer wirtschaftlicher Zweckmäßigkeit in sachgemäßer Zentralisation und Dezentralisation, durch Zuleitung und Wegleitung des Anlage suchenden Kapitals sich dem gleichen Punkte von der anderen Seite nähern, dem wohl auch die amerikanischen autokratischen Koalitionen naturgemäß zustreben. So daß es theoretisch wie praktisch heute als Unding erscheint, zwischen Verkäufer-Koalitionen der sog. „Kartell"- und der sog. „Trust"-form eine irgendwie haltbare Scheidelinie ziehen zu wollen. Warum die Kartelle sich geradezu gedrängt sehen, in ihren Reihen eine Tendenz zur Betriebskonzentration zum mindesten frei walten zu lassen, und warum gerade die Aufrechterhaltung einer dauernd vorteilhaften Preispolitik die kartellzugehörigen Unternehmen zu Fusionen und Integrationen drängt, soweit solche eine Erhöhung der „Wirtschaftlichkeit" der Produktion versprechen, wird noch eingehend zu behandeln sein, wenn die Bedingungen der Koalierungsfähigkeit und die Preispolitik der Verkäuferkoalitionen erörtert werden.

Über die Motive der Fusionen innerhalb kartellierter Industrie geben die Berichte der Verwaltungen an ihre Gesellschaftsversammlung heute recht eingehende und klare Auskunft. Ein solch typischer Bericht sei hier zur Vergegenständlichung im Auszug angeführt (Berl. Tagebl. 27. X. 11. Handelszeitung, 3. Beiblatt):

---

[62]) Vgl. hierzu Liefmann: Beteiligungs- und Finanzierungsgesellschaften. S. 373.

„Was an Fusionen großer Unternehmungen zustande gekommen ist, verdankt seine Entstehung fast ausschließlich Anregungen aus der Industrie, denn fast immer sind auch die Industriellen allein und nicht die Bankdirektoren imstande, die mutmaßlichen Vorteile von Verschmelzungen und Kombinationen vorauszusehen."

„Generalversammlung des Eisen- und Stahlwerks Hörsch: Zur Begründung des Verschmelzungsvertrages mit der Maschinenfabrik „Deutschland“ wurde von der Verwaltung hervorgehoben, durch die Verschmelzung werde Hörsch die Lieferung des Bedarfs der „Deutschland“ in verschiedenen Rohstoffen erhalten, während Hörsch manche Verbrauchsgegenstände, die es jetzt kaufen müßte, selbst herstellen könne.....“

Hier handelt es sich um ein Beispiel der Integration nach zwei Seiten, ein keineswegs seltener Fall. Der angegliederte Vasallenbetrieb ((„Wie ich höre, wird Hörsch „Deutschland“ in Form einer besonderen G. m. b. H. weiterführen“) wird für den Hauptbetrieb der günstigste Anbieter (von Verbrauchsgegenständen) und der sicherste Abnehmer (von Rohstoffen). Der Fusionsvorgang vollzieht sich innerhal beiner ziemlich straff koalierten Wirtschaftsgruppe.

Wenn man noch die Bemerkungen über die Kapitalisierung der Fusion zur Veranschaulichung des Sachverhalts heranzieht:

„Die außer den für den Erwerb der Maschinenfabrik „Deutschland“ auszugebenden neuen Aktien... werden von einem Konsortium unter Führung des Schaaffhausenschen Bankvereins... übernommen“,

und wenn man weiß, daß der Schaaffhausensche Bankverein seit langem die „Finanzierungsgesellschaft“ der rheinisch-westfälischen Kartellindustrien „in Eigenregie“ ist[62]), so darf mit guten Gründen eine rasch fortschreitende Entwicklung zum Gesamtunternehmen vermutet werden, allerdings immer nur bis zur Grenze der wirtschaftlichen und organisationstechnischen Zweckmäßigkeit, zu der auch die überkonzentrierten amerikanischen Gesamtunternehmen von der entgegengesetzten Richtung her zu gelangen scheinen.

---

[62]) Zum Verständnis der deutschen Koalitionsart und der Interessenvereinheitlichung aller Beteiligten durch kluge Verschlingung der gegenseitigen Verpflichtungen mittels wechselseitiger Beteiligung ist unerläßlich, daß man sich das Verhältnis der Kartellindustrien zu den Großbanken vergegenwärtigt. Darüber berichtet Rießer (Konzentration der deutschen Banken, Jena), S. 186 f.:

„Ferner wurde von verschiedenen Banken, soweit sie nicht schon nach dieser Richtung eine befestigte Stellung hatten, von nun ab speziell der Eintritt in den Aufsichtsrat derj. Montanunternehmungen allmählich durchgesetzt, welche in der Verwaltung der maßgebenden Syndikate eine besonders einflußreiche Stellung hatten. So erfolgte nach und nach u. a. der Zutritt der Dresdner, Deutschen und Darmstädter Bank, sowie des A, Schaaffh. Bankvereins zum Aufsichtsrat und zur Bankengruppe der Harpener Bergbau - Aktiengesellschaft, und der beiden ersteren Banken auch zur Bankengruppe und zum Aufsichtsrat der Gelsenkirchener Bergwerks A.-G., der Dresdner Bank zur Verwaltung und Gruppe der Vereinigten Königs- und Laurahütte, der Deutschen Bank zur Verwaltung der Konsolidation Bergw. A.-G. zu Schalke und des Phönix usw.

Natürlich treten nun auch — und zwar in immer wachsender Anzahl — Industrielle und speziell einflußreiche Persönlichkeiten aus der Montanindustrie,

Daß Koalition und Integration mit- und nebeneinander, sowohl wo das kollegiale Koalitionsprinzip vorherrscht, wie auch bei der Trustentwicklung nach erfolgter Vereinigung des Marktgebietes ganz regelmäßig und notwendig als einzig brauchbare Marktmethoden erscheinen, daß also „Ursache“ und „objektive Bedingungen“ für Trust und Kartelle zuletzt ganz dieselben, soll durch eine sehr sachkundige Schilderung der Entwicklungsmomente des amerikanischen Stahltrusts veranschaulicht werden (Berl. Tagebl. Handelszeitung 24. I. 11, Abend):

„Die großen Stahlwerke der Union hatten bis Ende der neunziger Jahre verhältnismäßig gut in Frieden gelebt, und nicht nur miteinander, sondern auch mit ihren Abnehmern, den weiterverarbeitenden Werken. Die letzteren waren durch einige Finanzleute des Landes, besonders aber durch Morgan in teilweise recht bedeutsame Trusts zusammengefaßt worden. Das gute Einvernehmen in der amerikanischen Stahlindustrie sollte jedoch in die Brüche gehen, als kurz nach der Jahrhundertwende die Konjunktur nicht nur in Europa, sondern in nicht minder starkem Maße auch in den Vereinigten Staaten abflaute. Die sinkenden Erlöse, die die Eisenindustriellen für ihre Erzeugnisse erhielten, ließen sie nämlich auf möglichste Verminderung der Selbstkosten bedacht sein. Als gangbarer Weg erschien es nun den in Trusts vereinigten reinen Betrieben, ihrerseits Stahl- und Hochofenwerke zu errichten und auf der anderen Seite den großen Stahlwerken, sich ihrerseits immer mehr auf die Verarbeitung zu legen. Den ersten Schritt machte der Drahttrust; er wollte sich unabhängig von dem Ankauf bzw. dem Zukauf des benötigten Rohmaterials machen. Gleich an zwei Seiten sollte eingesetzt werden. Um von der Federal Steel Co. frei zu werden, plante er in Milwaukee den Bau großer eigener Stahlwerke, und um von Carnegie nichts mehr zu beziehen zu brauchen, plante er ein gleiches im Pittsburger Distrikt. Dem Drahttrust wollten dann mit ähnlichen Absichten die anderen Trusts folgen. Solche Beginne wären aber für Carnegie und die Federal Steel Co. ein sehr harter Schlag gewesen, denn diese hätten nun die größten Sorgen wegen der Unterbringung ihrer Halbfabrikate gehabt. Da, anfangs Januar 1901 erklärte Carnegie seinerseits, große weiterverarbeitende Werke gründen zu wollen. In Conneaut sollte eine bedeutendes Röhrenwerk und in Homestead ein riesiges Blechwalzwerk errichtet werden. Damit drohte nun ein Kampf auf Leben und Tod zwischen den großen Stahlfabrikanten der Union und der in der Hauptsache unter Morgans

---

in den Aufsichtsrat der Großbanken ein, so daß Ende Dezember 1904 vertreten waren

im Aufsichtsrat der Bank für Handel und Industrie	4	Industrielle
„ „ „ Berliner Handels- Gesellschaft	12	„
„ „ „ Deutschen Bank	4	„
„ „ „ Disconto-Gesellschaft	5	„
„ „ „ Dresdner Bank	5	„
„ „ „ A. Schaaffh. B. V.	6	„

Vgl. hierzu Liefmann (Beteiligung und Finanzierungsgesellschaft S. 63: „Der Bankier Louis Hagen in Cöln war Aufsichtsrat in 35 Unternehmungen, die Deutsche Bank hatte nach Jeidels (Verhältnis der deutschen Großbanken zur Industrie, Leipzig 1905, S. 161) ihre Direktoren als Aufsichtsräte in 101 Gesellschaften, ihre eigenen Aufsichtsräte in 120 Gesellschaften.“

Ägide stehenden Trusts der weiterverarbeitenden Werke auszubrechen. Der Ausgang dieses Kampfes war aber nach Lage der Verhältnisse kaum zweifelhaft. Carnegies Werke waren wesentlich besser fundiert als die Trusts, die nur über sehr geringe Reserven verfügten, und die Morgan und seine Freunde in der Hauptsache doch nur geschaffen hatten, um deren Werke zu Börsenoperationen zu verwenden. Kam es nun zum Kampf, so wäre das gleichbedeutend mit dem Zusammenbruch Morgans gewesen. Um dieser Situation aus dem Wege zu gehen, entschloß man sich daher im Frühjahr 1901, Carnegie auszukaufen. Dieser erhielt für seine Werke 500 Mill. Doll., und um sie aufzubringen, schritt man zur Gründung des Stahltrusts."

Über die Möglichkeit eine Anbietergruppe zu koalieren, deren Teilnehmer in ihrer Markt- und Gesamtwirtschaftsposition größte Verschiedenheit aufweisen, läßt sich zusammenfassend etwa folgendes sagen:

Voraussetzung, daß überhaupt der Wille zur Koalition rege wird, ist ein an der Grenze stetiger Erweiterungsfähigkeit angelangter Markt (was der Fall bei „Überproduktion", Überkapitalisierung, Konjunkturrückgang, überhohe Produktionssteigerung der stärktsten Teilnehmer der Anbietergruppe in Erwartung steigender Konjunktur, durch die Umstände gegebene oder willkürliche Einschränkung der Nachfrage u. a.). Erst dieses Nachlassen der Elastizität des Absatzmarktes kann nun die Wirkungen der „freien Konkurrenz" zeitigen, die als ihr wesentlich meist angenommen werden: Die Auslese der widerstandsfähigsten, wirtschaftlich kräftigsten Teilnehmer der Anbietergruppe durch den „Kampf um den Platz an der Sonne". Dieser rücksichtslose, vom Sieger und Besiegten empfindliche Opfer fordernde „Konkurrenzkampf" kann immer nur verhältnismäßig kurze Zeit dauern, bis das Kräfteverhältnis unzweifelhaft für den obsiegenden und den unterliegenden (d. h. zurückgedrängten) Teil zu Tage liegt. Auf Grund dieses Kräfteverhältnisses wird meist nach nicht allzu langem Existenzkampf (oft genügt schon die drohende Aussicht auf einen solchen) ein Arrangement getroffen, dessen Enderfolg sein wird, daß sich nur noch Teilnehmer von beträchtlicher Widerstandsfähigkeit gegenüber stehen, von denen sich kaum einer ohne hartnäckigste Gegenwehr zu Boden ringen läßt. Die Situation führt ohne Möglichkeit irgendwelchen Ausweichens zur Anbieterkoalition. Je nachdem die Vertreter des Anlagekapitals oder die tatsächlichen Leiter der Unternehmen, und im letzteren Fall, ob darunter einer oder eine Minderheit eine führende, überragende Stellung oder, ob die große Zahl der leitenden Männer die Koalition in die Wege leitet, darnach wird die erstehende Koalition mehr zum kollegialen System (Kartell) oder zu dem des Gesamtunternehmens (Trust, autokratische Koalition) neigen.

Eine zweite Möglichkeit der Marktkonstellation ist die, daß die Teilnehmer einer Anbietergruppe alle ungefähr *gleiche* Existenzbedingungen,

Marktinteressen nach allen Seiten, gleiche Widerstandsfähigkeit oder Schwäche gegenüber den andringenden Gegnern besitzen. Der Koalition einer derartigen Gruppe scheinen kaum Hindernisse im Wege zu stehen. Tatsächlich setzt sich jedoch gerade durch die Gleichartigkeit der Wirtschaftsposition der Koalitionsgedanke nur langsam durch. Die annähernd gleichartige Absatz- und Einkommensgrenze der Berufsgenossen läßt eine unausgesprochene feste Meinung von den „angemessenen“ Preisen und noch angemesseneren Gewinnen entstehen. Die Ausdehnung des Absatzgebiets geschieht im gleichen Tempo mit den Gebietsnachbarn. Die stillschweigende Koalition erweist sich lange stark genug, das Einkommensniveau auch in kritischen Zeiten zu halten: Berufsgenossenschaften, wirtschaftspolitische Ausschüsse, so Handelskammern, Rechtsschutzstellen, Zünfte und Innungen, Vereine zur Wahrung gemeinschaftlicher Interessen ergänzen die „stillschweigende Koalition“, mittels häufiger persönlicher Fühlung und Aussprache aufs glücklichste. Erst wenn ein fremdes Element in dieses friedlich-freundnachbarliche Idyll (das schlechtunterrichtete Nationalökonomen als ewigen Schauplatz des „Kampfes aller gegen alle“, der „freien Konkurrenz“ verdächtigten) hineingerät, wenn ein neuer Anbieter Mittel und Wege gefunden hat, den Preis des einzelnen Warenstückes zu drücken, ohne sein Gewinniveau zu schmälern, oder wenn er es versteht eine Großorganisation zu schaffen, die den bisherigen Absatz von 3 oder 4 der alten Unternehmen allein und mit größerer Zuverlässigkeit und besserem Verständnis für die Wünsche der Kundschaft übernimmt, dann kommt Bewegung und Unruhe in die Gruppe und es dauert geraume Zeit, bis das Gleichgewicht, wenn überhaupt — auf neuer Grundlage, wiederhergestellt ist. Die Einengung des möglichen Absatzgebiets läßt diese Episoden des Unfriedens und der Gewinnunsicherheit immer häufiger wiederkehren: Die alten Berufsvereine, bisher fast mehr geselliger als wirtschaftlicher Faktor, geben die Basis zur Koalition. Auch jetzt genügt jedoch, wegen der Gleichartigkeit der teilnehmenden Unternehmen, eine ziemlich lose Vereinbarung, um das Herabdrücken des Preises unter ein „angemessenes“ Minimum zu verhindern. Die große Mehrzahl der deutschen Kartelle und sog. „Konventionen“, die nur auf vertragsmäßigen Abmachungen beruhen, ohne gemeinsame Vertriebsorganisation, gehört zu dieser Kategorie. Die Vorgänge bei Submissionen, der Unterschied der früheren und heutigen Verhältnisse erläutern aufs anschaulichste die „stillschweigende Koalition“ und die Perioden der Unruhe und des Wettlaufs um Aufträge, die der Koalitionsbildung regelmäßig vorausgehen.

Die objektiven Bedingungen einer Nachfragerkoalition lassen sich leichter und klarer umschreiben. Ihre Marktposition bestimmt sich wesentlich nach der Widerstandskraft des bedeutsamsten unter ihnen.

Er ebnet den Weg für die Interessen aller Genossen. Es bedarf daher, um die Marktposition der Gesamtgruppe zu festigen, von vornherein nicht der Koalition der Gesamtgruppe. Wenn es einem gelingt, einen so großen Teil der Gesamtnachfrage aufzunehmen, daß sein „guter Wille" für die Anbieter unentbehrlich, wird er die Marktposition auch ohne Koalition zu wahren wissen. Daraus erhellt: Bei großen Verschiedenheiten in der Wirtschaftsposition der einzelnen Nachfrager wird die Methode der Koalition im gewöhnlichen keine allzugroßen Vorteile versprechen und daher auch selten und auf späterer Entwicklungsstufe Anwendung finden. Die Einkaufsvergünstigungen, die der Großbetrieb für sich durchzusetzen weiß, wirken, wenn auch im verminderten Maße, auch auf das Preisniveau für den Einkauf der weniger starken Nachfrager. Falls die Großbetriebe jedoch, auf Grund der immerhin beträchtlichen Differenz gegenüber den Einkaufspreisen ihrer schwächeren Nachfrager, mit ihren Verkaufspreisen auf einem Markte herabgehen, wo sie den Mitnachfragern als Mitanbieter zur Seite stehen, dann drängt der „Konkurrenzdruck" die schwächeren Nachfrager zum Zusammenschluß in Einkaufsgenossenschaften, die dann einen gleich beträchtlichen Teil der Nachfrager repräsentieren wie die Großunternehmen für sich. Eine solche Neugruppierung „Nachfragerkoalition" zu nennen, ist nicht ganz ohne Bedenken. Bisher handelt es sich um Zusammenfassungen von Gruppenmitgliedern, die, wenn auch nicht schon tatsächlich alle Teilnehmer der gleichen Gruppe umfassen, so doch ihrem wesentlichen Interesse nach eine solche restlose Vereinigung anstreben mußten. Bei den Einkaufsgenossenschaften ist ein solches Bestreben nicht wesensgegeben. Der Zusammenschluß einer Anzahl kleinerer Unternehmen genügt völlig, um ihren Zweck voll zu erreichen. Es bedarf auch nicht, wie bei anderen Koalitionen, des Anschlusses der größten Teilnehmer der Gruppe. Meist sogar stehen diese beiseite, da sie selbst genügend hohe Anteile an der Gesamtnachfrage repräsentieren.

Erst wenn sich das Kräfteverhältnis zwischen Anbieter und Nachfrager verschiebt (entweder durch typische überlegene Marktposition der Anbieter oder durch deren Koalition und die damit verknüpfte Preispolitik), wenn auch die widerstandsfähigsten Nachfrager zum Zurückweichen genötigt werden, wird der Wille zur Koalition möglichst aller Nachfrager rege. Sie ist erforderlich oder doch wünschenswert zur wirksamen Durchführung der schärferen Marktkampfmethoden. Wenn es auch dem einzelnen Großbetrieb nicht mehr gelingt, einen seiner Meinung nach unerträglichen Preisaufschlag seines bisherigen Anbieters hintanzuhalten, und wenn er dann auch keinen anderen Anbieter findet, der die gleiche Ware billiger liefert, dann wird er ein gemeinsames Vorgehen mit allen anderen Nachfragern erwägen. Eine allgemeine Nachfragerkoalition tritt demnach nur auf als Abwehrwaffe gegenüber einer stillschweigenden oder (zumeist) ausgesprochenen Anbieterkoalition. Die Mittel, die sie zur Durchsetzung ihres Strebens nach Preiserniedrigung anwenden kann, sind: entweder dauernde oder zeitweise Einschränkung der Nachfrage, oder Heranziehen anderer bisher nicht auf dem Markt auftretender Anbieter, die willens und imstande sind, den Bedarf der Nachfrager ganz oder doch zum Teil zu decken. Soll dauernde Einschränkung möglich sein, dann muß entweder ein voller oder notdürftiger Ersatz der in Frage kommenden Ware durchführbar sein; oder die Ware erfüllt ein Konsumentenbedürfnis so niederer Dignität, daß es allein von den ankämpfenden Nachfragern abhängt, ob die Ware Absatz an die letzten Konsumenten findet oder nicht. Auch die zeitweise Einschränkung der Gesamtnachfrage ist von der Nachfragerkoalition nur dann durchführbar, wenn die Nachfrager am Umsatz der in Frage stehenden Ware zur Zeit der Einstellung oder Beschränkung der Nachfrage weniger interessiert sind als die bekämpften Anbieter; so wenn sie auch ohne diese Ware ihren Geschäftsbetrieb wenigstens partiell weiterführen können, während die Anbieter am Absatz gerade dieser Ware allein oder in der Hauptsache interessiert sind. Ob es möglich und erfolgreich ist neue und nachgiebigere Anbieter heranzuziehen, hängt davon ab, ob die Beschaffung der betreffenden Warenart ohne erhebliche Mehrkosten (Transportkosten) unter den gegebenen Umständen überhaupt von anderen als den bisherigen Anbietern denkbar ist, d. h. diese Taktik der Nachfolger ist unmöglich, wenn ein unentbehrlicher Beschaffungsfaktor (so die notwendige große Kapitalsumme, das geeignete Roh- und Hilfsmaterial, die spezifische Arbeitsgeschicklichkeit, das charakteristische produktionstechnische Verfahren oder die Fähigkeit eine leistungsfähige Betriebsorganisation zu schaffen) nur den Teilnehmern der bekämpften Anbietergruppe zur Verfügung steht (wenn diese ein „Monopol" auf den Beschaffungsfaktor hat, wie gewöhnlich eine derartige Marktkonstellation bezeichnet wird, eine Bezeichnung, die wie schon mehrfach betont, uns vorzüglich geeignet erscheint in verwickelte Probleme ohne Not noch mehr Unklarheit durch die Gefahr falscher Analogieschlüsse hineinzutragen).

Trotz der großen Schwierigkeiten, die offenbar bei Gesamtnachfragerkoalitionen der wirksamen Anwendung ihrer Kampfmethoden entgegenstehen, darf ihre Bedeutung als Schutzmittel gegen allzu schroffes Andrängen der Anbieter nicht unterschätzt werden. Wie bei allen Koalitionen ist schon sehr viel bewirkt, wenn es durch den Zsuammenschluß gelingt, jeden einzelnen Teilnehmer über die allgemeine Marktlage besser zu unterrichten, seine Marktgeschicklichkeit damit zu erhöhen und durch das gemeinsame Vorgehen die Geschäftsdringlichkeit des einzelnen zu mildern. Als Beispiel einer immerhin recht wirksamen Gesamtnachfrager-koalition sei auf den „Verband deutscher Detailgeschäfte der Texilbranche, Sitz Hamburg" hingewiesen; der Verband kann seiner Natur nach und besonders durch die unübersehbare Verschiedenheit der in Frage kommenden Warengattungen und Absatzmärkte meist nicht direkt auf die Preishöhe, dafür aber auf Lieferungsbedingungen und wichtige Interessen wirtschaftspolitischer Art einwirken, versucht aber auch auf die Preisstellung einzelner Artikel Einfluß zu gewinnen. Die Frage der Wirkung derartiger Verbände wird später noch gesondert zu behandeln sein.

Jede Koalition einer Gesamtgruppe, bei Anbietern wie Nachfragern, soll sie ihre Zwecke erreichen, hat zur hauptsächlichsten Bedingung, daß das Marktgebiet, auf dem die Koalition zu operieren hat, übersehbar, die tatsächliche und die mögliche Absatzhöhe annähernd berechenbar ist, und daß sich die Nachfrager von der Größe der beschaffbaren Warenmenge zur richtigen Schätzung des Preises Kenntnis verschaffen können. Ohne jede Produktionsregelung und Preisnormierung durch die Koalition genügt die Übersicht über die Marktlage allein schon, die Position der koalierten Gruppen erheblich zu verstärken. Wenn durch die Koalition jeder einzelne Markthandelnde rechtzeitig, auf raschestem Wege von den Veränderungen der Marktlage an irgend einem Punkte durch seine Gruppengenossen unterrichtet wird, ist es ihm schon in hohem Maß ermöglicht, seine Marktpolitik nach weitsichtigeren Gesichtspunkten zu gestalten, die Schwächen der Gegner im rechten Augenblick auszunützen. Durch die naturgemäß jetzt erfolgende gegenseitige Beaufsichtigung der Gruppengenossen wird ein Handeln gegen das Gruppeninteresse bald als „verpönt" erscheinen; der „Unterbieter", der „Preisdrücker" gilt als fahnenflüchtig. Welche Bedeutung eine einheitliche Beurteilung der Marktlage durch alle Gruppenteilnehmer hat, wird erst ganz offenbar, wenn wir uns vergegenwärtigen, auf welche Weise sich der einzelne Markthandelnde sein Urteil bildet, so lange er isoliert, ohne Fühlung mit den Gruppengenossen, den Marktgegnern gegenübersteht. Macgregor schildert dies treffend (a. a. O., S. 52 f.):

„Producers working under this method (= competition) are liable, through their ignorance and distrust of each other, to communicate panic quite out of proportion to the conditions of the market. Thus it is said that „the iron market is so sensitive that an offer of 25 000 or 30 000 tons of pigiron or steel in markets like Glasgow and Middlesbrough at five or ten shillings below current prices would completely demoralize the market and almost create a panic."

„(Jeans in British Industries p. 35.) Such surpluses are continually being spilled over the borders of defined markets. Their total amount at any time may almost negligible in comparison with the outpout of the market they are thrown into. But they may appear formidable, when compared with the outpout of the producer who, for local or other reasons, is most direktly affected. If he takes alarm and cuts his prices, he affects his neighbours; and so the panic may spread on a most insufficient basis of fact."

Wenn eine Koalition ihren Zweck, das Marktresultat in ihrem Interesse zu beeinflussen, nicht verfehlen soll, so müssen die Leiter der Koalition alle Umstände, die ihrem Wollen zugute kommen oder ihm entgegenwirken können, vor allem einmal recht genau kennen. Wenn erst die dauernde und frühzeitige Orientierung über die Gesamtmarktlage möglich gemacht ist, dann werden sich auch meist die Mittel ausfindig machen, die nützlichen Entwicklungsmomente zu verstärken, die schädlichen wirksam abzuschwächen. Ein Markt läßt sich nur dann dauernd übersehen, wenn er eine relativ feste Begrenzung aufweist. Kommen täglich einschneidende Veränderungen in der Zahl der Markthandelnden, der dort zu gebot stehenden Warenmenge oder den dort gebotenen Nachfragerwerten vor, wechseln häufig die markthandelnden Persönlichkeiten und Kreise, dann läßt sich der schätzungsweise, annähernd genaue Überschlag des Markterfolges, den eine Koalition regelmäßig machen muß, um ihren Gliedern Direktiven geben zu können, oder selbst vorzugehen, schwerlich auch nur mit einiger Wahrscheinlichkeit anstellen. Eine gewisse Stetigkeit in der Marktlage und Marktentwicklung muß ein Markt aufweisen, um eine Koalition aussichtsreich erscheinen zu lassen. Das wird nur zutreffen auf einem annähernd bestimmt abgegrenzten Markt. Alle Momente, die eine derartige Abgrenzung herbeiführen, sind koalitionsfördernd. Eine Aufführung solcher Momente unter bekannten Gesichtspunkten wird die Bedeutung dieser objektiven Bedingung der Koalitionsmöglichkeit klarstellen:

Einmal können sie bewirken, daß die Zahl der Anbieter und damit meist auch die angebotene Warenmenge und die Preistaktik der Anbieter möglichst stetig bleibt. In dieser Richtung wirkt vornehmlich ein nationaler Schutz- oder Prohibitivzoll. Eine Einschränkung der für den Markt in Frage kommenden Anbieter auf die inländischen Gruppenteilnehmer erleichtert die Koalition und ihr wirksames Einschreiten ganz gewaltig. Jede lokale Fixierung und Absperrung des Marktes vereinfacht die Preispolitik der Koalition. Es wird die Einheitlichkeit aller Marktinteressen der Gruppenteilnehmer näher gerückt. Nur dann ist mit einiger Wahrscheinlichkeit darauf zu rechnen, daß schon vor der Koalition eine von allen geteilte Vorstellung vom angemessenen Gewinn vorhanden war; denn eines derartigen Ausgangspunktes bedarf es auch bei der Preispolitik der späteren Koalition. Endlich wird sich dann auch seltener zwischen den Produktionsbedingungen eines Teiles der Anbieter und denen des anderen Teils eine unüberschreitbare Distanz dartun, die jede Verständigung durch Koalition unmöglich macht.

Der kanadische Getreideproduzent, wird sich kaum mit dem ostelbischen zu gemeinsamem Vorgehen zusammenfinden, solange der Kanadier seine ganze Warenmenge zu einem Preise absetzt, der hoch genug ist, um Selbstkosten, recht beträchtlichen Gewinn und Transportkosten zu decken, während der gleiche Preis dem Ostelbier keinen „standesgemäßen“ Gewinn mehr läßt. Ähnlich verhält es sich in der Textilindustrie, wenn der indische Fabrikant durch Hungerlöhne die Selbstbeschaffungskosten so niedrig hält, daß er mit seinen Preisen bis zu einem Punkte herabgehen kann, wohin ihm der deutsche Fabrikant nicht mehr folgen wird. Der Schutzzoll ist hier unerläßliche Vorbedingung des Gelingens einer Koalition. Wenn hingegen der internationale Markt im Ganzen schon so vereinfacht und die Reihen der Marktparteien in ihrer Interessenrichtung soweit nivelliert sind, daß sich die ganze Marktentwicklung der Kalkulation nicht mehr entzieht, dann bedarf es keiner Zollmauer, um wirksamen Koalitionen den Weg zu ebnen. Das zeigen die internationalen Kartelle und die Koalitionserscheinungen in Freihandelsländern.

Ähnlich wie der Zoll wirken Erschwerungen im Frachttarif für bisher dem Markt Fernstehende oder Erleichterungen für die Unternehmen, die schon seither den Markt beschickten. Den Personenkreis der Markthandelnden schränken besondere Anforderungen ein, die an die Teilnehmer einer Marktgruppe nach Rechtsvorschrift gestellt werden dürfen. So der Befähigungsnachweis, die Bedürfnisfrage, der Zwang eine behördliche Konzession einzuholen u. ä. Zwangsinnungen der Handwerker, meist auch die „freiwilligen“ Innungen führen zur dauernden Kontrolle über das Marktgebahren eines beschränkten Anbieter- oder Nachfragerkreises.

All diese Mittel einen an sich freien und offenen Markt, in gewissen Grenzen einzuschränken, sind ziemlich willkürlicher, „künstlicher“ Art, bieten daher nur einen wenig zuverlässigen Schutz gegen das Auftreten neuer Konkurrenten, die sich außerhalb der Koalition behaupten können. Damit wird immer wieder der Marktüberschlag der Koalitionsleiter durchkreuzt, dessen Hauptnachdruck darin liegen muß, daß er Maßnahmen zur Behauptung der Position auf längere Zeit hinaus trifft. Die größere oder kleinere Zahl der Teilnehmer an einer Marktgruppe, die lokale Zersplitterung, die verschiedenen Beschaffungsbedingungen der Betriebe, dies alles kann zwar die Koalitionsbildung erheblich erschweren, aber ganz verhindert kann die Koalition durch solche Umstände nicht werden, wenn diese nur auf längere Zeit konstant und damit berechenbar bleiben. Die Organisationstechnik der Koalition ist imstande, wenn auch erst nach vielen vergeblichen Versuchen, selbst für die verwickeltsten Marktumstände eine gut angepaßte Koalitionsform zu finden, wenn nicht jeden Augenblick befürchtet werden muß, daß das feingewirkte Gewebe durch fremde Eingriffe zerrissen wird.

Eine dauernde, zuverlässigere Sicherung gegen diese Störung der Berechnungen ist nur dann geboten, wenn die Teilnehmer der Marktgruppe, vor allen anderen, die etwa als später auftretende Konkurrenten in Frage kämen, in der Verfügung über Beschaffungsmittel der Unternehmungsart einen so großen Vorsprung haben, daß er von bisher Fernstehenden überhaupt nicht oder nur unter unverhältnismäßig großem Aufwand eingeholt werden kann. Beschaffungsmittel, wie etwa besondere Handfertigkeit der Arbeiter, niedrigere Löhne (durch Heimarbeit), Eigenart des Bodens, des Wassers, oder andere unentbehrliche Hilfsmittel des Betriebs, die in der eingeführten Qualität sich nur an ganz bestimmten Orten bieten, so besonders Bodenschätze, seltene Rohstoffe u. a., Patente und Schürfrechtskonzessionen wirken in gleichem Sinn. Auf einem für die ganze Entwicklung recht charakteristischen Umwege wird das gleiche Ziel erreicht: Eine Anbietergruppe sichert Bestand und Wirksamkeit ihrer Koalition dadurch, daß sie sich als Nachfrager mit einer koalierten Gegengruppe in der Weise verständigt, daß nur an Teilnehmer ihrer Koalition Waren der Gegengruppe geliefert werden, oder daß wenigstens ihre Mitglieder eine besondere Preisbegünstigung erhalten. Der „ausschließliche Verbandsverkehr", der uns noch bei der Betrachtung des Kräfteverhältnisses zwischen koalierten Marktgruppen zu beschäftigen hat, schafft einen überaus günstigen und zuverlässigen Boden für die Koalitionspolitik. Endlich ein gewaltiger Vorsprung an Betriebskapital und Kreditmöglichkeit, der von bisher Außenstehenden kaum mehr eingeholt werden kann. Und selbst wenn ein solcher Versuch gemacht werden sollte, so wäre die Koalitionsleitung immer imstande ihren Vorsprung durch erneute Aufwendungen zu wahren. Das „Monopol" (ein „vollkommenes" und ein „unvollkommenes") auf derartige unentbehrliche Betriebsmittel ist also vorzüglich geeignet, den Erfolg einer Koalition zu sichern. Generaldirektor Kirdorf hat einen ungefähr entsprechenden Gedanken in Mannheim (Ver. f. Soz.-pol. Schr., Bd. 116, S. 275) in die Worte gefaßt: „Eine gewisse Monopolstellung ist notwendig, sonst erfüllt eben das Syndikat seinen Zweck nicht, den Preis zu regeln, wie es die Bedürfnisse ergeben"[63]).

---

[63]) Vgl. hierzu Vogelstein: Zur Frage der Monopolorganisation. Arch. f. Soz.-Wiss. 1905, Bd. 20, S. 349.

„Die lokalen und nationalen Monopole, und dasselbe gilt — mutatis mutandis — auch von den internationalen, sind begrenzt. Sie sind abhängig von dem Verhältnis der anderweitigen Beschaffungskosten zu dem Monopolpreis. Die quantitative Differenz der Relationen der anderweitigen Beschaffungskosten zu den Monopolpreisen hat qualitative Verschiedenheiten zur Folge. Sie entscheidet über

Hermann Levy hebt hervor, wie jede Koalition, die sich ihre Marktübersicht zu wahren versteht und über genügende Kapitalmittel verfügt, den Markt von Außenseitern rein halten kann (Levy: Monopole, Kartelle und Trusts. Jena 1911, S. 290):

„In Großbritannien ist es die Größe der Unternehmung und ihrer Leistungsfähigkeit, welche eine monopolistische Tendenz in sich trägt: Dies einmal dadurch, daß die großen Kapitalinvestitionen pro Unternehmung, sobald einmal die Konzentrationsbewegung eingesetzt hat, wachsende Anforderungen an die Kapitalbeschaffung neuer Unternehmungen stellt und damit ihr Aufkommen erschwert. Weiter aber (und dies scheint uns der wichtigere Punkt zu sein) repräsentiert jede neue Unternehmung, welche mit den auf Grund des Konzentrationsprozesses entstandenen Riesenunternehmungen Schritt halten will, ein so großes Mehrangebot von Produkten, daß sie, um diese abzusetzen, entweder nur bei einer enorm wachsenden Nachfrage mit Nutzen verkaufen könnte oder aber sofort die Preise auf ein für sie wie für die Monopolvereinigungen unrentables Niveau drücken würde.“

Ein wichtiges Moment für die Koalitionsfähigkeit einer Wirtschaftsgruppe ist dann weiterhin, ob die Art der Waren, die verschiedenen Qualitäten, die einzelnen Spezialartikel in ihrer spezialisierten Ausführung sich auf irgendwelche Weise unter gemeinsame Kategorien fassen lassen. Wenn eine Warenart von jedem einzelnen Markthandelnden in einer anderen, ihm speziell eigentümlichen Nüance auf den Markt gebracht bzw. nachgefragt wird, lassen sich kaum bestimmte Vereinbarungen über das Preisniveau treffen. Trotzdem ist auch in derartigen Fällen Koalition möglich, sobald die Umstände eine Gruppe der Markthandelnden hierzu drängen. (Meist bedarf es dessen nicht, wenigstens nicht für den Anbieter. Wenn dieser eine Spezialmarke auf den Markt bringt, so ist er eben meist auch einziger Anbieter in dieser Ware. Bei besonders differenzierter Qualitätsware (Modeware) ist für den Anbieter die Koalitionsfrage auch deshalb nicht drängend, weil er hier regelmäßig den Vorteil der größeren Marktkenntnis (Kenntnis der Beschaffungskosten) voraus hat. Seine Marktüberlegenheit und sein Gewinniveau läßt sich dann leicht auch ohne Koalition wahren). Tschierschky sagt über die Überwindung der genannten Schwierigkeiten (Kartell und Trust 1911, S. 34 f.):

Möglichkeit und Unmöglichkeit des Monopols vom kapitalistischen Standpunkt. Da aber auf die Dauer die Produktionskosten die niedrigste Preisgrenze darstellen, so entscheidet das Verhältnis der anderweitigen Beschaffungskosten zu den Produktionskosten des Monopols über dessen wirtschaftliche Möglichkeit. Unter diesem Gesichtspunkt ist jeder Zoll, jede Verteuerung oder Ermäßigung der Frachttarife zu betrachten. Vor allem ist aber danach die Menge der in jedem Bezirk vorhandenen, nicht beliebig vermehrbaren Kapitalien und ihr Preis dafür maßgebend, ob und wie weit ein Monopol an dem Produkt wirtschaftlich auf die Dauer möglich ist.“

„Insbesondere sei aber schon hier darauf hingewiesen, daß die praktische Kartellpolitik durch die Wahl verschiedener Organisationsformen sich in einzelnen Fällen selbst sehr wesentlichen Schwierigkeiten anpassen kann. Um nur ein Beispiel zu erwähnen, so ist es dem Verfasser dieser Schrift gelungen, eine spezifische Kunstindustrie in einem Preiskartell zu organisieren. Die Schwierigkeit bestand hier darin, daß lrgendwelche Preisliste ausgeschlossen war, daß vielmehr jedes Produkt einen eigenen Preis bedingt. Die notwendige Einheitlichkeit in der Preisfestsetzung und die erforderliche Kontrolle wurden deshalb auf dem Wege mit Erfolg versucht, daß seitens des Verbandes ein sachverständiger Schätzer angestellt wurde, der jeden Preis einzeln zu bestimmen hat.“

In engem Verhältnis mit der Frage der Koalitionsfähigkeit von Anbietergruppen läßt sich auf die „unvollständigen“ Koalitionen und ihre Wirksamkeit eingehen. Meist wird das Problem etwa folgendermaßen aufgeworfen: Wenn von einer Anbietergruppe 80 bis 90 % koaliert sind, die übrigen 20 oder 10 % Außenseiter bleiben, kann diese Teilkoalition der Mehrheit ihren Zweck erreichen, die Marktposition der Gesamtgruppe den Gegengruppen gegenüber wesentlich zu stärken (einen „Monopolpreis“ durchsetzen), oder nicht?

Ausgangspunkt der Koalition bildet die annähernd erreichte Sättigung des Marktes mit Waren. Der reguläre Bedarf der Nachfrage steht im großen ganzen fest, ebenso die Mengen, welche alle Anbieter insgesamt auf den Markt werfen können. Die Koalition hat zwar erreicht, daß die übergroße Mehrzahl aller Anbieter einem einheitlichen Willen folgt und die Position der Gruppe nicht durch Sonderabmachungen durchbricht. Ein nicht ganz unbeträchtlicher Teil der Anbieter blieb jedoch dem Verbande fern. Die Politik des Verbandes wird natürlich dadurch stark beeinträchtigt, wenn auch nicht unbedingt in ihrer Wirksamkeit unterbunden. Sind die Außenseiter imstande einen Teil der Nachfrage, der bisher Absatzfeld von Koalitionsteilnehmern war, an sich zu reißen und die hierzu nötigen Warenmengen zu beschaffen, dann werden sie die Verbandsleitung damit nötigen, ihre Preistellung bei der Festlegung der Verbandspreise in Rechnung zu setzen[64]). Die Verbandspreise können sich dann nur wenig über den Preisen des nachgiebigsten Außenseiteranbieters halten. Falls es den Außenseitern gelingt, ein größeres Terrain des Marktgebiets den Verbandsmitgliedern zu entreißen, und das ist der Fall, wenn sie imstande sind sich die Mittel zu verschaffen, um ihre Beschaffungsmenge dauernd zu steigern, dann wird die Koalition den beabsichtigten Zweck nicht mehr zu erfüllen vermögen. Wenn sie sich nicht völlig besiegt geben will, muß sie versuchen, den Außenseitern die Mittel abzuschneiden, die sie befähigten, dauernd an

---

[64]) Vgl. das Schema III Forchheimers (a. a. O.).

„Angenommen von den 1900 (Waren-) Einheiten erzeugen 1500 ein Kartell, 400 (etwas über 20 %) Außenseiter. Dann gilt (Schema 1 s. Note 7):

Terrain zu gewinnen. Entweder gelingt es der Koalition sich der zur Beschaffung unentbehrlichen Rohmaterialien, Hilfsstoffe, Arbeitskräfte oder Kapitalquellen zu versichern (Schutzbohrgesellschaften des Kalikartells, vertragsmäßige Verpflichtung der Lohn- oder Hilfsindustrie bei Strafe des Boykotts nicht an die Außenseiter zu liefern, „ausschließlicher Verbandsverkehr“ zwischen zwei koalierten marktgegnerischen Gruppen, z. B. zwischen den bayrischen Hafnermeistern und den Fabrikanten von Ofenkacheln, „Alliancen“ zwischen Kartell und Arbeiterverband, in der Birminghamer Bettgestellindustrie, Tarifvertragsbestimmung der deutschen Buchdrucker, Verhältnis zwischen rheinisch-westfälischem Kohlenkartell, Stahlwerksverband, Rheinschiffahrtsgesellschaften und Großbanken und vieles dergl.), oder die Verbandsleitung bekämpft Außenseiter durch offensives Vorgehen, unterbietet sie systematisch, ohne selbst große eigene Verluste zu scheuen in ihrem eigenen Marktterrain und zwingt sie damit früher oder später zum Nachgeben. Schlagen alle diese Mittel fehl, dann kann sich der Verband nur wirksam durchsetzen, wenn er es vermag durch die Vorzüge des Großbetriebs und des „größeren Betriebs“ jede Preisunterbietung von Außenseitern aufzunehmen, ohne allzu nahe an die Grenze seiner Produktionskosten heranzurücken.

Der harte Konkurrenzkampf zwischen der Mehrheitskoalition und den Außenseitern wird in Wirklichkeit selten bis zur Sprengung der Koalition oder Bezwingung der Außenseiter durchgeführt werden. Die näherliegende, bequemere, weniger riskante Marktmethode ist für die Außenseiter in der Regel die, sich mit ihrer Preisstellung nahe unter der

Preis	Bei diesem Preis nachgefragte Menge	daher Ertrag bei diesem Preis
10	—	—
9	—	—
8	(500 — 400) = 100	800
7	(700 — 400) = 300	2100
6	(900 — 400) = 500	3000
5	(1100 — 400) = 700	3500
4	(1300 — 400) = **900**	**3600** (Höchstertrag)
3	(1500 — 400) = 1100	3300
2	(1700 — 400) = 1300	2600
1	(1900 — 400) = 1500	1500

Es ergibt sich hierbei ein Preis, der den Konkurrenzpreis übersteigt und einen Monopolgewinn bringt. Dieser Preis ist aber geringer als der absolute Monopolpreis, er hat Monopol- und Konkurrenzelemente. Konkurrenzpreis und Monopolpreis sind überhaupt nicht kontradiktorische, sondern konträre Gegensätze. Dazwischen liegen viele Abstufungen.“

Preisstellung des Verbandes zu halten und so den etwas höheren Gewinn am einzelnen Stück, den die Verbandsmitglieder erhalten, durch einen etwas größeren Umsatz wieder einzubringen. Solange sich die Außenseiter mit diesem Erfolg begnügen — und das tun sie in den meisten Fällen — macht sich ihre Existenz für die Verbandswirksamkeit wenig bemerkbar.

Es kann ziemlich allgemein gesagt werden: Erste und hauptsächlichste Voraussetzung der Koalitionsfähigkeit einer Marktgruppe ist die annäherungsweise Stetigkeit der Marktentwicklung und damit die Berechenbarkeit der Marktfaktoren. Alle politischen, wirtschaftlichen oder sonstigen Gegebenheiten und Maßnahmen, die geeignet sind ein drohendes Eingreifen bisher marktfremder Faktoren wirksam zu verhindern oder auch nur zu behindern, fördern die Koalitionsmöglichkeit.

Die Wirksamkeit einer Nachfragerkoalition bedarf nur der Voraussetzung einer jeden Koalition überhaupt; der Markt muß derartig in seinem augenblicklich möglichen Umfang ihrerseits okkupiert sein, daß der marktgegnerischen Gruppe nicht die Möglichkeit bleibt einen Absatzverlust gegenüber den koalierten Nachfragern durch Heranziehen anderer, neuer Nachfrager oder durch Übernahme der Nachfragerfunktion in Eigenregie wieder auszugleichen. Ob alle oder nur eine Mehrheit der Nachfrager im Verband vereinigt sind, bestimmt nicht die Koalitionsfähigkeit selbst, sondern nur den größeren oder geringeren Erfolg ihres Vorgehens. Stellt der Verband auch nur eine Einkaufsgemeinschaft zwecks Großbezug dar, und verfügt er als solche über die Faktoren einer starken Marktposition (Kapitalkraft, Marktkenntnis und Marktgeschicklichkeit), dann ist es ziemlich belanglos, welchen Teil der Gesamtnachfrager er repräsentiert, er wird als hartnäckigster Nachfrager imstande sein, auch für die Gesamtgruppe die Marktposition zu behaupten und das strittige Grenzland zugunsten der Gruppe zu verschieben. Nur wenn Anbieterverband gegen Nachfragerverband steht, dann vermag die Anbietergruppe den Widerstand der koalierten Nachfrager durch systematische Begünstigung der unkoalierten zu brechen. So daß im Zustand der Isolation beider Marktgruppen die Nachfrager bei sonst gleichen Bedingungen die marktüberlegenen sind, im Zustand beiderseitiger Koalition jedoch die Anbieter. Was für die Gestaltung der Warenpreise von unabsehbarer Bedeutung.

Die Wirkungen der Verbandsbildung finden ihren Niederschlag in der Preispolitik der Verbände.

Die Leitung eines derartigen Verbands, — fassen wir wieder zuerst den Anbieterverband ins Auge — hat auf einen ziemlich klar faßbaren Zielpunkt hinzuarbeiten. (Neben ihrer Aufgabe, die Verbandspolitik gegenüber den Störungen durch Außenseiter und neuauftauchende

Mitbewerber in ihrem Erfolg zu sichern; eine Aufgabe, die erst die Bahn freizumachen hat für die eigentliche Verbandsbetätigung.) Ziel und Mittel der Marktstrategie sind für Einzelanbieter und Anbieterverband genau dieselben. Darin eben sind die Verbände keine revolutionierenden Fremdelemente in der Wirtschaftsentwicklung, sondern nur neue, lebenskräftigere Triebe aus tiefwurzelndem Stamme. Das Leitmotiv der Marktpolitik der Arbeiterverbände kann kein anderes sein als dies: Für die Gesamtanbieter (jedenfalls soweit sie im Verband verschmolzen) die jeweils höchstmöglichen Warenverwertungsmöglichkeiten zu schaffen und auszunützen. Also vor allem anderen, die Nachfrage mit allen uns bekannten Mitteln zu steigern, und erst auf Grund des Erfolgs dieses hauptsächlichsten Strebens nach Mehrung und Kräftigung der Nachfrage das Angebot immer möglichst scharf und knapp dieser Nachfragegröße anzupassen. So daß der Nachfrage immer die Rolle des Drängenden und Begehrenden zugeschoben wird und erst nach kräftigem Anstoß das Angebot dem Ersuchen nach Mehrleistung Folge gibt.

Zum Ersten: Steigerung der Nachfrage: Dieses wesentlichste, wesensnotwendige Streben des Anbieterverbandes wurde bisher fast kaum gesehen; denn dies Bemühen ist ja nicht dem Verband sondern dem zweckbewußten Anbieter überhaupt naturgegeben. Man braucht nur die primäre Bedeutung der Nachfragesteigerung sich stets vor Augen zu halten, um in fast allen scheinbaren Unregelmäßigkeiten der Koalitions- und Konzentrationsentwicklung die ordnende Gemeinsamkeit des Zweckgedankens zu erkennen.

In den stereotypen Eingangsformeln fast aller deutschen Kartellverträge ist ausgesprochen, daß der Verband vor allem ein großes Absatzgebiet für die Ware zu schaffen hat. Wenn die Spirituszentrale zur Sicherung und Vergrößerung des Marktbedarfs Spiritusglühlichtlampen und Spiritusapparate in hoher technischer Vollkommenheit selbst produziert und an den Markt bringt, wenn die großen Elektrizitätskonzerne Hunderttausende jährlich für Zeitungsreklame und sonstige Anpreisungen der Leuchtkörper und anderer elektrischer Produkte ausgeben, dann ist das die Durchführung ihres wichtigsten Mandats: Schafft neue Bedürfnisse, neue Nachfrager und neue Verwertungswege für unsere Waren! Wenn erst die Abnehmer sich um unsere Produkte vor den Toren drängen, wollen wir schon die Preise nach unserem Geschmack zurechtfeilen.

Wir sahen schon, daß Überproduktion und Überkapitalisierung sehr häufig die meist ins Auge springenden Kennzeichen derjenigen Marktkonstellation zu sein pflegen, die früher oder später zur Koalition führt. Die natürliche Folge ist, daß es für die jungen Verbände zur ersten und schwersten Aufgabe wird, die Produktion auf das Maß zurückzuführen, das nach den gegebenen Nachfrageverhältnissen allein im Interesse der Gruppe liegen kann. Daraus wurde nun die Befürchtung motiviert, daß im Laufe einer anschwellenden Kartellentwicklung die Produktion immer straffer eingeschränkt werde, und die Konsumentenbedürfnisse nur noch unvollkommene Befriedigung fänden. Eher das Umgekehrte scheint uns zuzutreffen. Die Verbände haben in ihrem bestverstandenen Interesse gar nichts wichtigeres zu tun, als die Bedürfnisse wachzuhalten und zu steigern; gerade deswegen läßt man allerdings die Befriedigung nicht bis zur vollen Sättigung oder Übersättigung fortschreiten, sondern hält vorsichtig bei einem eben ausreichenden Sättigungsgrade inne. Daß die Produktionseinschränkung um jeden Preis Koalitionsziel sei, diese Vorstellung darf als geradezu widersinnig gelten[65].

Der einzig sichere und dauernd zuverlässige Schutz des Verbandes gegen fremden Mitbewerb (Sicherung der sog. ,,Monopolstellung") ist die Fähigkeit, den ganzen Markt in größtmöglicher Ausdehnung regelmäßig der Kaufkraft der Nachfrager gemäß zu versorgen. So daß neuer Wettbewerb überhaupt keinen ausgiebigen Boden findet, um Wurzel zu schlagen. Jede Überspannung der Produktionseinschränkung verbietet sich schon aus diesem Grunde von selbst; vor allem aber weil sie niemals im Interesse der Anbieter liegen kann.

,,Die festgeschlossenen Verbände passen zwar die Produktion der Nachfrage an, aber nicht die Preise, die freie Konkurrenz dagegen die Preise, aber nicht die Produktion.“ (Liefmann, im Aufsatz: Krisen und Kartelle. Schmollers Jahrb. 1902, S. 209.) Diese Formulierung gibt trotz des scheinbaren Gegensatzes kaum ein scharfes Bild des Sachverhalts. Man kann zwar die Produktion der Nachfrage anpassen, kaum aber davon unabhängig die Preise. Vielmehr: Der Verband macht jetzt von seiner Marktüberlegenheit bei der Preissetzung vollen Gebrauch; er hat sich für die Beschaffung der Warenart unentbehrlich gemacht. Durch seine maßvolle Beschränkung der Produktion, durch die berechnend geförderte Steigerung des Marktbedarfs bleibt die größere

---

[65]) Eine derartige Vorstellung liegt dem Vorwurf zugrunde, den man häufig dem rheinisch-westf. Kohlensyndikat machte, als ob es auf Einschränkung der Kohlenförderung überhaupt hinarbeite, ebenso wie der früher häufig erhobenen Beschuldigung, die englischen Trade Unions hielten ihre Mitglieder an, möglichst wenig und möglichst schlecht zu arbeiten. Trotzdem beide Vorwürfe sicherlich prinzipiell falsch und widersinnig sind, mag es unverständige und kurzsichtige Leiter von Kartellen und Gewerkschaften gegeben haben, ja heute noch häufig geben, die eine derartige Taktik als zweckentsprechend betrachten.

Geschäftsdringlichkeit immer auf Seiten des Marktgegners. Seine Marktkenntnis gibt ihm die Mittel an die Hand, die Marktentwicklung durch rechtzeitiges Eingreifen und Zurückweichen immer der ihm günstigsten Konstellation zuzutreiben. Kein schwächlicher Mitanbieter gibt dem Marktgegner Gelegenheit, die geschlossene Front zu durchbrechen. Damit ist jede Voraussetzung gegeben, um das „strittige Grenzland" zugunsten der koalierten Anbieter in weitem Umfang zu okkupieren.

Die Preissteigerung durch scharf berechnete Zurückhaltung des Angebots stellt diejenige Seite der Marktpolitik der Verbände dar, die ein aktives Eingreifen des Verbandes unentbehrlich macht; während es bei der Bedarfssteigerung doch letzten Endes auf den guten Willen des „Publikums" ankommt. Wohl begreiflich, daß die Leitung der Verbände in ihrer eigentlichen Kraftentfaltung häufig blindlings darauf losarbeitete, aus der einmal vorhandenen Nachfrage möglichst hohe Preise herauszupressen. Die überstark entwickelte Neigung und das allzu optimistische Vertrauen auf die Machtstellung des Verbandes hat fast alle jungen Koalitionen anfangs auf Irrwege geführt, aus denen sie sich nur schwer wieder herausfanden. Eine geradezu typische Schilderung gibt Oscar Caro in seinem Aufsatz über den Deutschen Walzwerksverband (Schr. d. V. f. S., Bd. 60).

„Die bedeutende Preissteigerung, welche trotz der Bedenken eines Teiles der Werke, auch in Rücksicht auf die gestiegenen Selbstkosten einzelner Werke durchgeführt wurde, erwies sich in der Praxis indes als verhängnisvoll, teilweise deshalb, weil durch die hohen Walzeisenerlöse solchen Werken, welche bisher Walzeisen nicht dargestellt hatten, Anregung gegeben wurde, bisher mit der Darstellung von Walzdraht beschäftigte Walzenstraßen auf die Erzeugung von Walzeisen einzurichten...... Ferner wurde infolge der hohen Walzeisenerlöse das Eindringen ausländischen Walzeisens veranlaßt. Von Anfang des Jahres 1890 an zeigte demnach der Walzeisenmarkt eine stark weichende Tendenz. Der Walzwerksverband erlitt durch das Auftreten der Außerverbandskonkurrenz schwere Schädigungen, ein Umstand, der, abgesehen von den fortgesetzten Beunruhigungen des Marktes, dazu führte — und zwar in erster Reihe in der rheinisch-westfäl. Gruppe, in welcher neue, bzw. auf Walzeisendarstellung neu eingerichtete Werke hauptsächlich auftraten —, diese Werke, teilweise mit hohen Einschätzungen, in den Verband aufzunehmen."

„Zur Preisentwicklung sei noch bemerkt, daß im Jahre 1890 bereits im Juni der Preis von 195 M. — derj. von 210 M. war, nachdem bereits ein Mißtrauen bei der Kundschaft Platz gegriffen hatte, fast nur ein nomineller gewesen, — auf 165 M. die Tonne, franko Empfangsstation, ermäßigt wurde, und im September eine weitere Ermäßigung auf 140 M. erfuhr. Bei einer sich etwas freundlicher gestaltenden Geschäftslage wurde Ende des Jahres 1890 dieser Preis zwar auf 145 M. pro Tonne, franko Empfangstation, erhöht, welcher während des Jahres 1891 der offizielle Preis des Verbandes war. — Die Konkurrenz der Außenverbandswerke machte aber fallweise Konzessionen diesem offiziellen Preis gegenüber erforderlich, so daß der Verband sich entschloß, mit Beginn des Jahres 1892 den Preis auf 132 ½ M. pro Tonne (fr. E.-st.) zu ermäßigen. Diese Preisermäßigung wirkte auf das Geschäft belebend ein, und konnte der Preis im 3. Quartal 1892 auf 135 M. pro Tonne (fr. E.) erhöht werden. Indessen trat bereits mit Schluß des Jahres 1892 die Notwendigkeit an den Verband heran, fallweise, in Rücksicht auf die Außenverbandskonkurrenz, unter diesem Preise zu verkaufen, und nachdem namentlich in Rheinland-Westfalen die Außerverbandskonkurrenz an Terrain gewann, wurde im Jahre 1893 beschlossen, von der Preisstellung „franko Empfangsstation" abzugehen und für Schweißeisen einen Preis von 100 M. pro Tonne ab Dortmund, und für Flußeisen 95 M. pro Tonne ab Dortmund festzusetzen.

Die Schilderung Caros hat zwar eine noch recht unvollkommene Koalition zum Gegenstand; mehr wie alle theoretischen Darstellungen zeigt sie, was für jede Koalition gilt: Die Marktpolitik der Koalition kann niemals mit dauerndem Erfolg dem Markt den eigenen Willen aufzunötigen versuchen. Auch die vollkommenste Koalition, auch das Monopol des Alleinbetriebes bleibt abhängig von den Bewegungen der Marktfaktoren, hat sich einzuordnen in die große Maschinerie; wird über kurz oder lang von dem übermächtigen Strom des Gesamtinteresses der Markthandelnden hinweggeschwemmt, wenn es gegen den Strom zu schwimmen versucht.

Aus der Geschichte der meisten Koalitionen geht hervor, daß die Koalitionsleiter in den Anfangsstufen fast regelmäßig versucht haben, durch ein übermäßig hohes Preisniveau, das die Absatzhöhe entscheidend herabmindern mußte und damit einer übermäßigen Produktionseinschränkung gleichkam, ihren Marktgewinn zu erhöhen. Jeder derartige Gewalteingriff in die festgewordnenen Verhältnisse der Gesamtproduktion erzeugte an irgend einer Stelle des Wirtschaftskörpers einen Überdruck, der recht bald so mächtig wurde, daß er sich einen Ausweg irgendwelcher Art zu schaffen wußte, um das Gleichgewicht des Ganzen wieder herzustellen. Entweder fanden sich neue Außenseiter, die unter dem Koalitionspreis große Warenmengen auf den Markt zu werfen verstanden, oder man entdeckte brauchbare Ersatzware (Surrogate), oder die Abnehmer übernahmen die Produktion in Eigenregie (Integration), wenn die große Mehrheit einer Gemeinschaft als Abnehmer interessiert war, in Gemeinschaftsbetrieb (Staatsbetrieb, Kommunalbetrieb), oder aber man verstand die Machtmittel aus den Händen der Koalition zu winden (Herabsetzen oder Beseitigen von Zöllen, Verbilligung der Frachttarife, neue Verkehrswege, Aufdeckung neuer Bodenschätze u. a.). Der Gegenstoß gegen den Machtmißbrauch einer Koalition erfolgte sichtlich und fühlbar genug, um die Verbandsleiter vom Monopolistenwahn zu heilen. Daß es trotzdem Gewaltpreise auf einzelnen Märkten gegeben hat und hie und da heute noch gibt, muß auf eine Anschauungsweise einzelner Verbandsleiter zurückgeführt werden, die sie wohl aus früheren Zeiten kaufmännischer Praxis in die Periode der Verbandskonkurrenz mit herübergebracht haben: die Anschauung, daß der Kaufmann seinen Vorteil, den er einmal in der Hand hat, bis zur äußerst möglichen Grenze ausbeute. Dieses Gebahren war sicherlich zweckentsprechend für die Zeit der individualistischen Marktorganisation, wo es noch wirtschaftliches Neuland zu erobern galt und der Raubbau an den Gütern und Arbeitskräften des Volkes den höchsten Ertrag zutage förderte. Für die Marktpolitik der Verbände ist dies wahrhaft deplaziert. Wo es sich um das einheitliche Markthandeln der Gesamtanbietergruppe handelt, kann es nichts Zweckwidrigeres geben, als um des Augenblicksvorteils willen die Stetig keit der zukünftigen Entwicklung zu gefährden. Die gewaltige Masse von Volksvermögen, Arbeitskräften und produktiver Intelligenz in einem Gesamtverband drängt durch ihr eigenes Schwergewicht zu einer weitsichtigen, wohlabwägenden Marktpolitik, deren Erfolgsberechnung über die Möglichkeiten von morgen und übermorgen hinaus für Jahre und, wenn möglich, Jahrzehnte kalkuliert.

Um dies an den Dingen selbst darzustellen: Die Produzenten von Schreibmaschinen für ein Gebiet in der Größe Deutschlands seien fast vollständig koaliert. Ihre Ware wurde bisher zu Preisen verkauft, die sich ohne Mühe in fünf Qualitätsklassen gruppieren lassen. Diese Preise a_1, a_2, a_3, a_4, a_5, ergaben für die 20 in Betracht kommenden Unternehmen eine Kapitalverzinsung von etwa 7 %. Nun greift die Koalition ein. Wird sie den Preis heraufzurücken versuchen? In praxi leicht möglich. Wenn sie einsichtig und gewissenhaft die Interessen der Gruppe verfolgt, sicherlich nicht. Denn jede Preiserhöhung für Schreibmaschinen hätte bestimmt sofort einen Nachfragerückgang zur Folge. Sie wird vielmehr durch Experimentieren herauszubringen suchen, ob man die besseren Qualitäten 4 und 5 (technisch vielleicht etwas vervollkommnet und besser ausgestattet, aber ohne merkliche Produktionskostenerhöhung) nicht zu dem etwas erhöhten Preis $(a_4 + c)$ und $(a_5 + b)$ in ebenso großer Zahl absetzen könnte. Ein Teil des Mehrgewinns bei den besseren Qualitäten und die bei Massenherstellung zu erwartende Produktionskostenverbilligung könnten darauf verwendet werden, die billigeren Qualitäten 1 und 2 zu dem beträchtlich verbilligten Preis von $(a_1 - d)$ und $(a_2 - e)$ auf den Markt zu bringen. Der Erfolg wäre höchstwahrscheinlich etwa folgender Art: Der Absatz von 4 und 5 bliebe der gleiche wie vorher; denn die letzten Abnehmer dieser besseren Qualitäten ließen sich durch die nicht zu große Preiserhöhung sicher nicht abschrecken, ihrer bewährten guten Qualität treu zu bleiben; die am ehesten zur Einschränkung geneigten Abnehmer der Mittelqualität blieben unberührt; der Absatz der beiden billigsten Qualitäten stiege enorm; der Gesamtgewinn der

Industrie wäre bedeutend gehoben, die Kapitalverzinsung statt 7 jetzt 9 oder 10 %. Um den Mehrabsatz von Qualität 1 und 2 recht rasch zu erreichen (denn die Koalition wird nicht abwarten wollen, bis sich die unorientierten Nachfrager über die Bezugserleichterung genügend klar geworden sind) und um die Nachfrage für die besser ausgestatteten Qualitäten 4 und 5 auf der bisherigen Höhe zu halten, wird der Verband durch intensive Reklame alle in Frage kommenden Abnehmer heranzuziehen suchen.

Wäre dieser Erfolg nicht auch ohne Verband möglich? Im gewöhnlichen nicht. Nur dadurch, daß für die besten Qualitäten jetzt kein Unterbieter zu erwarten steht (wenn neue, unterbietende Anbieter auftauchen, kann der Verband sofort mit seinen Preisen nachrücken und sie mit seinen allumspannenden Geschäftsverbindungen bei ihrem ersten Auftreten aus dem Feld schlagen), kann ohne Schaden hier der Preis heraufgesetzt werden; die isolierten Unternehmen hätten bei einer derartigen Erhöhung sofort ein Verdrängen durch Konkurrenten zu erwarten. Und die Verbilligung der niedrigeren Qualitäten fände zwar wahrscheinlich in noch höherem Maß als unter dem Verband statt, würde sich aber rasch auf so niedrige Preise einlassen, daß der Mehrbedarf an Schreibmaschinen der Verbilligung entsprechend nicht rasch genug folgen könnte und die Preise dabei kaum hinreichten, die Selbstkosten zu decken; wenn nicht schlecht gearbeitete Maschinen die Käufer durch hohe Reparaturkosten bald wieder vom Schreibmaschinengebrauch abschreckten.

Wählen wir statt der Schreibmaschine, einer Ware, die einem Bedürfnis ziemlich niedriger Dignität entspricht, einen annähernd unentbehrlichen Bedarfsartikel, so etwa Kohle. (Ohne dabei an die tatsächliche Preispolitik des Kohlensyndikats zu denken). Wieder 5 Qualitätsstufen mit bisherigen Preisen K_1—K_5; K_1, die billigste, schlackenhaltige Kohle, wird für Gasereien und industriellen Massenverbrauch verwendet, K_2 für Kesselheizungen, K_3 für gewöhnlichen Hausbrand, K_4 als besonders gute Hausbrandkohle und K_5, eine Auslese, für besonders gutes Material erfordernde Prozesse. Eine Preiserhöhung für K_5 läßt sich nicht schwer bei gleicher Absatzhöhe durchführen. Für diese Nachfrage kommt es nicht auf etwas mehr oder weniger billigen Preis als auf fehlerfreie Qualität an. Ebenso bei K_4. Bei K_3 hat jede Preiserhöhung einen ganz entsprechenden Bedarfsrückgang zur Folge, wenn nicht vorher viel mehr Kohlen auf den Markt gebracht als zu annehmbaren Preis nachgefragt wurden. Denn für die große Masse der letzten Abnehmer bildet der Kohlenverbrauch einen Posten ganz bestimmter Größe in ihrem Haushaltbudget. Alle anderen Ausgaben sind in einer Höhe bemessen, die auf den Posten Kohlenverbrauch mit zugeschnitten ist. Kommt eine Preiserhöhung, dann schwillt entweder der Posten für Kohlenverbrauch fühlbar an und nötigt zur Einschränkung aller anderen Bedarfsgrößen; oder, was das häufigere sein wird, der Hausvater sagt: „solche Kohlenrechnungen kann ich nicht mehr bezahlen", und es wird wenig oder mit schlechterem Material eingeheizt. Gewöhnlich wird die Preiserhöhung beides zur Folge haben. Die Preiserhöhung wird damit (immer unter der Voraussetzung, daß sie nicht nach einer Periode der „Überproduktion" erfolgt) für die Koalition unrentabel. Es fragt sich, ob nicht eine Preiserniedrigung für K_3 eher am Platze ist. Für K_1 und K_2 ist eine ganz bestimmte, nur mit der industriellen Konjunktur schwankende, sonst stetige Nachfrage vorhanden. Eine Preiserhöhung kann zur Folge haben, daß die kohlenverbrauchenden Industrien die erhöhten Selbstkosten in einer höheren Preisstellung ihrer eigenen Produkte auf die nächsten Marktgegner weiterwälzen. Etwas von dem erhöhten Preise haben jedoch in den meisten Fällen auch diese Industrien zu zahlen. Denn nur ganz selten wird der erhöhte Preis für ihre Marktware nicht eine Absatzverminderung nach sich ziehen. Gewöhnlich wird die kohlenverbrauchende Industrie deshalb nur einen Teil der entstandenen Mehrkosten in den Verkaufspreis hineinkalkulieren. Den Rest trägt sie unmittelbar selbst. Was für den Kohlenverband allein von Vorteil; denn jede Abwälzung auf die späteren Abnehmer, womöglich noch mit einer Preiserhöhung, die mehr als die Mehrkosten beträgt, läßt Minderabsatz und damit Minderproduktion der Kohlen verbrauchenden Industrie und dadurch wiederum verminderte Nachfrage nach Kohle befürchten.

Ein wichtiger Gesichtspunkt für die Taktik im Kampf der Verbände: Der Anbieterverband hat das dringendste Interesse daran, daß seine direkten und die ihm näherstehenden Abnehmer möglichst viel von der Preiserhöhung selbst tragen und nicht weiterwälzen; je mehr der Gewinnstandard dieser Nachfragergruppen eingeschränkt wird, desto besser demnach für den Anbieterverband.

Die Preispolitik des Verbandes für Schreibmaschinen und des Kohlenverbandes geschah in der Hauptsache nach folgengen Gesichtspunkten:

1. Die Preishöhe wird so gestellt, daß sie ein Angebot erwirkt, das der tatsächlich vorhandenen annehmbaren Nachfrage angepaßt ist.

2. Es wird versucht eine Preiserhöhung dann vorzunehmen, wenn

a) entweder ein Absatzrückgang überhaupt nicht zu befürchten ist, auch wenn die Preiserhöhung bis zum letzten Abnehmer weitergewälzt wird;

b) oder wenn es durchgesetzt werden kann, daß die nächststehenden Abnehmer in der Hauptsache den höheren Preis auf Kosten ihres eigenen Gewinnstandards tragen.

3. Die Preishöhe für einzelne Warenqualitäten wird herabgesetzt, wenn Mittel ausfindig gemacht werden können (womöglich in Verbindung mit einer Produktionskostenminderung, etwa durch Massenfabrikation), den Bedarf noch in höherem Verhältnis zu steigern.

Für alle drei Methoden gemeinsam gilt, was für die Preispolitik überhaupt zielsetzend ist: Die Nachfrager dürfen nie mehr Ware auf dem Markt vorfinden, als durch den rege gewordenen Bedarf beansprucht wird, so daß sie immer an dem Bezug in hohem Grade interessiert bleiben.

Es scheint uns ein Gebot der Wirtschaftlichkeit in der Wissenschaft, Dinge, die einmal irgendwo gut abgehandelt wurden, in dieser einmal gegebenen Darstellung zu übernehmen, ohne durch den Versuch dem gleichen eine neue Fassung zu geben, einerseits unnötig Zeit und Kraft aufzuwenden, dann aber durch den Schein eines Neugefundenen Verwirrung über den Stand des wissenschaftlichen Erkennens zu begünstigen. Einige uns zutreffend und lehrreich erscheinende Sätze aus verschiedenen Autoren über die Preispolitik der Verbände seien hier aneinandergereiht:

Zunächst ein Praktiker, Generaldirektor Kirdorf (auf der Tagung des Ver. f. Soz.-P., Mannheim 1905; s. Schr. Bd. 116, S. 277):

„Die Preisherrschaft kann sich nur auf einen beschränkten Preis erstrecken, z. B. für die Kohlen kann doch die Preisvorschrift des Syndikats nur für einen ganz bestimmten Bezirk, für das sog. natürliche Absatzgebiet, wirksam sein. Sowie die Preistellung ungesund wird und nicht den allgemeinen wirtschaftlichen Verhältnissen, namentlich gegenüber dem Ausland entspricht, verringert sich dieser Kreis, und die Peripherie, an der sofort der Kampf mit der ausländischen Erzeugung beginnt, rückt immer näher. Man würde sich also ins eigene Fleisch schneiden, wenn man zwar auf dem Papier einen höheren Preis hätte, aber durch die niederen Preise, die nach der anderen Richtung hin erzielt werden, im Durchschnitt ein ungünstigeres Resultat hätte."

Dann L. Pohle (auf der Tagung d. Ver. f. Soz.-P. Wien 1894, Schr. Bd. 61, S. 206):

„Die potenzielle Konkurrenz, d. h. die bloße Möglichkeit der Entstehung neuer Unternehmungen auf demselben Produktionsgebiet, vermag eben unter Umständen dasselbe zu bewirken als eine tatsächlich in Wirksamkeit befindliche Konkurrenz. Es fällt mir gerade ein Beispiel hierfür ein. In dem Bericht der Handelskammer Stuttgart für 1893 wird angeführt, daß, obwohl infolge des Steigens der Rohstoffpreise die Möglichkeit geboten gewesen wäre, die Preise zu erhöhen, das Kartell der Paraffinkerzen-Fabrikanten doch die Preise sogar noch ermäßigt hat, mit Rücksicht darauf, daß es andernfalls Neugründungen befürchtete."

H. W. Macrosty (a. a. O., S. 72, betr. Verbände in der britischen Eisen- und Stahlindustrie):

„Die Macht der Verbände variiert von gelegentlicher Ausnutzung der Marktverhältnisse bis zur zielbewußten Durchführung eines Monopols. Wie mit den Fusionen ist es auch mit den Verbänden, sie schreiben zwar dem Markt seine Bewegungen nicht vor, aber während sie diesen folgen, ziehen sie schnelleren und gründlicheren Vorteil aus einem Steigen der Preise und leisten einem Fallen zäheren Widerstand. Bei hohen sowohl wie niedrigen Preisen verhindern sie ein Unterbieten der Mitglieder, selbst Außenseiter bleiben, wenn sie auch billiger verkaufen, doch dicht unter den Kartellpreisen und erzielen so auch ihrerseits größeren Gewinn, als sie bei freier Konkurrenz könnten. Nur in Depressionszeiten scheiden sich die nicht kartellierten Firmen mit Heftigkeit von den Kartellfirmen und bringen mit ihrem verzweifelten Streben nach Umsatz um jeden Preis den Verband zu Fall. Soweit die Verbände die Preise stabiler machen, sind sie im großen und ganzen ein Segen für die Industrie, da sie die Konkurrenz nicht mit billigen Preisen, sondern mit Qualität bekämpfen lassen. Im ganzen scheinen sie ihre Macht nicht sehr mißbraucht zu haben, und wo sie im Übermut Tyrannen wurden, wie im Fall der Scotch Boiler Plate Association und der Birminghamer Alliances, ist die Strafe auf dem Fuße gefolgt."

Heinrich Waentig (Aufsatz in Schmollers Jahrbuch Bd. 25, 4. S. 1 ff.):

„...... der oft gehörte Hinweis, daß die Kartelle wenigstens die Preisschwankungen ausglichen, scheint mir nur einen schwachen Trost zu gewähren. Einmal weil diese Tendenz sich erfahrungsgemäß keineswegs in dem behaupteten Umfang durchzusetzen vermag, wie denn z. B. einzelne der amerikanischen Trusts gigantische Preisschwankungen nicht nur nicht verhindert, sondern gelegentlich zur Bekämpfung neu auftauchender Konkurrenz oder zu rein spekulativen Zwecken geradezu hervorgerufen haben. Zweitens, weil diese angebliche Eigenschaft der Industrieverbände unter den heutigen Verhältnissen als ein fragwürdiger Vorzug bezeichnet werden müßte. Würde doch eine wirkliche Stabilisierung der Preise einfach bedeuten, daß die Kartelle und Trusts auch bei sinkender Konjunktur die Preise hochzuhalten verstehen, also nicht mehr wie früher fette mit mageren Jahren, sondern fortan nur noch ganz fette mit weniger fetten abwechseln lassen wollen. Denn, daß sie, wie man wohl schüchtern eingewandt, je darauf verzichten sollten, günstige Konjunkturen voll auszunützen, das wird kein Vernünftiger glauben und noch weniger von ihnen erwarten."

Eine bemerkenswerte Stelle aus den „Verkaufsprinzipien des Deutschen Walzwerkverbandes" (mitgeteilt bei Oskar Caro, a. a. O.):

„Prinzipiell wird, soweit das System nicht durch das Auftreten der Außerverbandskonkurrenz in speziellen Fällen eine Durchbrechung erfahren muß, die Preisstellung so gewählt, daß der Verband genau gegen den Import ausländischen Eisens konkurriert, d. h, daß der Verband die Preise so stellt, daß nach dem für den Import günstigst gelegenen Seehafen Hamburg die Einfuhr englischen Eisens nicht möglich ist, ein System, bei welchem der der deutschen Walzeisenindustrie gewährte Schutzzoll voll zur Geltung kommt."

„Abgesehen von dieser Preisstellung, die im Verkehr mit dem Handel maßgeblich war, erfolgte eine Verständigung über die Preisstellung bei Lieferung an Fabriken, sei es, daß die Lieferung an Fabriken direkt, oder in einer durch den Handel nachzuweisenden Art, durch Vermittlung des letzteren geschieht, weil der deutsche Walzwerksverband sich sagt, daß es für die Walzeisenindustrie von sehr großer Wesenheit ist, die weiterverarbeitenden Industrien, welche vielfach auf Export der von ihnen hergestellten Waren angewiesen sind, durch eine möglichst billige Preisstellung zu unterstützen. Demnach werden jeweils unter Prüfung der Anforderungen der weiterverarbeitenden Industrien spezielle Preisstellungen gewacht, welche unter demjenigen Preis liegen, welcher für den Handel festgelegt ist......

Vogelstein (Industrie der Rheinprovinz 1888—1900. Münch. Volksw. St. 47. Stück, S. 85):

„Es liegt auf der Hand, daß ein durchschnittlicher Ertrag von x sowohl erzielt werden kann durch zeitweise sehr hohe und zeitweise geringe oder gar keine Gewinne, als auch durch einen jahrelang gleichen Gewinn. Daß die zuletzt genannte Art nicht nur für die Volkswirtschaft und die Steuereinahmen von Staat und Gemeinde, sondern auch für die betreffenden Produzenten selbst die vorteilhaftere ist, wird häufig genug ausgesprochen. Hören wir eine derartige Bemerkung von Interessentenkreisen (Bericht d. Vereins für bergbauliche Interessen 1890, S. 21): „Daß diese Politik des Ausgleichens und Zügelns auch in Zukunft innegehalten werden wird, dafür wirkt neben dem Gerechtigkeitsgefühl der verantwortlichen Leiter der Vereine und maßgebenden Gesellschafter die Tatsache, daß dieses Gleichmaß nicht minder wie im Interresse der Kohlenverbraucher auch im Interesse des Bergbaues selbst liegt. An den in kurzen Stößen erfolgenden Preissteigerungen hat der eigentliche Bergbau blutwenig Interesse. Die Erfahrung zeigt, daß noch schneller wie sie gekommen, eine solche ungesunde Konjunktur in Sprüngen nach unten eilt und verschwunden ist, ehe nach Ablauf der vorher getätigten Abschlüsse die Zechen freie Mengen auf den Markt bringen können, vielmehr beim Herantreten an den Markt denselben bereits erschüttert und die Verbraucher mißtrauisch und gegen Abschlüsse zaghaft vorfinden. Selbst im Fall jedoch die Hausse lange genug anhält, um ein Ablaufen der alten Abschlüsse und Tätigung neuer Abschlüsse zu gestatten, wird sich eine ungesunde, d. h. mit dem allgemeinen Markt nicht im Einklang stehende Preissteigerung durch eine Schädigung der kohlenverbrauchenden Industrie rächen, mithin auf den Bergbau zurückfallen. Es wird sich daher nach wie vor das Streben der Kohlenkartelle darauf richten müssen, durch Aufrechterhaltung lohnend gleicher, mäßiger Preise das eigene Interesse und dasjenige der Kohlenverbraucher zu verbessern, wenn sie sich überhaupt den Erfolg und damit auch den Bestand sichern wollen."

Nochmals Macrosty zu einer anderen Frage (a. a. O., S. 295):

„Die Zeit der Überkapitalisation könnte bald abgeschüttelt werden, wenn die Gesellschaft ein wirksames Mittel in Händen hätte, die Preise in die Höhe zu treiben, wir aber haben ja schon gesehen, daß die großen Industrieschwankungen sich dem Einfluß jeder Organisation, sei sie noch so groß, entziehen. Im Jahre 1903 mußte die United States Steel Corporation, obgleich gestärkt durch Bündnisse mit anderen Produzenten und geschützt durch einen sehr wirksamen Zolltarif, doch ihre Produktion um ein Viertel einschränken, und wo, wie in Großbritannien, der Schutzzoll fehlt, hat die Macht des organisierten Kapitals noch engere Grenzen. Nichtsdestoweniger kann man mit Sicherheit annehmen, daß die Preise durch die britischen Trusts im großen und ganzen über dem Niveau gehalten werden, das sie bei freier Konkurrenz einnehmen würden, aber ehe wir sie dafür tadeln, müßten wir mit Sicherheit wissen, daß die freien Konkurrenzpreise gesunde Preise sind, was nicht ohne weiteres behauptet werden kann. Um diese Frage zu entscheiden, müßte man eine genaue Untersuchung der Preise vor und nach der Begründung der Trusts voranschicken, doch mangelt es dafür natürlich an dem nötigen Material. Im großen und ganzen kann man sagen, ist der Vorwurf der Preisüberschreitung gegenüber unseren großen fusionierten Gesellschaften nur selten erhoben worden, und wo dies geschah, waren die Beweise dafür höchst dürftig."

„Eine fusionierte Gesellschaft muß bei ihren Operationen in einem Freihandelsland ihr dauerndes Interesse im Auge behalten und kann es daher nicht riskieren, durch eine heftige Preissteigerung neue Konkurrenz heraufzubeschwören. Die Salt Union beachtete diese Geschäftsmaxime nicht und mußte dafür büßen. Aber durch allerlei kleinere Mittel können die Preise zum Vorteil beeinflußt werden. Man kann schneller von einer Aufwärtsbewegung der Marktpreise profitieren und einem Preissturz energischer Widerstand leisten, als möglich ist, solange die Industrie noch nicht organisiert ist. Die Fakrikation nicht lukrativer Artikel kann entweder eingestellt oder die Preise dafür soweit erhöht werden, daß ein Gewinn herausspringt. Man kann wenigstens für längere Zeit als bei freier Konkurrenz den Profit aus den Ersparnissen durch verbesserte Methoden und Vereinfachung der Organisation in die eigenen Taschen stecken, statt ihn sofort den Konsumenten zugute kommen zu lassen. Und eine Steigerung in den Preisen des Rohmaterials kann durch einen entsprechenden Preisaufschlag wettgemacht werden. Viel mehr kann aber ohne Gefahr nicht geschehen, und so muß man zu allen möglichen Mitteln greifen, um sich den Absatzmarkt zu sichern.

„Da ihre Macht über die Preise also nur eine beschränkte ist, ist eine fusionierte Gesellschaft darauf angewiesen, die ihr im Bezug auf Verwaltungsmethoden und Organisation innewohnenden Möglichkeiten zu entwickeln. Wenn sie nicht zeigen kann, daß ihre Produktionsweise die beste und billigste ist, so muß sie dafür büßen, und wir können uns glücklich schätzen, daß man in Großbritannien an der Lösung dieses Problems arbeiten kann, daß die Aufgabe nicht durch Schutzzölle oder geheime Abmachungen mit den Eisenbahnen kompliziert wird. Der Erfolg hängt mit einem Worte ab von der Leitung."

Zusammenfassend läßt sich über die Preispolitik der Verbände sagen:

Sowohl Anbieterverbände wie Nachfragerverbände sind in vorzüglicher Weise geeignet, die Marktposition der Gesamtgruppe zu behaupten und zu verstärken; so, wenn es auch nur gelingt, durch rechtzeitige Verständigung und gemeinsame Beobachtung aller Marktveränderungen, besonders aller Maßnahmen der Gegner die Marktkenntnis aller Gruppengenossen zu erhöhen und durch Ratschläge, Auskünfte, Nachweise ihre Marktgeschicklichkeit zu fördern. Eine Marktunterlegenheit, die in der regelmäßigen Geschäftsdringlichkeit der Gruppenmitglieder gründet, wird durch die Tätigkeit eines Verbandes mittels risikoverteilender Versicherungen auf Gegenseitigkeit, oder noch vorteilhafter durch staatliche Zwangsversicherung (so Arbeitslosenversicherung, Hagelversicherung u. a.) behoben werden können. Alle Vorteile, die eine größere Unternehmungseinheit in der Produktion und auf dem Markt vor dem isolierten Einzelunternehmen voraus hat, können durch die Koalition zur Festigung der Marktposition herangezogen werden.

Die entscheidende Wirksamkeit entwickelt die Koalition durch die gemeinsame Regelung der Produktionsmenge, bzw. der Preise. Der Verbandsleitung obliegt es vor allem, sich eine rasche und zuverlässige Information über die vorhandenen und eine wohlberechnete Kalkulation der kommenden Marktverhältnisse zu eigen zu machen. Auf Grund dieser Unterlagen wird dann die Preis- oder Produktionsmengenfestsetzung so zu treffen sein, daß die Nachfrager niemals mehr Ware zum Kauf angeboten sehen, als sie zusammen voraussichtlich benötigen. Dann kann auch der Preis so gestellt werden, daß ihn die Nachfrager gerade noch zu zahlen gewillt sind, ohne die Bezugsmenge allzu fühlbar einzuschränken. Jeder Marktvorteil, der dem isolierten Einzelunternehmen im Kokurrenzkampf zum Vorsprung verhilft, muß auch von der Koalition mit größter Energie verfolgt werden. Es ist eine in nichts begründete Vorstellung, daß nach Ausschaltung des Konkurrenzkampfes innerhalb der Wirtschaftsgruppe der Gesamtverband gar kein Interesse hätte, Beschaffungskosten durch technische und organisatorische Verbesserungen herabzumindern und die Gunst der Kundschaft durch geschäftliches Entgegenkommen, prompte Lieferung und größtmögliche Leistungsfähigkeit zu erhalten. Der Druck des Marktgruppenkampfes ist fast immer groß genug, die Koalition zur Vervollkommnung in jeder Weise zu drängen. Gerade die tatsächliche größte Leistungsfähigkeit sichert in den meisten Fällen den Verband vor neuauftauchenden oder erfolgreich fortschreitenden Außenseitern. Nur wenn die Marktgegengruppe völlig desorganisiert ist und auch ihre Einzelglieder sich unfähig erweisen im Marktkampf mit Energie und Umsicht aufzutreten, ist es wenigstens für eine Übergangsperiode denkbar, daß ein Verband im Vertrauen auf seine Machtstellung nachlässig wirtschaftet, ohne sehr rasch empfindlich dabei Schaden zu nehmen. Denn sehr bald wird er dann auf den Widerstand irgend einer stärkeren Gruppe einer etwas entfernteren Wirtschaftszone stoßen, (das Kohlensyndikat, das die Händler sich unterjocht, auf den Widerstand der letzten Abnehmer, besonders der großen Verbraucher unter ihnen). Die im Anfang der Kartellepoche weit verbreitete Besorgnis, die Kartelle möchten die Konkurrenzkraft der nationalen Volkswirtschaft gegenüber dem Ausland untergraben, ist zum mindesten in dieser Allgemeinheit ungerechtfertigt. Ja fast im Gegenteil, es spricht sehr viel für die Annahme, und die Kartellpraxis bestätigt dies, daß Konzentration und Koaliton dem technischen und wirtschaftsorganisatorischen Fortschritt sogar rascher und erfolgreicher zum Durchbruch verhelfen als das isolierte Einzelunternehmen. Für die Großorganisation wird manche technische Vervollkommnung rentabel, die für das Kleinunternehmen wirtschaftlich gar nicht in Frage kam. Einkaufs- und Verkaufsgemeinschaft als Koalitionsorgan bedeutet eine ganz gewaltige Ersparnis an volkswirtschaftlicher Arbeitskraft; ihre Marktübersicht ermöglicht den Syndikatsbureaus auf mannigfache Weise Ersparnisse an Transportkosten durchzusetzen. (Überweisung des Auftrags an die günstigst gelegene Betriebsstätte, Vervollkommnung und damit Verbilligung der Transportwege und Transportmittel, Ersparnis durch Massentransport.) Ein besonders wirksamer Anreiz für die Vervollkommnung des Beschaffungsprozesses liegt in der zeitlichen Beschränkung der kollegial aufgebauten Koalitionen (insbesondere der deutschen Kartelle). Die Gewinn- oder Anteilsquotenverteilung stellt den Gruppengenossen beständig die Erfolge ihrer geschickteren Verbandsglieder vor Augen und mahnt sie zum Schritthalten. Läuft der Verbandsvertrag ab, dann kann nur der seine Stellung behaupten oder stärken, der durch positive Mehrleistungen, durch unermüdliches Fortschreiten in der ersten Reihe der Verbandsmitglieder steht und am ehesten sagen kann, daß ihm doch eigentlich weniger wie jedem andern am Zustandekommen des Verbands zu liegen braucht. Dieses Wettrüsten der Verbandsgenossen vor Ablauf des Syndikatsvertrags geht soweit, daß es häufig dem erneuten Verband, wenn überhaupt, so nur mit Mühe gelingt eine zeitweise Überproduktion zu hindern. Der autokratisch zentralisierte Verband (Trust, Fusion u. a.) hat erst recht die Macht und das Interesse an der Vervollkommnung der Beschaffungsmethoden. Die gewaltigen investierten Kapitalien drängen zur allersorgfältigsten Ausbeutung jedes nur denkbaren Vorteils; was an Überresten aus der Zeit des Einzelunternehmens für das Verbandsunternehmen nicht mehr brauchbar, wird rücksichtslos aus dem Weg geräumt. Ich brauche nur an die Schließung eines großen Teils der angekauften Betriebe durch die amerikanischen Trusts und Holding Companies zu erinnern, eine Maßnahme, die wohl am meisten zur Unbeliebtheit der Trusts und zur Einleitung der Antitrustgesetzgebung beitrug.

Die sicherlich beträchtlichen Vorzüge der Koalition vor der individualistischen Konkurrenzmethode bei nationalwirtschaftlicher Betrachtung bewogen die namhaftesten Nationalökonomen, die Koalitionsbewegung als Fortschritt in der Richtung einer „vernünftigeren“ Wirtschaftsorganisation zu begrüßen. Die Verbände vermögen das Grundübel unseres arbeitsteiligen Wirtschaftsmechanismus, die chronische Überproduktion, zu vermeiden oder zu vermindern. Passen sie doch das Angebot der Nachfrage an. Aus diesem Ideengang heraus sind recht optimistische Zukunftsbilder von der Fortentwicklung und Höherentwicklung unseres Wirtschaftssystems entworfen worden. Steinmann-Buchers Projekt zum „Ausbau des Kartellwesens“ (1902) mag hier kurz berührt werden, weil uns die Schwäche dieser im einzelnen ganz vorzüglichen Darlegung auf einem Fehlschuß gegründet scheint, dessen Klarstellung zur Klärung des Kartellproblems erheblich beiträgt.

Steinmann-Bucher sagt (S. 9 ff.):

„Es muß gerade solchen Beobachtungen gegenüber (Mängel des Kartellwesens) als eine der Hauptursachen jeder Absatzstockung betrachtet werden, daß die verschiedenen Gruppen der Industrie untereinander zu wenig Fühlung haben. Es genügt nicht, daß die Industriellen eines bestimmten Produktionszweiges sich vereinigen, ihre Erfahrungen austauschen und danach handeln, es ist vielmehr als ein Zustand höherer wirtschaftlicher Ordnung eine Verbindung zwischen den verschiedenen Industriegruppen anzustreben.....

„In den Syndikaten ist nur die Stelle zu erblicken, wo zunächst die einzelne Industriegruppe für sich einen Überblick über das Angebot gewinnen kann, da ja das Syndikat die Regelung des Angebots beabsichtigt und bis zu einem gewissen Grade auch dieses Ziel erreicht. Wenn es möglich wäre, diesen Überblick über das Angebot möglichst aller oder doch der wichtigsten Industriezweige zu gewinnen!.....

„Aber die produktionsverzögernde oder produktionsbelebende Politik der Syndikate ist auch wieder zu sehr an das eigene Interesse der Grubenbesitzer (beim Kohlensyndikat) gekettet, als daß diese die ungeteilte Zustimmung der übrigen Industriezweige finden könnte, ... Obwohl sich im Lauf der letzten Jahre Beziehungen zwischen einzelnen Syndikaten, insbesondere zwischen dem Kohlensyndikat und einzelnen Syndikaten der Kohlenverbraucher, sowie dem Roheisensyndikat und einzelnen eisenverbrauchenden Gruppen herausgebildet haben, so sind dies doch nur vereinzelte Erscheinungen und sie entbehren einer festeren Grundlage; auch sind solche Beziehungen meist erst im Falle einer Notlage angeknüpft worden, wenn sich für einen Teil unerträgliche Zustände herausgebildet hatten. Den Charakter einer ständigen Einrichtung haben diese Beziehungen bisher nicht erhalten. Wenn besonders geeignete Vertreter der einzelnen oder einzelner Gruppen derselben, je nach Zweck und Bedarf, zu gemeinschaftlichen Beratungen zusammentreten würden, die regelmäßig oder je nach der Geschäftslage in längeren oder kürzeren Zwischenräumen abgehalten werden, wenn außerdem die Vertreter der industriellen Syndikate mit den Vertretungen des Handels, der Landwirtschaft und anderer, das geschäftliche Leben beeinflussender Faktoren Verbindung suchen und finden können, so würde das schon eine sehr hohe Stufe wirtschaftlicher Selbstverwaltung bedeuten.“

„Das Syndikat beabsichtigt die Regelung des Angebots“. Daher: wenn annähernd alle Industriezweige von Syndikaten beherrscht werden, ist eine Stufe wirtschaftlicher Selbstverwaltung erreicht, die allen Interessenkämpfen und jeglicher Kollision des wirtschaftlichen Einzelinteresses mit dem Gesamtinteresse ein Ende macht; so ist etwa der Gedankengang Steinmann-Buchers. Daß heute noch die Politik der Syndikatsleiter, vom Gesichtspunkt des nationalwirtschaftlichen Interesses aus gesehen, recht fühlbare Mängel und Sünden offenbart, liege eigentlich nur daran, daß wir kein Verständigungsorgan für die verschiedenen Industrien und Wirtschaftsgruppen besitzen. Dagegen läßt sich sagen: Das Syndikat regelt zwar das Angebot, aber nicht das Gesamtinteresse der Volkswirtschaft kann für sein Vorgehen bestimmend sein, sondern das ganze Streben der Syndikatsleitung beschränkt sich darauf, die auf diesem Markte wirksam gewordene Nachfrage möglichst günstig auszunützen. Dabei ergibt sich aber, daß dies der gerade zu dieser Zeit unter bestimmten Sonderverhältnissen vorhandenen Nachfrage angepaßte Angebot ganz und gar nicht das volkswirstchaftlich vorteilhafteste Angebotsmaß zu sein braucht. Daß vielmehr häufig, ja fast regelmäßig die Interessen der einzelnen Wirtschaftsgruppen und also auch ihrer Verbände sich stracks zuwiderlaufen. Es fehlt dann nicht das Organ, sondern sogar jegliche Grundlage einer Verständigung (wenigstens auf dem Boden des Verbandsinteresses). Wir haben schon festgestellt: Der Anbieterverband hat ein sehr großes Interesse daran, daß die nächstfolgenden Abnehmergruppen einen möglichst geringen Gewinnstandard haben und nicht alle Peiserhöhungen auf die letzten Abnehmer wälzen. Weiterhin: Jede Preiserhöhung bzw. Produktionseinschränkung der Anbieter setzt die nächstfolgenden Nachfrager der Gefahr aus, den Hauptbetrag des erhöhten Preises durch Gewinn- oder Absatzeinbusse selbst tragen zu müssen. Diese typische Sachlage scheint keineswegs einer friedlichen Verständigung im Sinn Steinmann-Buchers günstig. Der Kampf der Verbände tritt erst recht mit voller Wucht und Schärfe ans Licht, seit der Kampf der Gruppengenossen unter sich in den Hintergrund getreten ist.

Wenn uns bei den früheren Darlegungen recht lückenhaftes Tatsachenmaterial meist aus zweiter und dritter Hand genügen mußte[66]), so betreten wir jetzt einen Boden, der noch als glühende, werdende Masse sich mit jedem Tage verändert, Wellen wirft, Tiefen öffnet, um sie bald wieder glättend zu schließen; der Beobachter dieser erst im Werden begriffenen Neuwelt, die im hitzigen Ringen der jetzt erstehenden Gruppenverbände feste Formen gewinnt, läuft dauernd Gefahr,

[66]) Der Verfasser stand vor der Wahl, entweder einige Jahre zur Sammlung und Durchprüfung wirklich zuverlässigen Materials aus eigenen Studien und Beobachtungen aufzuwenden, oder sich mit dem von anderen unter meist völlig anderen Gesichtspunkten zusammengestellten Material zu begnügen, um den Versuch zu wagen, daraus eine Art Entwicklungstheorie der Marktgestaltung aufzubauen; mit der Hoffnung, daß auch eine Versuchshypothese in das Chaos von ungeordneten Einzelbeobachtungen und verrostetem methodischen Rüstzeug auf diesem Gebiet wirksam hineinleuchten kann, — mag die Beleuchtung vielleicht auch zuletzt als falschfärbend erkannt werden.

Zufallsereignisse und persönlich bedingte Teileindrücke als Symptome einer ganzen Entwicklungsreihe aufzufassen. Andererseits vermittelt das unmittelbare Miterleben des Geschehens ein, oft zwar unklares, aber doch häufig erkenntnisförderndes Empfinden für das innere Wesen der Sache. Der Kampf der Wirtschaftsverbände, bald vielleicht das Kernproblem der Wirtschaftswissenschaft, kann heute in der Hauptsache nur Gegenstand wissenschaftlicher Berichterstattung sein; sachkundige Kritik wagt sich nur tastenden Schrittes heran. Zeitungsnachrichten, Interessentenkundgebungen sind vielleicht schlechte Wegweiser; der führerlos Suchende wird sie dankbar hören.

Die Epoche der Koalitionen begegnet sich zeitlich mit einer unverkennbaren, stetigen Preissteigerung auf fast allen Märkten. Hier kausale Zusammenhänge zu sehen liegt nahe. Sollten wir aus dem glücklich überwundenen Zeitalter der Produktionskrisen in eine Zeit der Konsumtionskrisen eingetreten sein? Das Jahrhundert der Erfindungen und technischen Erfolge war ganz und gar beherrscht vom Streben nach Verbilligung der Bedarfsartikel. Das Losungswort und der Notruf der neuen Zeit heißt „Teuerung".

Versuchen wir uns einen Teuerungsvorgang zu vergegenwärtigen: Zwei Berichte über die Situation auf dem Baumwollmarkt mögen in gegenseitiger Ergänzung zum Ausgang dienen.

1. (Handelszeitung des Berliner Tageblatts v. 18. XI. 11. Abend, Wochenschau.)

„Vor allem ist an die Wertschwankungen eines der wichtigsten organischen Rohstoffe, des Artikels „Baumwolle" zu erinnern. Der außerordentlich hohe Stand, auf den der Preis dieses Erzeugnisses infolge der schwachen Ernten der beiden letzten Jahre und infolge der Vergrößerung der Spinnereien emporgeschraubt worden war, hatte die Produzenten der Vereinigten Staaten veranlaßt, in diesem Jahre ein ungewöhnlich großes Areal mit Baumwolle zu bepflanzen. Damit war die erste Möglickkeit für einen umfangreichen Ertrag gegeben. Die Witterung tat ein übriges, so daß schon seit dem Beginn des Juni außerordentlich günstige Aussichten für die Baumwollernte bestanden. Gleichwohl konnten sich die hohen Preise zunächst behaupten. Die Spekulation, die ja am Baumwollmarkte eine sehr große Rolle spielt, verwies auf die geringen Vorräte aus der alten Ernte und hielt die Erwartungen, die an die neue geknüpft wurden, für übertrieben. Aber es kam anders. Die zu Beginn der Monate Juli und August publizierten Saatenstandsberichte des Ackerbaubureaus zu Washington bestätigten die vorangegangenen Schätzungen, und als dann wirklich im September eine angebliche Verschlechterung der Aussichten gemeldet wurde, da konnte sie den Preissturz nicht mehr aufhalten; der Glaube an einen kleinen oder mittleren Ertrag war erschüttert, die Anwartschaft auf eine Ernte von $14\frac{1}{2}$ bis 15 Mill. Ballen gegenüber Produktionen von nur 12 bzw. $10\frac{1}{4}$ Mill. Ballen in den beiden Vorjahren blieb bestehen.

„Für die deutsche Baumwollindustrie ist das Jahr 1911 als ein Unglücksjahr anzusprechen, das aber bei seinem Ausgang die Hoffnung auf bessere Zeiten aufleuchten läßt. Die Folge der hohen Preise des Rohstoffes war eine starke

Einschränkung des Verbrauchs in Baumwollwaren. Als dann die äußerst günstigen Meldungen über den Umfang und Stand der neuen Baumwollpflanzungen eintrafen, bewahrten die Abnehmer der Baumwollindustrie um so mehr Zurückhaltung, als die Spinner und Weber in eine Ermäßigung der Fabrikatpreise nicht willigen konnten und wollten, weil das Mißverhältnis zwischen der Wertstufe des Rohstoffes und den Notierungen für Gespinnste und Gewebe zu groß gewesen war. Inzwischen ist der Bremer Preis für „Upland Middling" von 79 Pf. Anfang Juni auf 49 Pf. in dieser Woche pro ½ kg, also um ca. 38 % zurückgegangen. Angesichts dieses starken Preissturzes des Rohproduktes mußten naturgemäß schließlich auch die Notierungen der Halb- und Fertigfabrikate ermäßigt werden. Die Reduktion beläuft sich seit dem Juni dieses Jahres auf ca. 23 % für Garne und auf 12—13 % für Gewebe. Hieraus ergibt sich, daß, wenn man an den Preissturz der Rohbaumwolle denkt, die Spinner und Weber dem Verlangen der Kundschaft nach Preisherabsetzungen doch einen ganz beträchtlichen Widerstand entgegengesetzt haben. Dabei darf freilich nicht außer acht bleiben, daß in der Hausseperiode teilweise mit direkt verlustbringenden Preisen gearbeitet werden mußte. Die in dieser Woche bekannt gewordenen Resultate von Unternehmungen der deutschen Baumwollindustrie boten ein sehr unerfreuliches Bild: die J. P. Bemberg A.-G. in Barmen büßt die Hälfte ihrer ca. 800 000 M. betragenden Reserven ein; die Gladbacher Spinnerei und Weberei rechnet gleichfalls mit einem erheblichen Verlust, wobei ins Gewicht fällt, daß ebenso wie bei den meisten anderen Fabriken auch bei der Gladbacher Gesellschaft erhebliche Quantitäten von aus teurem Rohstoff erzeugten Garnen und Waren vorhanden sein dürften; die große Spinnerei von Richard Brandts in Düsseldorf hat sogar infolge der Entwertung der Bestände ihre Insolvenz erklären müssen. Ist sonach der Preissturz der Baumwolle zunächst auch für die deutsche Industrie sehr unerfreulich, so eröffnen sich, wie schon oben gesagt, bessere Aussichten für die Zukunft, weil bei den jetzigen niedrigen Preisen vermehrte Nachfrage für Gespinste und Gewebe herrscht. Für eine völlige Gesundung der Industrie wäre die Vorbedingung, daß die jetzigen Rohstoffwerte stabil bleiben. Leider ist darauf nicht mit unbedingter Sicherheit zu rechnen; denn schon wollen die amerikanischen Farmer künstliche Maßregeln zur Hebung des Preises ergreifen. Sind doch, wie in diesen Tagen gemeldet worden, nach allen Baumwollstaaten der Union Aufforderungen ergangen, das Produkt der neuen Ernte zurückzuhalten und im Jahre 1912 eine Einschränkung der Anbaufläche vorzunehmen. Darüber hinaus ist auch von „Valorisationsbestrebungen" die Rede."

Daneben Sätze eines Aufsatzes über „Lebensmittelteuerung in Amerika" von Otto Corbach („Hilfe" 1911, N. 43):

„Auch in den Vereinigten Staaten wird seit einigen Jahren fortdauernd über Lebensmittelteuerung geklagt. Das läßt darauf schließen, daß das Emporschnellen der Preise für die Bodenprodukte in allen Ländern des europäisch-amerikanischen Kulturkreises auf eine gemeinsame Ursache zurückzuführen ist. Es muß besonders auffallen, daß die bezüglichen amerikanischen Klagen von dem Zeitpunkte an beginnen, wo die außergewöhnlichen wirtschaftlichen Bedingungen aussetzen, unter denen sich die Unionsstaaten früher entwickeln konnten. Mit dem einst unerschöpflich erscheinenden Vorrat an öffentlichem besiedelungsfähigen Boden ist es so gut wie zu Ende.

Nach Sombart konnte die amerikanische Industrie in allen Niedergangs- und Depressionsperioden die industrielle Reservearmee nach dem Westen abschieben, „wo sie von dem riesigen Lande mit Leichtigkeit aufgesogen wurde.“ Das ist schon seit Jahren nicht mehr der Fall, wie sich zum erstenmal in auffallender Weise nach der Krise im Jahre 1907 zeigte, wo eine ungemein starke Rückwanderung Europamüder erfolgte.

Jedermann zerbricht sich in der neuen Welt wie in der alten vergebens den Kopf darüber, die wahre Ursache der Teuerung ausfindig zu machen. Die Großhändler schieben den Kleinhändlern, die Kleinhändler den Großhändlern die Schuld in die Schuhe. Beide Teile suchen auch wohl den Farmer als den verantwortlichen hinzustellen. Andere wieder glauben die Erklärung in der Aufstauung der Nahrungsmittel in den Kühlanlagen und etliche Wissenschaftler sogar in der vermehrten Goldförderung zu finden.

„Die Sperre, die vor zwei Jahren Konsumenten verschiedener Städte über den Fleischtrust verhängten, nutzte nichts. In Cleveland kostete vor dem Boykott ein Pfund Rindfleisch im Großhandel 6 Cents, nachher 7 bis 7 ½ Cents. Ein Pfund Schweinefleisch, das vorher 9 Cents kostete, kostete nachher 11 Cents. Anderwärts machte man ähnliche Wahrnehmungen. Seitdem herrscht in Konsumentenkreisen dumpfe Resignation.

Nun haben die Farmer mit einer langerhand vorbereiteten Rettungsaktion begonnen. Sie errichten zunächst in Neuyork eine große Lebensmittelverteilungs-Zentrale, durch die sie ihre Produkte unter Umgehung des Zwischenhandels unmittelbar an den Kleinhändler abgeben. Nach und nach sollen in allen größeren Städten gleiche Einrichtungen geschaffen werden. Um 40 Hundertstel soll künftig der Konsument seine Lebensmittel billiger erhalten als früher.

„Der Farmer“, erklärte einer der Hauptwortführer der Organisation, Mr. Kjulgaard, „empfängt jetzt 41 Cents von einem Dollar, den der Konsument für Farmprodukte bezahlt. In den ganzen Rest teilen sich die Zwischenhändler, wobei die großen Trusts am besten wegkommen, die nichts produzieren und lediglich durch die Vervollkommnung ihrer Verkaufsorganisationen großen Gewinn erzielen..... Hinter uns stehen die Farmer des ganzen Landes, die ein Kapital von 5 Milliarden Dollar repräsentieren. Die Schuld an den gegenwärtigen hohen Kosten der Lebensmittel trägt nur der Mangel einer Farmerorganisation. Wir Farmer haben endlich die Augen aufgemacht und begonnen, eines der größten Probleme zu lösen, die das Land beunruhigen.“

Was zeigt sich: Baumwollpflanzende Farmer gegen baumwollverarbeitende Industrien; lebensmittelerzeugende Farmer gegen lebensmittelverarbeitende Trusts und Zwischenhändler; letzte Konsumenten gegen Fleischtrust! Bei allen der gleiche Enderfolg: Teuerung! Die Baumwollfarmer haben sich durch die schlechten Ernten zweier Jahre an hohe Preise gewöhnt. Jetzt, wo gute Marktberichte einen Preissturz veranlassen, suchen sie den „Preis zu halten“, nach dem Grundsatz aller Verbände, zur Stabilisierung des Marktes beizutragen, das „Angebot der Nachfrage anzupassen“ (!). Als welch bedeutungslose Phrasen entschleiert doch die Tatsachenbetrachtung die abgegriffenen Universalsätze der populären Kartelltheorie! Daneben die Baumwollindustrie, auch sie will das Preisniveau ihrer Produkte stabilisieren. Zwei Jahre teurer Baumwollprodukte haben die Nachfrager einigermaßen daran gewöhnt sich auf hohe Baumwollpreise einzurichten. Eine nicht allzu beträchtliche Herabsetzung der Preise nach der besseren Ernte genügt, um die größtmögliche Nachfrage wachzuhalten. Die Haltung der Farmer pfuscht ihnen ganz empfindlich in die Rechnung. Schärfster Interessengegensatz zwischen Farmerverband und Industrieverbänden. Dann die Interessenrichtung der folgenden Zone des Zwischenhandels. Auch er litt unter den teueren Vorjahren, hofft mit Spannung auf den Preissturz, um seinen Umsatz vergrößern und seinen Gewinnstandard erhöhen zu können. Der Preissturz tritt nicht ein; oder er bleibt in der Farmerzone und bei den Verarbeitungsindustrien hängen. Die Zwischenhändler ahmen das Beispiel rührig nach und „halten" ebenfalls ihre Preise. Der Erfolg ist: Entweder die Nachfrage bleibt wie in den Teuerungsjahren aufs notwendigste beschränkt, und dadurch ebenso der Umsatz der Verarbeitungsindustrien, damit wieder der Absatz der Farmer, denen der Überschuß über die Ernten der Vorjahre liegen bleibt. Schärfster Kontrast zwischen den Interessen der einzelnen Lieferantenverbände; noch krasser der Gegensatz zwischen den Interessen der Baumwollbeschaffer und letzten Baumwollverbraucher. Trotz besserer Ernte ist es nicht möglich den wirklichen Bedarf an Baumwollfabrikaten zu befriedigen. Die Konsumenten schreien nach Kleidung, die Produzenten lassen den Rohstoff verfaulen! Das wäre die konsequente Durchführung des Prinzips der Verbände, ihr Angebot der Nachfrage, natürlich nach ihrem Sondergeschmack, anzupassen: Zum Glück korrigiert die Vernunft der Tatsachen die Gemeingefährlichkeit solch „konsequenten" Vorgehens. Oder die zweite Möglichkeit: Die Nachfrage erholt sich von ihrer Erschöpfung, gibt die Bedarfseinschränkung auf und zahlt willig die hohen Preise für Baumwollprodukte. Notwendige Folge ist einerseits die Einschränkung des Bedarfs für andere Produkte. Andererseits wird der Druck auf die Lebenshaltung der sozialen Schicht, den die Preiserhöhung bewirkt, den Drang auslösen, die Einnahmen aus der eigenen Wirtschaftsbetätigung zu steigern. Arbeiterverbände streiken um Lohnerhöhung, Bauern und Rohproduzenten aller Art erhöhen die Preise, um „standesgemäß" leben, die Bodenrente herauswirtschaften zu können. Damit steigen rasch und rascher alle anderen Preise usw. Daraus ergibt sich: Die Steigerung der Baumwollpreise läuft dem Interesse aller anderen Poduzentengruppen strikte zuwider; denn sie verteuert ihnen Arbeitskraft wie Produktionsstoffe; sie steht in striktem Interessengegensatz zu den Gewinnabsichten des Zwischenhandels. *Das Prinzip der Koalition hat zwar der „freien Konkurrenz" der Gruppengenossen ein Ende gemacht* (soweit eine solche wirklich vorhanden war), *dafür aber den Marktkampf aller Verbände gegen alle verschärft und verewigt.* Alle Theorien von der Interessensolidarität der Unternehmer, wie sie die Sozialisten und daneben die kurzsichtigen

Propagandisten des „Verbands der Verbände" der Arbeitgeber verkünden (sie konzentrieren sich in Deutschland im „Zentralverband deutscher Industrieller"), zerstieben vor dem zu Ende gedachten Lauf der Tatsachen. Auch die Hierarchie der Verbände unter der fürsorglich kontrollierenden Aufsicht des Staates läßt sich nicht auf einem Unterbau von dauernd gegen einander anprallenden Blöcken aufrichten.

Gustav Schmoller sagte in seinem Referate auf dem Kongreß des Vereins f. Soz.-Pol. (Mannheim 1905, 3. Bd., 116, S. 263):

„Eine mit der Aufsicht der Kartelle betraute Reichsbehörde könnte vermittelnd und anregend dahin wirken, wohin die Kartelle ja selbst streben: nämlich daß über Kartellpreise klagende Interessengruppen sich organisieren und mit den ihnen gegenüberstehenden Kartellen die Preise je für bestimmte Zeit vereinbaren; wie in steigendem Maße heute an Stelle des individuellen Preisfeilschens auf dem Markte durch kollektive Vereinbarungen der Käufer und Verkäufer eine neue Art von auf Zeit fixierten Taxpreisen trete. Wenn künftig das Kohlensyndikat seine Kohlen- und Kokspreise mit dem Stahlwerksverband und anderen Hauptabnehmern verabredet, so werden die meisten der Klagen, die 1901—1903 erschallten, verschwinden. Und ähnliches ist auch sonst möglich.

Wenn aber die Kartelle sich prinzipiell auf diesen Boden stellen, so müssen sie eigentlich ebenso von den Arbeitern wie von den Kohlenkäufern verlangen, oder es wenigstens zulassen, daß sie sich organisieren, und müssen über die Löhne mit den Organisationen der Arbeiter verhandeln. Und sie müssen auch einverstanden sein, wenn der Staat die Arbeiter organisiert und die Verhandlungen über die Arbeitsbedingungen zwischen den Unternehmern und Arbeitern leitet."

Die Unsinnigkeit, daß koalierte Unternehmer Arbeiterkoalitionen nicht als verhandlungsberechtigt anerkennen wollen, scheint mir weniger im Mangel an logischem Denkvermögen bei den Unternehmern begründet als in einer allzugroßen Einsicht für das Sonderinteresse ihrer Koalition; diese verlöre für sie zuletzt jeden Vorteil gegen den früheren Zustand, wenn nun alle ihre Marktgegener gleichermaßen durch Koalition gestärkt ihnen gegenübertreten könnten. Trotz der offenbaren Forderung der „praktischen Vernunft" werden sich die Herren in den Großindustrieverbänden schwer überzeugen lassen, daß sie nun gar selbst für die Koalition ihrer Gegner Sorge tragen müßten.

Mit diesen und den früheren Einwendungen gegen die Anschauung von der Harmonie der Verbandsinteressen und mit dem Wort von dem „Kampf aller gegen alle Verbände" soll natürlich nicht behauptet werden, daß die heutige Entwicklung derartige Verhältnisse gebracht habe und dahin künftig gelangen werde. Prinzipien setzen sich im Wirtschaftsleben niemals durch, sie bilden nur motorische Kräfte, die, durch andere ebensolche Kräfte abgelenkt und im Gleichgewicht gehalten, ineinanderwirkend den Organismus gestalten. Die Preisvereinbarungen zwischen den Verbänden, wie sie Schmoller empfohlen, werden täglich häufiger. Es sind die notwendigen Waffenstillstandsverträge. Ohne Zeit zu finden die erschöpften Kräfte zu erneuern, können keine Kämpfe geführt werden. Gruppierungen von Verbänden, um durch die Ausschaltung des Kampfes zwischen ihnen Kräfte für die Kämpfe nach anderen Seiten frei zu bekommen, ergeben sich notwendig aus dem Drang nach Stärkung der Marktposition. Vor allem werden Anbieterverbände durch Förderung, ja oft durch Aufzwingen der Koalition die näherstehenden Nachfragergruppen zu nötigen versuchen, ihr Marktgebahren dem Interesse der Anbieterkoalition anzupassen, also keinen zu hohen Zwischengewinn zu machen. Einen weiteren, vielleicht bisher den wichtigsten Anlaß die Koalition der Marktgegner zu fördern, geben die Vorteile des „ausschließlichen Verbandsverkehrs" für die Stellung der Verbände gegenüber den Außenseitern.

Die Aufführung von Beispielen derartiger Gegenseitigkeitsverhältnisse zwischen ursprünglich marktgegnerischen Verbänden enthebt uns der Notwendigkeit aller weiteren allgemeinen Darlegung:

I. Vertrag zwischen der Deutschen Landwirtschaftsgesellschaft und dem Kalisyndikat. (Denkschrift über das Kartellwesen. Anlage D. 2.)

Artikel 1.

Die D. L.-G. verpflichtet sich dafür Sorge zu tragen, daß ihre Mitglieder die zu landw. Verwendung auf deutschem Boden benötigten Kalisalze aller Art ausschließlich durch das Kalisyndikat entnehmen, wogegen das K.-S. sich zur Lieferung der von den Mitgliedern der D. L.-G. benötigten Kalisalze verpflichtet....

Artikel 3.

4. Die D. L.-G. verpflichtet sich, nur zu den Originalpreisen des Syndikats zu offerieren und zu verkaufen, Rabatt usw. aber nur auf dem Wege der Rückvergütung nach Jahresschluß zu gewähren.

5. Es steht dem Kalisyndikat frei, allgemein wirksame Preisermäßigungen für eins oder das andere der Salze eintreten zu lassen.

Artikel 6.

1. Sollten seitens des Kalisyndikats die dies. Vertr. unterlieg. Kalisalze zu landwirtschaftlicher Verwendung in Deutschland für gewisse Zeiträume nach irgend einer Seite zu günstigerem Preis oder sonstigen Bedingungen abgegeben werden als dieser Vertrag vorschreibt, so soll die gleiche Vergünstigung auf die gleichen Zeiträume und innerhalb derselben räumlichen Begrenzung für die unter diesem Vertrage bezieh. Mitglieder der D. L.-G. eintreten.

Artikel 10.

Das Kalisyndikat verpflichtet sich, nach Kräften dafür zu sorgen, daß Vereinigungen mehrerer Händler behufs Erreichung einer höheren Rückvergütungsstufe (Ringbildung) nicht stattfinden.

II. Verband deutscher Uhren-Grossisten in Leipzig. (K. D. S. 1. Teil, S. 498. Anlage C, Nr. 9.)

Satz. § 1. Zweck: Der Verband stellt sich die Aufgabe, seine Mitglieder durch geeignete Maßnahmen ... vor Verlusten zu schützen ..., Vereinbarungen über die Minimalverkaufspreise bekannter Fabrikate zu schaffen und gemeinsame Interessen gegenüber den Fabrikanten zu vertreten. Andererseits soll der Verband die guten Beziehungen zu den Uhrmachervereinen pflegen und deren berechtigte Bestrebungen unterstützen.

III. Vereinigung deutscher Rosslederfabrikanten, Elmshorn. (D. S. I. S. 602. Anlage F, 1.) (Bericht über die Vorstands- und Ausschußsitzung v. 22. VIII. 1905.)

Die Firma August S.... in O.... beklagt sich darüber, daß im Rheinland zu hohe Preise für Roßhäute bezahlt werden. Hiergegen kann die Vereinigung aber nichts machen. Die Treiberei seitens der Händler ist allgemein, wird aber wohl ihr Ende finden, wenn in einigen Wochen der Fall in Roßhäuten ein größerer wird.

IV. Ballkonvention. (D. S. Anlg. F. Kautschuk 4. S. 608. Verkaufsbedingungen.)

§ 2a Der Ein- und Verkauf von Patentspielbällen hat in folgender Weise zu geschehen:

Der Vorstand der Großhändler-Konvention hat für die Konventionsmitglieder von den Konventionsfabriken und von den außerhalb der Konvention stehenden Fabriken für die Saison 1904/05 bindende Offerten einzuholen. Die Offerten sind den Mitgliedern der Großhändler-Konvention bekannt zu geben. Von außerhalb der betr. Konvention stehenden Fabriken darf nur dann bezogen werden, wenn die betr. Fabrik sich zuvor dem Vorsitzenden der Händlerkonvention gegenüber.... verpflichtet, an Nichtmitglieder der Händlerkonvention nur zu den von der Händlerkonvention festgesetzten Preisen und Bedingungen zu liefern. Die Mitglieder der Händlerkonvention müssen auf Grund einer dieser Offerten ihren Bedarf an Patentspielbällen beziehen. Als Verkaufspreise gelten die Preise der billigsten zulässigen Offerte plus 20 % Aufschlag.....

Die Konventionsfabriken sind verpflichtet, bei Verkäufen von Patentspielbällen an Nichtmitglieder der Händlerkonvention diese für die Händler festgesetzten Preise und Verkaufsbedingungen einzuhalten.

(S. 611) § 6..... Die Festsetzung der Preise und Konditionen sowie der allgemeinen Verkaufsbedingungen erfolgt gemeinschaftlich mit den Konventionsfabriken.

V. Deutsche Schuhkonvention für Großhändler, Harburg. (S. 612.)

Satzungen: § 1.... Die Aufnahme ist davon abhängig, daß die aufzunehmende Firma mit der Deutschen Gummischuh-Vertriebsgesellschaft m. b. H. zu Berlin einen Abschluß von mindestens 50 000 M. netto in Gummi- und Turnschuhen pro Saison macht.

§ 3. Die sämtlichen Mitglieder müssen ihren Bedarf an Gummi- und Turnschuhen deutschen Fabrikats ausschließlich von der D. G. V. beziehen.

VI. (Konfektionär, Jahrg. 1911: „Erweiterung des Verbandes der deutschen Linoleumfabriken).

„Die fakrikmäßige Herstellung von Linoleum geschieht in sieben im Verbande Deutscher Linoleumfabriken zusammengehaltenen Werken...... Es sind nämlich, wie die Nationalzeitung mitteilt, Bestrebungen im Gange, im Anschluß an den Verband der Warenerzeugung eine Händler-Organisation nach dem Muster der Schwereisen-Industrie zu gründen. Die treibende Kraft zu dieser weiteren Stärkung des Verbandes ist der Gedanke des „Händlerschutzes". Dem Händler, der die verbandsseitig festgelegten Preise zu zahlen hat, sollen ebenfalls die Einzelverkaufspreise unter Berücksichtigung einer Staffelung bei größerer oder geringerer Abnahme vorgeschrieben werden. Es soll dadurch der Wettbewerb, der sich in gegenseitigen Unterbietungen äußert und leicht zu Schleuderpreisen führt, bis zu einem gewissen Grade ausgeschaltet werden. Die Einzelverkaufspreise sollen unter Androhung der Sperre aufrechterhalten werden. Der Verkauf von Linoleum ist aber nun nicht auf Sonderfirmen beschränkt, sondern auch Unternehmungen aller Art, Kaufhäuser, Warenhäuser, Teppichhandlungen, Farbenhandlungen usw. befassen sich damit. In Händlerkreisen erwartet man deshalb von den eingeleiteten Bestrebungen kaum einen Erfolg, da bei einer so unterschiedlichen und weitverzweigten Händlerschaft die Aufsicht sehr erschwert ist und die den Händlern zu bietende Sicherheit, daß die Verbandsbeschlüsse vom gesamten Wettbewerb ebenso streng beobachtet werden wie von einzelnen zum Eintritt in die Händlerorganisation bereiten Firmen."

VII. Im Gegensatz hierzu ein Fall der Koalitionsfeindlichkeit eines Verbandes (D. D., S. 548. Anlage D, 43).

Deutsch-österreichische Munitionskonvention. (8. Offerte und Abschlüsse.)

Abschlüsse mit Vereinigungen (wie beispielsweise mit dem Verein Berliner Eisenhändler oder mit Schützenvereinen) oder mit einem Mitgliede einer solchen Vereinigung, welches nicht wirklich nur für sich, sondern in der Tat auch für die anderen Mitglieder kauft, dürfen nicht getätigt werden. Mit den Mitgliedern des Vereins Berliner Eisenwarenhändler sind nur in Mengen von 15—24 Mille Flobert-Munition bzw. 5—19 Mille Revolverpatronen abzuschließen, da deren Bedarf nicht größer ist. In der Kölner Versammlung vom 25. Juni 1902 wird beschlossen, daß der Einkaufs- und Verkaufsgenossenschaft der Büchsenmacher Bayerns nicht geliefert werden darf.

VIII. Zuletzt die bekannten Lieferungsbestimmungen des rheinisch-westfälischen Kohlensyndikats (1. Denkschr. Anl. I, S. 156):

„. . . Sie verpflichten sich, Kohlen, Koks und Briketts von Zechen, Kokereien und Brikettfabriken des Ruhrgebiets, die unseren Vereinbarungen nicht angehören, weder zu kaufen noch zu vertreiben, sei es unmittelbar oder mittelbar, widrigenfalls die Preise für sämtliche zwischen ihnen und uns bestehenden Lieferungsverträge sich für die ganze Vertragszeit um 0,50 M. die Tonne erhöhen.

„. . . Sie verpflichten sich, beim Weiterverkauf dieser Mengen die Verkaufspreise so zu bemessen, daß die Höhe des Gewinnes zu ihrer Tätigkeit und zu Ihrem Risiko den Umständen nach in keinem Mißverhältnis steht. Diese Bedingungen haben Sie auch etwaigen Wiederverkäufern aufzuerlegen. Verstoßen Sie oder einer Ihrer etwaigen Nachmänner hiergegen, so haben Sie für jede zu einem zu hohen Preise verkaufte Tonne eine Strafe von 10 M. an uns zu zahlen. Außerdem sind wir in diesem Falle berechtigt, ohne weiteres von sämtlichen zwischen uns bestehenden Lieferungsverträgen zurückzutreten. Darüber, ob ein Fall zu hohen Gewinnes vorliegt, soll unter Ausschluß des Rechtswegs die Handelskammer zu Essen oder ein von dieser für diesen Zweck zu wählender Ausschuß endgültig entscheiden."

Es erscheint fast als überflüssige Wiederholung, wenn wir nach diesen sprechenden Belegen die wesentlichen Merkmale des Marktkampfes der Verbände aneinanderzureihen versuchen: Schon vor der Koalitionsausbildung beobachteten wir ein Ringen der Marktgruppen um das „strittige Grenzland", nur daß sein Erfolg durch die einander entgegenwirkende Taktik der einzelnen Gruppengenossen dauernd in Frage gestellt wurde. Besonders nachteilig wirkte diese interne

Gruppenkonkurrenz auf die Marktposition der Anbieter. Ja wir konnten sagen: Bei sonst gleichen Umständen ist im verbandsfreien Marktkampf die Nachfragergruppe der Anbietergruppe regelmäßig überlegen. Der Marktgruppenkampf wird zur vorherrschenden Erscheinung nach dem Erstehen der Verbände. Was früher fast unbewußt den Markthandelnden vorschwebte, wird jetzt mit allen Mitteln verfeinerter Marktstrategie angestrebt: die eigene Marktposition nicht auf Kosten der Gruppengenossen, sondern allein auf Kosten der Gegner zu bessern. Die Koalition hat das ganze Kräfteverhältnis verschoben, ja fast auf den Kopf gestellt. Die koalierten Anbieter sind den Nachfragern, ob koaliert oder nicht, unter sonst gleichen Umständen regelmäßig überlegen [67]). Je stärker und vollständiger die Anbieterkoalition, desto schwieriger, hoffnungsloser die Lage der Nachfrager. Alle bisherige Nachfragerüberlegenheit auf Grund von Marktkenntnis, Kapitalmacht und geschickter Ausnutzung der Anbieterschwächen ist in Frage gestellt. Diese Kräfteumwälzung kam im Wirtschaftsleben mit nahezu revolutionärer Plötzlichkeit zum Durchbruch. Diejenigen Wirtschaftsgruppen, die in der Hauptsache als Anbieter auf dem Markt auftreten können, und das sind solche, die ihr hauptsächliches Produktionsmaterial sich selbst beschaffen — also die Industrien der Rohproduktion und, soweit diese noch auf einer weniger vorgeschrittenen Marktstufe verbleiben (Bauern, Farmer, Branntweinbrenner), die ersten Verarbeiter der Rohprodukte —, diese Gruppen vermochten mit einem Schlage die diktatorische Gewalt über alle nachfolgenden Gruppen ihrer Branche an sich zu reißen. Ihre Koalition beruht eben deshalb, weil der für die Branche unentbehrliche Rohstoff nicht durch andere Hände gehen konnte, auf einer derartig gesicherten Grundlage, wie sie für die folgenden Marktzonen überhaupt nicht in Frage kommt. Es entstand die eigentümliche Sachlage, daß diejenigen Produktionsteilnehmer, die dem letzten Abnehmer für eigenen Bedarf am fernsten standen, die Macht in ihren Händen sahen, über Umfang und Art der nationalen Produktion, über Produktionsvermehrung und Produktionseinschränkung nahezu unumschränkt zu verfügen. Diese Koalitionen

---

[67]) Vgl. eine interessante Angabe Macrostys aus der Tabakindustrie (a. a. O., S. 209):

„Einer der gerühmtesten Trustvorteile, nämlich die Macht, die Preise des Rohmaterials zu beherrschen, war von zweifelhaftem Wert. Die Käufer, deren Zahl durch die Fusionierung verringert war, konnten zunächst über die Preise übereinkommen und dieselben drücken. Doch bald entdeckten die Farmer den „Pool", schlossen sich ihrerseits zusammen, lagerten ihren Tabak und konnten ihn mit Hilfe der Banken bis zu einer Preissteigerung zurückhalten. Die großen Tabakdistrikte haben sich einer nach dem andern mit Erfolg für die Pflanzer zusammengetan."

konnten es unternehmen, den nächstfolgenden Wirtschaftsgruppen ausdrücklich die Höhe des für sie angängigen Gewinnstandards vorzuschreiben. Am liebsten hätte man sicher so bald wie möglich die Funktionen dieser nachfolgenden Gruppen der Weiterverarbeiter und Händler in Eigenregie übernommen. Nur mußten die Koalitionsleiter bald einsehen, daß eine derartige Integration wenigstens in überstürzter Weise nicht möglich ist. Die eigentlich entscheidende Preisbildung erfolgt doch immer durch die Haltung des letzten Verbrauchers, und die Fühlung mit diesem entscheidenden Markt, die rasche Beobachtung der Marktchancen und die Anpassungsfähigkeit an die wechselnde Laune der Konsumentenkundschaft hatte der Detailhandel bis zu kaum erreichbarer Virtuosität ausgebildet. Und nicht weniger entscheidend für die Nachfrage nach Rohstoffen und Halbfabrikaten blieb die verarbeitende Industrie und der damit eng verschwisterte Großhandel, die beide den Geschmack des ,,Publikums" aufs geschickteste nach ihren Wünschen zu leiten verstehen. Die Machtsteigerung der Rohproduzenten und Halbfabrikatsindustrien fand hier einen Widerstand, den sie zwar erheblich zurückdrängen, aber niemals ganz werfen konnten. Nur das Aufkaufen ganzer Industrien nach amerikanischer Methode hätte vielleicht zu einem kurzatmigen Erfolg führen können; aber auch die kühnste Vertrustung kann nicht erreichen, daß auf die Dauer die Unwirtschaftlichkeit dieses Systems verborgen bleibt. Keine noch so allmächtige autokratische Leitung kann die kleinen und kleinsten Vorteile, auf die es im Marktkampf in der Hauptsache ankommt, so aufspähen und ausbeuten, wie die gutgegliederte Gruppierung selbständiger Markthandelnder, die ihr ganzes Leben dem Studium eines beschränkten Marktgebiets widmen.

Aus derartigen Erwägungen heraus gelangen die starken Verbände der früheren Produktionsstufen zu der Einsicht, daß ihrem Interesse am besten gedient sei, wenn es gelänge einen Vertragsmodus zu finden, durch den die nächstfolgenden Abnehmer dahin gebracht werden, Weiterverarbeitung und Weitervertrieb des Brancheartikels unter Bedingungen vorzunehmen, die trotz hoher Verbandspreise den Absatz des Artikels nicht gefährden und doch auch dem Interesse dieser vermittelnden Wirtschaftsgruppen nicht zuwiderlaufen. Zwei Gesichtspunkte ermöglichen ein Einvernehmen zwischen den großen Syndikaten und ihren nächsten Abnehmern.

Wenn die Koalition der Rohstoff- oder Halbfabrikatproduzenten einen hohen Preis halten will, ohne allzu sehr an Absatz einzubüßen, wird sie daran denken, den wirtschaftlichen Zwischenapparat zwischen ihrem Verkaufssyndikat und den letzten Abnehmern möglichst zu verbilligen. Wie die Koalition vor allem zu verhindern sucht, daß diese

Zwischengruppen in gleichem Verhältnis oder womöglich noch mehr mit ihren Preisen heraufgehen, haben wir schon kurz erörtert. Es ist die gleiche Überlegung, die zum Lieferungsvertrag des Kohlensyndikats führt, das nur einen Gewinn gestattet, der zur Tätigkeit und zum Risiko in keinem Mißverhältnis steht, und die die Verteidiger der hohen Fleischzölle veranlaßt, die Viehhändler und Fleischer wegen ihrer zu hohen Zwischengewinne öffentlich anzuklagen. Eine sehr wesentliche Verbilligung für das einzelne Stück läßt sich erreichen, wenn durch einen hohen Gesamtumsatz der Zwischenverarbeiter oder Zwischenhändler sich mit einem kleinen Gewinnsatz am einzelnen Stück begnügen kann. Das Syndikat wählt sich für einen bestimmten Absatzrayon den leistungsfähigsten Weiterverarbeiter oder Großhändler aus, bietet ihm einige Vergünstigung vor den anderen und veranlaßt ihn, einen möglichst großen Absatz durch billige Massenlieferung an sich zu reißen. Je ökonomischer diese Zwischengruppe durch Zentralisation der Betriebe und einheitliche Absatzorganisation und Bedarfsanregung den Weitervertrieb einzurichten versteht, desto eher wird sie die hohen Materialpreise zu tragen vermögen, ohne an Gewinn allzu empfindlich einzubüßen. Die Großhändlerorganisationen des Stahlwerksverbandes dienen diesen Zwecken, sichern damit dem Verband ein großes wohlbearbeitetes Absatzfeld und machen die Geschäftsverbindung mit dem Syndikat den so begünstigten Großhändlern unentbehrlich.

Macrosty berichtet aus der Geschichte der Verbände in der englischen Textilbranche einen Vorgang, der die Motive solchen Hand-in-Hand-Arbeitens zwischen Verband und marktgegnerischer Gruppe klar erkennen läßt. Er schildert die Tätigkeit einer Art Trust der Färbereien in der Umgebung von Yorkshire, der Bradford Dyers Association Ltd., der auch einzelnen Großabnehmern (gegen die Verpflichtung, nur an den Trust Aufträge zu geben, außer wenn Outsiders besser bedienen, und dann dies mit Angabe der Firma und deren Preise usw. an den Trust zu berichten, worauf der Trust gleich günstig liefern solle) Vergünstigungen gewährte. Macrosty berichtet weiter (a. a. O., S. 141 ff.):

„Diejenigen, welche zuerst diesem Abkommen beitraten, waren zweifellos ihren Konkurrenten gegenüber im Vorteil, aber als ungefähr die Hälfte der Handelsfirmen beigetreten war, wurde die Industrie bedenklich, und man setzte eine Kommission von Fabrikanten und Kaufleuten ein, die mit dem Verband verhandeln sollte. Zu gleicher Zeit nahm man eine Resolution an des Inhalts, daß in Anbetracht der großen Anstrengungen, welche der Verband jetzt mache, um sich auf der Höhe aller Anforderungen in der Industrie zu halten, und des Versprechens, auch in Zukunft so fortzufahren, Fabrikanten und Kaufleute seinen Interessen Rücksicht schuldeten. Die Dyers Association leistete befriedigende Erklärungen, und das Komitee machte folgende Vorschläge, welche bei einer Sitzung der Bradforder Handelskammer im März 1912 angenommen wurden:

„1. Daß an Stelle des 2. Paragraphen des Abkommens die Kunden durch Unterschrift das Recht des Verbands, bei Färbeaufträgen zuerst berücksichtigt zu werden, anerkennen und außerdem von Zeit zu Zeit die in ihrer Macht liegenden Informationen, die recht und billig sind, liefern, um dem Verband zu ermöglichen, sich in jeder Hinsicht den wechselnden Anforderungen der Industrie anzupassen;

„2. daß ein gemeinsames Komitee gebildet werde, bestehend aus Vertretern der Dyers Association und jeder Hauptbranche ihrer Kunden, welche von der Bradforder Handelskammer zu ernennen seien. Bei Abstimmungen soll jede Partei über gleichviel Stimmen verfügen und das Recht haben, einen Unparteiischen oder Vorsitzenden zu ernennen;

„3. daß alle Zwistigkeiten oder Streitfragen, welche zwischen dem Verband und seinen Kunden entstehen sollten, wenn die Parteien sie nicht selbst beilegen könnten diesem Komitee zur Schlichtung vorgelegt werden solle;

„4. daß während der Dauer des Abkommens die kurz vor dem 27. XII. 1901 gültigen Preise ohne Zustimmung des Komitees nicht erhöht werden dürfen, welche Zustimmung aber bei einer abnormen Steigerung der Kosten nicht versagt werden dürfte."

„In dieser Weise bildete sich der Bradford Piece Dying Board mit 23 Mitgliedern, von denen 3 die Dyers Association vertreten. Es ist sicher etwas besonderes, daß zwei Industrien sich so vereinigen, um durch ein Abkommen ihre gegenseitigen Beziehungen, die Preise, zu welchen gearbeitet werden soll, und den Anteil an den Aufträgen, welcher einer bestimmten Gesellschaft zukommt, zu regeln. Es öffnet sich hier ein Ausblick auf unbegrenzte Möglichkeiten in bezug auf Regelung der Industrieverhältnisse."

Hier tritt das weitere Interesse der Koalition hervor, gute Informationen über die „wechselnden Anforderungen der Industrie" zu erhalten. Der Vertrag entspricht in seinem Wesen völlig den Tarifverträgen zwischen Arbeiter- und Unternehmerverbänden. Wie diese beruht er auf der Festlegung der einmal vorhandenen Machtverhältnisse für bestimmte Zeit. Wie an die Tarifvertäge eine Zeit lang übertriebene Hoffnungen geknüpft wurden, als wären sie das endlich entdeckte Universalmittel, um allen Kampf der Wirtschaftsgruppen aus der Welt zu schaffen und ein Zeitalter friedlicher Verständigung anzubahnen, so täuschen auch solche Verbandsabmachungen leicht mehr vor, als was sie sind: ein interimistischer Waffenstillstand auf Grund eines gegenwärtig gegebenen, aber von keiner Partei endgültig anerkannten Besitzstandes. Mit dieser Beschränkung betrachtet, stellen sie doch wahrscheinlich in der nächsten Zukunft das wichtigste Vermittlungsband in der organischen Marktgliederung dar.

Aus dem notwendigen Streben der Koalitionsleitung, die Marktentwicklung mit einiger Sicherheit voraussehen und übersehen zu können, erklärt sich ihr zweiter Gesichtspunkt, der sie zur Begünstigung einer zweckmäßigen Organisation ihrer näherstehenden Abnehmer leiten kann. Es muß dem Verband viel daran liegen, daß der Absatz möglichst stetig, nur wenig und langsam auf- und abschwankend bleibt. Wenn die Abnehmer sich in wilder Konkurrenz die Existenzbedingungen untergraben und im ungezügelten Absatzhunger die gesunden Grenzen der Nachfrage künstlich ausdehnen, dann veranlaßt die so bewirkte ungesunde Hochkonjunktur die Anbieterindustrien zu großen Betriebsausdehnungen, um nach dem früher oder später erfolgenden Rückschlag desto empfindlicher die Absatzminderung spüren zu lassen. Je sicherer und bedächtiger die nachfragende Wirtschaftsgruppe in der Marktversorgung vorgeht, desto besser kann sich die Koalition in ihrer Preispolitik nach ihrem Grundsatz einrichten: immer nur soviel Ware bereit halten, als der Markt sicher aufnimmt.

Nur darf bei der Beurteilung des Zusammenarbeitens marktgegnerischer Verbände nicht vergessen werden, daß trotz aller schöner Beteuerungen in den offiziellen Verträgen damit der „Kampf der Verbände“ meist nur verschoben oder weitergeschoben, nicht aufgehoben wird. Es bilden sich große Blocks von Verbänden, die sich untereinander über die Gewinnverteilung verständigen, um nach außen mit desto größerer Wucht einen hohen Gewinnstandard usurpieren zu können. Wenn Kohlensyndikat, Stahlwerksverband, Kohlenkontor, Rheinschiffahrtsgesellschaften und Großhandel sich so sehr gut verstehen, dann ist der Argwohn des „großen Publikums“ wahrscheinlich nicht ganz ohne tatsächliche Unterlage, daß die Verständigung auf Kosten der letzten Abnehmer gedacht ist. Ähnliche Überlegungen mögen Karl Bücher veranlaßt haben, in der ersten Kartelldebatte des Vereins für Sozialpolitik (Schr. Bd. 61, S. 150) rund heraus zu sagen: „Das Endziel und Endergebnis der Kartellbildung ist eine Benachteiligung „der Schwächeren, der Konsumenten und der Arbeiter, zugunsten der „Stärkeren, der Kapitalisten.“ Wenn diese etwas schroff aburteilende Formulierung das Wesen und die eigentliche Wirkung der Kartelle auch kaum streift, so weist sie doch auf eine Möglichkeit, die zu denken gibt. Ein Block von Koalitionen, in ständiger Interessengemeinschaft und Informationsaustausch, immer bestrebt, die Nachfrage ja nicht durch zu reichliches Angebot zum Atemholen kommen zu lassen, verschärft den Marktkampf in ganz gewaltiger, vielleicht bald unerträglicher Weise. Wie der Hausbesitzer den Mieter sofort steigert, wenn er von dessen Einkommenserhöhung erfährt, so geht hier der Block der Verbände sofort mit seiner Preisstellung in die Höhe, wenn er merkt, daß sein Abnehmerkreis sich nach einer anderen Seite hin etwas Luft geschaffen hat. Alle Lohn-, Gehalts- und Gewinnerhöhung könnte so zuletzt zu einem großen Teil unmerklich nach den Reservoirs der stärksten und geschicktesten Verbände abgelenkt werden.

Solange es einer Wirtschaftsgruppe gelingt, die Gewinnerschwerung infolge des Drucks auf ihre Position seitens eines Markts (so der Rohmaterialien) durch verhältnismäßiges Vorgehen etwa auf ihrem Absatzmarkt oder gegenüber anderen Lieferanten (Arbeitern, Angestellten, Hilfsindustrien) oder auch durch Verminderung ihrer Unkosten mittels Organisationsverbesserung auszugleichen, wird sich die Koalitionspolitik unschwer erfolgreich durchführen lassen, ist aber einmal das „strittige Grenzland" in der ganzen Wirtschaft nach dem augenblicklichen Stärkeverhältnisse der Wirtschaftsgruppen annähernd aufgeteilt, dann verliert die Wucht der Kcalition sehr bald an Wirkung. Wenn bis dahin die Anbieter, und meist die starkkoalierten Anbieter der früheren Produktionszonen, eine hohe Überlegenheit über die nachfolgenden Nachfragergruppen behaupten, so kann dies dann sein Ende finden, wenn seitens der letzten Abnehmer ein Gegenstoß geführt wird. Sobald die letzten Abnehmer nicht mehr geneigt oder imstande sind eine Preiserhöhung ohne Nachfrageeinschränkung zu ertragen, werden die Detaillisten und dann die Großhändler usw. den Gegendruck wirksam weiter fortleiten bis zu den bisher ausschlaggebenden Verbandsstellen. Die Nachfrager der verschiedenen Zonen stehen dann Rücken an Rücken und brechen den Andrang der bisher übermächtigen Anbietergruppe. Zeichen dieser Gegenstoßbewegung machen sich immer geltend, sobald ein Verband in seinen Preisforderungen die Grenze der Zahlungskraft seiner Abnehmer überschreitet.

Die Gefahr der Überwälzung jeglicher Belastung auf schwächere Marktgruppen scheint heute schon so klar erkannt zu werden, daß die Gesetzgebung sich veranlaßt sah, gegen derartige Versuche Vorkehrungen zu treffen. Im Reichsgeretz über den Absatz von Kalisalzen (R.-G.-Bl. 1910, Nr. 27) finden sich folgende Bestimmungen:

§ 13 (Kürzung der Beteiligungsziffern).

„Sinkt auf einem Kaliwerke der innerhalb einer Arbeiterklasse im Jahresdurchschnitt für eine regelmäßige Arbeitsschicht gezahlte Lohn unter den für diese Klasse im Durchschnitt der Kalenderjahre 1907—1909 gezahlten Lohn, so tritt für das folgende Jahr eine Kürzung der Beteiligungsziffer des Werkes im gleichen Verhältnis ein, in dem der Lohn der von der Lohnverminderung am stärksten betroffenen Arbeiterklasse gesunken ist.

„Eine Kürzung der Beteiligungsziffer tritt ferner ein, wenn bei einer Arbeiterklasse die regelmäßige Arbeitszeit über die im Jahre 1909 üblich gewesene verlängert wird, und zwar im Verhältnis der Verlängerung bei der am stärksten betroffenen Arbeiterklasse."

§ 16.

„Die Bestimmungen der §§ 13 und 14 finden keine Anwendung auf die Kaliwerke, bei denen die Lohn- und Arbeitsbedingungen durch besondere zwischen den Kaliwerksbesitzern und der durch geheime Stimmenabgabe festgestellten Mehrheit der beteiligten Arbeiter abgeschlossene Verträge geregelt sind; die Verträge dürfen keine Bestimmungen enthalten, die das Vereinigungsrecht der Arbeiter verhindern oder verbieten."

Dazu schreibt L. Silberberg. (Kartellrundschau, 8. Jahrg., Heft 12, Dezember 1910, S. 553 f.)

„Insofern das Gesetz selbst eine Preiskonvention enthält, und insofern es weiterhin die Schaffung eines Kalisyndikats zur notwendigen Folge hat, legt es die Herrschaft über den Kalimarkt in die Hände der Kaliwerksbesitzer. Andererseits bringt das Gesetz beispielsweise durch die Festsetzung von Inlandshöchstpreisen wahrscheinlich eine nicht unbeträchtliche Mehrbelastung der Kaliwerksbesitzer mit sich.

Diese Situation ergab die Frage, auf wen die Kaliindustriellen diese Mehrbelastung abwälzen könnten.

Da weder die inländischen noch die ausländischen Verbraucher als die tatsächlichen Träger dieser Belastung in Betracht kamen, so blieben nur die Arbeitnehmer der Kaliindustrie übrig, wobei noch weiterhin zu berücksichtigen war, daß von einer gewerkschaftlichen Organisation der Kaliarbeiter kaum die Rede sein konnte.

Aus dieser Erwägung heraus glaubte die Gesetzgebung die Kaliarbeiter gegen eine zukünftige Lohnminderung wie gegen eine Arbeitszeitverlängerung dadurch schützen zu müssen, daß sie den Kaliwerkbesitzern für den Fall der Verschlechterung der wirtschaftlichen Lage ihrer Arbeitnehmer gewisse Nachteile androhte."

Die Preispolitik der Verbände beeinflußt nicht nur die Wirtschaftslage der nächsten Abnehmer. Eine wellenförmig nach allen Seiten ausstrahlende, nur langsam abschwellende Bewegung geht von jedem Vorstoß eines Verbandes aus; die rund um den Verband in ständiger Beziehung stehenden Gruppen verspüren am merkbarsten die Erschütterung, aber auch in den fernsten Wirtschaftszonen macht sich die Bewegung oft deutlich fühlbar. Diese Fortpflanzung von Druck und Gegendruck im Wirtschaftskörper macht nicht etwa an irgend einer Zone, etwa bei den letzten Abnehmern halt; sie wird von diesen in ihrer Eigenschaft als Produktionsteilnehmer (Arbeiter, Angestellte, selbständig Markthandelnde aller Art) in die Produktionszone wieder hinübergeleitet. Die lohnbeziehende Arbeiterschaft muß in ganz dem gleichen Rahmen betrachtet werden wie jede andere Wirtschaftsgruppe. Ihr Markthandeln folgt den gleichen Regeln wie das aller anderen. Von ganz eigenartiger Bedeutung ist nur, daß die Arbeiter gewissermaßen als Nachfrager des Rohmaterials ihrer Ware „Arbeitskraft" letzte Abnehmer der wichtigsten Marktwaren sind und durch ihre Massennachfrage für die Marktlage dieser Artikel den Ausschlag geben. Sie können daher gegen ihre Marktgegner, seien dies nun Unternehmer der Rohproduktion oder einer anderen Wirtschaftszone, von beiden Seiten her Angriffe versuchen. Einmal durch Entziehung der Arbeitskraft im Streik, dann durch Boykott der Ware des Unternehmens in ihrer Eigenschaft als letzte Verbraucher. Der Angriff dieser Art verspricht nur

Erfolg, wenn die Kette der Wirtschaftsgruppen vom letzten Abnehmer bis zur angegriffenen Gruppe nicht so ausgedehnt und verschlungen ist, daß sich die Erschütterung durch den Gegenstoß nur noch ganz schwach bemerkbar macht. Eine geeignete Warenart für derartige Boykottkämpfe zur Unterstützung der Streiks bietet die Lebensmittelbranche, besonders der Bierabsatz. Ein Dokument aus dem Kampf der Unternehmer der Nahrungsmittelbranche mit ihren Arbeitern, die ihre Stellung als Konsumenten gleichzeitig für sich in die Wagschale zu werfen versuchen:

„An unsere Mitglieder:

Betr. Boykott.

„Die in letzter Zeit im hiesigen Bezirk von den Gewerkschaften gegen Gewerbezweige und Industriefirmen von sozialdemokratischer Seite verhängten Boykotts haben unsere Geschäftsstelle veranlaßt in eine eingehende Prüfung der Frage einzutreten. Der Boykott stellt bekanntlich die gefährlichste Waffe im wirtschaftlichen Kampf dar. Die Frage des Schutzes hiergegen verdient daher intensivste unausgesetzte Beachtung."

„Man kann im allgemeinen sagen, daß ein Boykott nur da widerrechtlich und unerlaubt ist, wo seine Verhängung nicht mehr in Wahrnehmung berechtigter Interessen erfolgt oder wo sie über Wahrnehmung berechtigter Interessen hinausgeht."

„Gibt somit der heutige Stand der Rechtsprechung eine Handhabe gegen Boykotts, welche diese Grenzen überschreiten, so bleibt doch die Waffe der Boykottverhängung für die Arbeitgeber eine nicht minder gefährliche. Das gilt insbesondere für alle gewerblichen und Industriezweige der Nahrungsmittelbranchen. Diese werden wohl mit der Zeit dazu kommen müssen, nicht nur Boykottschutzverbände der Spezialbranchen zu gründen, sondern einen solchen aller Nahrungsmittelbranchen. An einem solchen wird jeder Boykott vollständig wirkungslos abprallen müssen. Denn die Arbeitnehmer können wohl einzelne Geschäfte, auch einzelne Spezialnahrungsmittelbranchen boykottieren, obwohl auch dies oft schwer fällt, nie jedoch wird ein Boykott über Einzelfirmen oder Einzelbranchen von Erfolg oder Dauer sein, wenn sämtliche Nahrungsmittelbranchen sofort durch entsprechende Gegenmaßnahmen zur Abwehr schreiten.

Hochachtungsvoll!

Allgemeiner Arbeitgeber-Verband Mannheim-Ludwigshafen.

23. August 1911.

Schon in den bisherigen Ausführungen über Wesen und Wirkungen der Verbände wurde ebenso sehr an die Koalitionen der Arbeiter (Gewerkschaften) wie an die der Unternehmen (Kartelle, Arbeitgeberverbände) gedacht. Wenn es der Rahmen dieser Arbeit gestattete, wäre nun der Kampf der Verbände in seinen verschiedenen Erscheinungsformen auf den wichtigsten Märkten des Wirtschaftsorganismus zu verfolgen (wie es in großen Umrissen für den verbandslosen Marktkampf in den ersten Abschnitten geschehen ist). Ganz abgesehen davon, daß dies den Umfang der Arbeit etwa aufs Doppelte erhöhen müßte; auch das bisher in der Literatur vorliegende und das uns heute zugängliche Material hierzu ist so dürftig, daß nur Spezialstudien auf diesen Einzelgebieten wervolle neue Resultate versprächen. Nur auf die Verhältnisse des Arbeitsmarktes sei ein kurzer Blick geworfen.

Arbeiter sind Anbieter ihrer persönlichen Leistungsfähigkeit für die Zwecke des Wirtschaftsprozesses. Aus Umständen, die mehrfach schon dargestellt wurden, ist ihre Marktposition die denkbar schlechteste, so lange sie isoliert auf dem Markt auftreten. Die Verbände der Arbeiter sahen ihre erste und dringendste Aufgabe darin, diejenigen Faktoren, die zur typischen Marktunterlegenheit des isolierten Arbeiters führen, zu beseitigen. Das sind die übergroße Geschäftsdringlichkeit, die völlige Marktunkenntnis und die mangelnde Marktgeschicklichkeit der sog. „Arbeitnehmer". Krankenkassenversicherung und Arbeitslosenversicherung der Gewerkschaften dienen der Milderung der Geschäftsdringlichkeit. Sobald ihnen diese Aufgaben erst vom Staate abgenommen sind, können sie ihre Kräfte anderen Aufgaben zuwenden. Das gleiche gilt vom Arbeitsnachweis der Arbeitskartelle, der auch die Marktgeschicklichkeit zu fördern geeignet ist. Eine meist unterschätzte, sehr bedeutsam eAufgabe erfüllt die Arbeiterfachpresse durch die Veröffentlichung von statistischen Informationen über den Stand des Arbeitsmarktes. Die entscheidende Rolle in der Kartellpolitik der Gewerkschaften kommt der Streikkasse zu. Sie ermöglicht die Geschäftsdringlichkeit großer Arbeitermassen, wenigstens für längere oder kürzere Zeit zu beheben. Schon die Tatsache dieser Möglichkeit reicht aus, die Marktposition der Arbeiter zu bessern. Erst durch die Gewerkschaften ist es der Arbeiterschaft gelungen, wenigstens die heutige bescheidene Position innerhalb des modernen Wirtschaftssystems kraft eigener Macht voll einzunehmen; vorher war auch dieser Anspruch auf einen gesicherten Lebensstandard, wenn auch auf niedriger Basis, keineswegs vor Angriffen und zeitweiligen Einbußen gesichert. So daß die Bedeutung der Gewerkschaften als Defensivkoalitionen weit über das hinausgeht, was in anderen Wirtschaftszonen die Verbände für die Marktposition der Gruppen bedeuten. Wie die Außenseiter der Kartelle von der Machtstellung des Verbandes nahezu in vollem Maße Nutzen ziehen, so bedeutet auch für den unkoalierten Arbeiter die Gewerkschaft die einzig sichere Rückendeckung.

Wie notwendig die rein defensive Arbeit der Gewerkschaften ist, hat schon die Überlegung gezeigt, daß die stärkeren Wirtschaftsgruppen immer geneigt, ja oft genötigt sind, den dauernd wachsenden Druck von anderer Seite her auf die widerstandsunfähigste Marktgegnergruppe abzuleiten. Diese Gruppe sind häufig die Arbeiter. Nur die Koalition kann verhüten, daß jede drohende Gewinneinbuße der Arbeitgeberunternehmen nicht durch Lohnreduktion wettzumachen versucht wird. Wir haben diese Notwendigkeit der Defensive in geschlossener Front schon als die letzte Ursache aller Verbandsbildung erkannt; für die Arbeiterverbände trifft dies ganz besonders zu. S. u. B. Webb sprechen dies in folgenden Sätzen aus (a. a. O., S. 203):

„. . . . Eine jede Klasse von Produzenten sucht in dem Maße, wie sie sich dieses Druckes bewußt wird, sich ihm zu entziehen, ihm Widerstand zu leisten oder ihm auszuweichen. Wir sehen, wie die Bewohner des „strittigen Grenzlandes“ diesem Strome entlang Bollwerke oder Deiche aufwerfen, bald in der Absicht, sich ein stilles Hafengewässer des Profits abzudämmen, bald in der Absicht ihre Lebenshaltung gegen weitere Angriffe zu verteidigen. In diesem zielbewußten Widerstande gegen einen gänzlich unbestimmten Druck finden wir die Aufgabe der Methoden und Regeln des Gewerkvereinswesens.“

Ganz entsprechend dem, was über die Wirksamkeit der Koalitionen im allgemeinen gesagt wurde, lassen sich auch die Schranken der Macht der Arbeiterkoalitionen bestimmen. Sie können ihre Lohnansprüche nur soweit durchsetzen, als sie damit nicht die Nachfragefähigkeit ihrer Abnehmer gefährden und damit Einschränkung der Nachfrage, hier der Arbeitsgelegenheit, bewirken. Daraus ergibt sich, daß die Grenze des Lohneinkommens nach oben nur sehr langsam verschoben werden kann. Es kann sich nur darum handeln, die günstigsten Marktlagen bis zum äußersten auszunutzen und die einmal erreichte Position aufs zäheste zu behaupten. Dies gelingt dann, wenn die ausschlaggebende Mehrheit der Gruppengenossen (einerlei ob sie gewerkschaftlich organisiert ist oder nicht) geneigt und imstande ist, ihr Einkommensniveau mit aller Energie zu behaupten. Das wird dann der Fall sein, wenn sich durch ein längere Zeit bestehendes relativ günstiges Lohnniveau die Meinung festgesetzt hat, daß dieser Lohn „gerecht“, „herkömmlich“ sei. Abwehrstreiks zur Verteidigung einer solchen gefesteten Position werden bei sachgemäßer Leitung fast immer erfolgreich sein. Als Abwehrstreiks in diesem Sinn müssen auch Streiks dann betrachtet werden, wenn zwar der Geldlohn zahlenmäßig auf alter Höhe, aber die Wertsteigerung der wichtigsten Bedarfsartikel den Reallohn mindert.

Weit schwieriger wird der Arbeiterkoalition die Aufgabe, das Angebot immer knapp so groß zu halten, daß die Nachfrage gerade ihren wirklich zur Geltung kommenden Bedarf befriedigen kann. Die eigenartige Natur der Ware „Arbeitsleistung“, die Unberechenbarkeit des Zuflusses und Abstroms der Anbieter, die Unzertrennlichkeit von der Person des Anbieters, all das macht die Arbeitsleistung denkbar ungeeignet zur „Monopoltaktik“, wie umgekehrt die Rohstoffe und Halbfabrikate dazu am geeignetsten. Die Wirtschaftsgruppen der Rohproduktion verfügen unumschränkt über die unentbehrlichen Materialien ihrer Produktionsart, die Wirtschaftsleistung der Arbeiter beruht auf einem Besitz, der fast Gemeingut aller ist, auf den normalen körperlichen und geistigen Kräften, vielleicht etwas vervollkommnet durch einige Trainierung und Handfertigkeit. Solange es der Gewerkschaftsbewegung nicht gelingt, eine festwurzelnde Meinung über die „standesgemäße Lebenshaltung“ und den „anständigen Lohn“ der ganzen in Betracht kommenden Arbeiterschicht einzupflanzen, daneben fremde Elemente mit niedrigeren Lebensansprüchen fernzuhalten, wird sie nicht auf den Erfolg einer Lohnbewegung rechnen können. Der Versuch der englischen Trade-Unions, durch gesetzliche Regelung des Lehrlingwesens u. ä. das Angebot in gewissen Grenzen zu halten, hat sich scheinbar nur bei hochqualifizierten Arbeitern durchführen lassen. Für die große Masse der unqualifizierten und wenig qualifizierten Arbeiter kann die Gewerkschaft nur so lange erfolgreich wirken, als die Volkswirtschaft imstande ist alle verfügbaren Kräfte irgendwie zu verwenden. In Zeiten der Störungen des volkswirtschaftlichen Organismus kann auch die bestgeleitete Gewerkschaft Arbeitslosigkeit und den Fall des Lohnniveaus nicht aufhalten. Daraus ergibt sich für jeden Einsichtigen, daß keine Wirschaftsgruppe so stark an dem regelmäßigen und erfolgreichen Arbeiten des Gesamtwirtschaftsorganismus interessiert ist wie die Arbeiter schicht. (Es darf jedoch nicht unerwähnt bleiben, daß gerade diese große Abhängigkeit vom Funktionsverlauf der Gesamtwirtschaft einen Zustand umso unerträglicher erscheinen läßt, der die Arbeiterschaft dazu verurteilt, dem Auf und Ab der Gesamtwirtschaft einflußlos, ohne jedes Mitbestimmungsrecht zuzuschauen.)

Als noch die Gewerkschaft nur dem Einzelunternehmen gegenüberstand, war die Aussicht auf Erfolg einer Lohnbewegung, die das gewohnte Lebensniveau merklich heben sollte, in der Regel vorhanden. Wenn auch nur unter dem Druck der Streikdrohung oder des durchgeführten Streiks, entschloß sich der Unternehmer, seinen Etat für Gehälter und Löhne zu erhöhen; konnte er doch hoffen, auf irgend einer anderen Seite den Verlust wieder einzubringen, entweder durch Druck auf den Preis seiner Lieferanten, oder durch Vergrößerung des Betriebes und des Umsatzes, oder durch Preiserhöhung. Nachdem diese Möglichkeiten sich allmählich immer mehr erschöpften, entstand der ernste Wille in der Arbeitgeberschicht, dem Druck der Arbeiterkoalitionen energischen Widerstand entgegenzusetzen. Die Arbeitgeberverbände waren das notwendige Ergebnis der Entwicklung.

Auch hier nun Verband in hartem Ringen mit Gegenverband: Die Situation für die Gewerkschaften wird nun erheblich pessimistischer beurteilt. A. Marshall sagt (Elements of Economies of Industry, 1892, S. 341):

„Wenn die Unternehmer eines Gewerbes gemeinschaftlich vorgehen und die Arbeiter dasselbe tun, wird die Lösung des Lohnproblems unbestimmt. Das

Gewerbe als Ganzes erhält vielleicht einen Überschuß (oder eine Quasirente), der aus dem Überschuß des Gesamtpreises der von ihm produzierten Waren über die Kosten des von ihm gekauften Rohmaterials hinaus besteht, und nur durch Markten läßt sich das genaue Verhältnis bestimmen, indem dieser Überschuß unter die Unternehmer und Arbeiter geteilt werden soll."

Alfred Weber (a. a. O. S. 62):

„Die Gefahr liegt darin, daß in den Baissen die Kombinationen tatsächlich die Macht haben, die Löhne zu drücken; denn wenn zwischen unorganisierten Unternehmern und organisierten Arbeitern ein Kräftegleichgewicht vorhanden gewesen sein mag, durch die Organisation auch der Unternehmer ist es jedenfalls wieder beseitigt."

Wahrscheinlich ist aber die Veränderung der Lage nicht so groß, wie es beim ersten Betrachten scheinen möchte. Der Widerstand der Unternehmer war auch vor der Verbandsbildung stark genug, und im wesentlichen bedeuten die Arbeitgeberverbände nur die ausgesprochene, vertraglich festgelegte Manifestation eines Zustandes, der tatsächlich, wenn auch wohl in minderem Grade, schon vorher vorhanden. Die Interessensolidarität der Unternehmer in der Behauptung eines bestimmt begrenzten Lohnniveaus war auch schon vor den Arbeitgeberverbänden wirksam. Nur daß diese jetzt durch bessere Information über die Marktlage und durch das Bewußtsein der Einmütigkeit des Standes die Hartnäckigkeit der Einzelunternehmen erheblich vergrößern.

Dagegen ist die natürliche Interessensolidarität auf der Arbeiterseite weit größer als auf der Unternehmerseite. Jedenfalls hat der Lebensmittelfabrikant kein Interesse daran, daß die Bergarbeiter in seinem Absatzbezirk schlecht gelohnt bleiben. Im Gegenteil, sein Absatz ist im wesentlichen von einem auskömmlichen Lohneinkommen der Bergarbeiter abhängig. Nur die vorurteilsschwangere Kampfesluft konnte eine Zeitlang eine vollkommene Interessensolidarität des gesamten Unternehmertums vortäuschen. Eine Generalaussperrung, wie sie Schweden erlebte, ist ohne Hereinspielen der politischen Leidenschaft und des sozialen Hasses, rein wirtschaftlich gesehen, nicht denkbar [68]).

---

[68]) Vgl. Brentano: Arbeitergilden (II, S. 238):

„Ein hohes Geldeinkommen der Arbeiterklasse ist mit Rücksicht auf die Nachfrage nach ihren Produkten im Interesse des Fabrikantenstandes. Wo nämlich die Produktion auf Kosten der Arbeiter zunimmt, zwingen die Fabrikanten sich selbst, zur Entdeckung neuer Märkte in die Ferne zu schweifen, während, wenn die Kaufkraft der Massen entwickelt würde, wenn ihre Bedürfnisse mittels der überströmenden Produkte ihrer Arbeit befriedigt würden, ein viel sicherer und regelmäßigerer Markt ganz nahe läge. Mag die Verkaufsfähigkeit des Fabrikanten bei niederen Löhnen sich einerseits hundertfältig vergrößern, so ersticken sie durch Lohnreduktionen doch gleichzeitig ihre zukünftige Kundschaft im Keime, und als Resultat sehen wir zuletzt auf der einen Seite eine stets zunehmende Masse unverkäuflicher Produkte und auf der andern eine gleiche von darbenden Arbeitern und von unverkäuflicher Arbeit."

Gänzlich falsch ist es, die den Arbeitern zur Verfügung stehenden Streikfonds mit den riesigen Kapitalien der organisierten Unternehmer zu messen. Ein Streik, der vom Streikfonds nur einige Millionen auffrißt, kann unter Umständen den Unternehmern ebenso viele Milliarden kosten.

Die bedeutsamste Wirkung der beiderseitigen Koalition auf breitester Basis ist die, daß von nun an Streiks nicht mehr im eng beschränkten Kreis der unmittelbar Betroffenen ausgetragen werden. Durch das Solidaritätsprinzip greifen sie leicht und rasch auf ganze Branchen, ja ganze Länder über. Solche Massenstreiks schlagen beiden Parteien und damit auch der gesamten Volkswirtschaft so schwer heilende Wunden, daß allein die Gefahr ihres Ausbruchs beide Teile zum friedlichen Vertragen drängt. Freilich ist damit für den Teil der beiden, dessen normale Lage eher Anlaß zur Unzufriedenheit gibt, für die Arbeiter, die Möglichkeit einer erfolgreichen Offensive fast ganz genommen.

Die Entwicklung der gesamten Marktorganisation hat heute die Gewerkschaften der Arbeiter zum unentbehrlichen Element ihrer Marktposition gemacht. Sie aufgeben oder auch nur in ihrer möglichst zweckmäßigen Ausgestaltung und Stärkung nachlassen, hieße die Lebensbedingungen der Arbeiterschaft gefährden. Der Vertragszustand zwischen den gegnerischen Verbänden, der sog. Tarifvertrag, wird sich beiden Teilen immer mehr als unentbehrliches Sicherungsmittel gegen unvorhergesehene Angriffe der Gegenseite offenbaren. Damit sind aber auch die Wirkungsmöglichkeiten der Gewerkschaften erschöpft. Jede höher gespannte Erwartung, die man auf Arbeitnehmerkoalition und Tarifvertrag setzt, kann nur zu Enttäuschungen führen und die Freude an dem Erreichbaren mindern.

In völliger Übereinstimmung damit muß auch die gesamte Koalitionsentwicklung beurteilt werden. Das Verbandsprinzip ist geeignet, den Druck seitens der Marktgegner, der durch das Gegeneinanderwirken der Gruppengenossen bis zu einem unerträglichen Grade gesteigert werden kann, für die bedrängte Gruppe erheblich zu mindern, ja häufig Marktunterlegenheit in Überlegenheit zu wandeln; er führt jedoch allzuleicht zur einseitigen Anbieterüberlegenheit in den früheren Produktionszonen. Wird diese durch starke Verbände in diesen Zonen nach Kräften ausgenutzt, so pflanzt sich der Druck durch die verschiedenen Zonen und ihre Märkte fort und bleibt zuletzt auf den Schultern der Wirtschaftsgruppen mit schwächster Marktposition liegen. Aber auch dies nur zum kleinen Teil. Nach längerer oder kürzerer Zeit hat er den Ring der Wirtschaftsgruppen durchlaufen und kehrt zu seinem Ausgangspunkt zurück, nötigt damit diese augenblicklich stärkste Wirtschaftsgruppe zu neuem Vorgehen Das Prinzip der Koalition, rein entwickelt, führt zum ewigen Preiskampf der Wirtschaftsgruppen, dessen immer gesteigerte Heftigkeit dem volkswirtschaftlichen Gesamtorganismus schwer heilbare Wunden zu schlagen droht. Schon in den Anfängen der Koalitionsentwicklung machte sich dies unbefriedigende Wirken stark fühlbar; die Koalition bedarf, um für den Wirtschaftsorganismus dauernd erträglich zu werden, eines Korrektivs, und dies scheint wirksam gegeben in der Integration.

V. Schluß: Die Systeme der Integration. Die Durchdringung der Koalition durch Integration.

Das Bild der neuen Marktgestaltung durch Verkäufer- und Käuferverbände ließe eine seiner charakteristischsten, wenn auch heute nur dem aufmerksamen Auge klar erkennbaren Linien vermissen, wenn nicht zum Schlusse wenigstens mit einigen Andeutungen der manigfaltigen Integrationserscheinungen und der Wechselwirkung zwischen Koalitions- und Integrationstendenz in der organischen Marktwirtschaft gedacht würde.

Integration nannten wir die eigentümliche Marktumgehung, die dadurch bewirkt wird, daß eine Wirtschaftsgruppe die Wirtschaftsfunktion einer ihr bisher marktgegnerischen Gruppe in Eigenregie übernimmt. Verschiedene Beispiele mögen diesen Vorgang nach den manigfachen Erscheinungsmöglichkeiten beleuchten:

1. Die pfälzischen Winzer verkauften bisher ihren Wein an die Großhändler, diese weiter an die Kleinhändler und Wirte und diese an die letzten Abnehmer. Nun schließen sich die Winzer zusammen, gründen eine Genossenschaft, etwa nach Raiffeisens Art, verkaufen dieser Genossenschaft, deren Anteile in ihren Händen und deren Geschäftsführer ihre Vertrauensleute sind, ihren Wein. Die Genossenschaft liefert den Wein einmal an Kleinhändler und Wirte, übernimmt damit die Funktion des Großhandels, errichtet aber vielleicht auch selbst eigene Weinvertriebsgeschäfte für die letzten Abnehmer und übernimmt dann auch die Funktion des Detailhandels. Hier kann man von zweistufiger Integration sprechen.

2. Ein großes Elektrizitätsunternehmen errichtet mit eigenem Kapital und dem seiner Hintermänner eine Bank für elektrische Unternehmungen und behält die Mehrheit der Aktien in seinem Portefeuille. Diese Bank

gründet nacheinander Fabrikationsstätten für Beleuchtungskörper und Stromleitungsmaterial, Elektrizitätswerke und zuletzt auch Installationsbureaus. Dem gleichen Zweck genügt, wenn es der Bank gelingt von derartigen Unternehmen die Mehrheit der Aktien aufzukaufen. Vielleicht gelingt es ihr auch, die Aktien von elektrischen Bahnunternehmen so unterzubringen, daß ihr entscheidender Einfluß gesichert ist. Damit ist eine mehrstufige Integration erreicht, die wieder sowohl den Kapitalanbieter wie die frühesten und die letzten Produktions- und Handelszonen umfaßt.

3. Ein Berliner Großkaufmann der Textilbranche sichert sich die Aktienmehrheit einer ganzen Anzahl von Färbereien, die er als Lohnindustrien fast ganz allein beschäftigt, ebenso von mehreren Spinnereien und Webereien, beteiligt sich zu einem Drittel oder Viertel an einer Baumwollimportfirma, die selbst wieder Baumwollplantagen zusammen mit mehreren anderen Importfirmen und Reedereien bewirtschaften läßt; vielleicht hat dieser Berliner Großkaufmann auch große Kapitalien in einer Warenhausbetriebsgesellschaft eingelegt, an die er bedeutende Warenmengen absetzt. Damit erstreckt sich sein Einfluß von der Rohproduktion bis zum Absatz an den Verbraucher.

4. Fünf große Detailgeschäfte Rheinland-Westfalens schließen sich zwecks gemeinsamen Einkaufs zusammen, errichten unter Leitung ihres tüchtigsten Einkäufers eine Zentrale, die ganze Warenlager von den Fabriken aufkauft und stapelt, in Färbereien, deren Aktien sie allmählich sich zu sichern versteht, sie färben und appretieren läßt, selbst wieder neue Kaufhäuser errichtet, um möglichst großen Umsatz zu erreichen und die Vorteile des günstigen Einkaufs auch auf fremden Märkten auszunutzen.

5. Die letzten Abnehmer einer bestimmten Berufsart oder einer bestimmten Stadt schließen sich zusammen, gründen eine Genossenschaft, die einmal ihren ganzen Bedarf entweder vom Großhandel, bald aber direkt von den Fabriken bezieht und an die Mitglieder weitergibt, dann, um ihren Umsatz zu erhöhen, selbst offene Verkaufsläden errichtet, dafür wieder einer Großeinkaufsgenossenschaft bedarf, die nun nach und nach versucht, eigene Werkstätten und Fabriken einzurichten, Molkereien und Landgüter zu bewirtschaften und zur Durchführung all dieser Unternehmungen sich eine eigene Finanzierungsbank gründet.

6. Ein mächtiges Gewerkschaftskartell benutzt einen Teil seiner angesammelten Kapitalien zur Gründung einer Volksversicherungsgesellschaft, gibt einen Teil der Aktien an einzelne Ortskartelle bzw. Einzelgewerkschaften weiter; nach einigen Jahren werden die aus dem

Versicherungsunternehmen gewonnenen Kapitalien benutzt, um, vielleicht gemeinsam mit der Finanzierungsbank der Großeinkaufsgenossenschaft der Konsumvereine, größere rentable Fabrikunternehmen zu kontrollieren und anderes mehr.

7. Die politische Gemeinschaft, der Staat, bedarf zu seinen militärischen und Verwaltungszwecken der Eisenbahnen, übernimmt sie daher in Eigenregie, kauft Kohlenzechen, um vom Marktgebahren der Kohlenproduzenten unabhängig zu sein, richtet Eisenbahnreparaturwerkstätten, vielleicht auch eigene Materialfabriken ein.

Diese Beispiele, die fast ganz getreu tatsächliche Unternehmen unseres deutschen Wirtschaftslebens wiedergeben, bedürfen keiner theoretischen Ergänzung, um Wesen und Erscheinungsarten der Integration klarzulegen. Es ist auch ohne weiteres ersichtlich, daß Konsumvereine, wie sogenannter Elektrizitätstrust, „gemischte“ Eisen-, Hütten- und Walzwerke und Winzergenossenschaft volkswirtschaftlich unter dem gleichen Gesichtswinkel der Integration zu betrachten sind.

Von der Koalition läßt sich die Integration dem Prinzip nach leicht, der Sache nach schwer, oft überhaupt nicht unterscheiden. Oft dient sie nur zum Mittel, einen Block der Verbände durch engste Interessenverschlingung untrennbar aneinander zu schmieden. In diesem Sinne mußte sie auch schon mehrfach in der Darstellung der Koalitionserscheinungen Erwähnung finden.

Was ihr die große selbständige Bedeutung neben dem Koalitionsprinzip verleiht, läßt sich in weniger Worten andeuten. Während die reine Koalition nur den Marktkampf der Wirtschaftsgruppen durch die geschlossene Front der Marktgegner verschärft, ja bis zum aufreibenden Existenzkampf zum Schaden der ganzen Volkswirtschaft steigern kann, bietet die Integration sichere Gewähr, auf der Grundlage einer tatsächlichen unmittelbaren Interessengemeinschaft zu einem Ausgleich nach dem wahren Bedürfnis beider Teile zu gelangen.

Koalition ohne die Stütze der Integration führt zum endlosen Preisdruck und opfert wertvolle Kräfte einem fruchtlosen Ringen um den Gewinnstandard, dessen Grenzen auf der einen Seite vorgeschoben, während sie auf der anderen um nahezu ebensoviel oder gar noch mehr beschnitten werden.

Die Integration allein führt zur autokratischen Branchenherrschaft (was man meist unter „Trust“ versteht), zur Anhäufung ungeheurer Teile des Volksvermögens in unverantwortlichen, vielleicht wenig gewissenhaften und eingennützigen Händen.

Beides in fruchtbarer Wechselwirkung scheint geeignet, eine gesunde Entwicklung der Volkswirtschaft zu gewährleisten.

Typische Marktsituationen der jüngsten Zeit haben fast von selbst den Blick auf die heilsame Wirkung der Integration gelenkt, als der geeignetsten Waffe gegen wuchernde Auswüchse in der Preispolitik der Verbände. Ein Vorgang wie ihn die folgende Notiz der Frankfurter Zeitung schildert, begegnet uns mit jedem Tage häufiger:

Weinheim i. B., 6. Sept. 1911. Die Lederfabrik Freudenberg G. m. b. H. welche annähernd 2500 Arbeiter beschäftigt, hat für ihre Fabrikküchen eine eigene Metzgerei errichtet, nachdem die Verhandlungen mit der Fleischerinnung Weinheim wegen Herabsetzung der Fleischpreise ergebnislos verlaufen sind. In einer Innungsversammlung, der sämtliche hiesigen Metzger bis auf einen beiwohnten, wurde darauf heute folgende Resolution angenommen: „Vom Standpunkte des gewerblichen Mittelstandes, gleichviel welcher Berufsart, muß es als ernste Gefahr entschieden verurteilt und zurückgewiesen werden, wenn ein Industrieunternehmen als Konkurrenz des Kleingewerbes auftritt und diesem dadurch einen erheblichen Teil seiner Kunden entzieht. Was den Stand der Fleischpreise anbetrifft, so wird die Fleischerinnung Weinheim einen Preisabschlag eintreten lassen, sobald sich der Einkauf günstiger gestaltet hat.“

Wenn auch eine derartige Neuerung große Abwehraktionen der in ihrer gewohnten behäbigen Ruhe gestörten Koalitionsteilnehmer hervorrufen muß, wenn sie vielleicht auch anfangs auf ungesundem Boden konkurriert, so wird sich doch früher oder später eine Ausgleichung vollziehen, die dann den volkswirtschaftlich gesundesten Zustand zeitigt. Vereinsmeierei und Prinzipienreiterei allein genügen nicht, um eine Konsumgenossenschaft zu befähigen, gewandten und erfahrenen Kaufleuten den Marktabsatz abzunehmen — wenn diese Kaufleute sich geneigt zeigen, ebenso vorteilhaft zu liefern wie der Konsumverein. Für die selbständigen Markthandelnden liegt kein Grund zur Furcht vor, von den Integrationsunternehmen überrannt zu werden, wenn sie im Organisationsgeschick dem Konkurrenten gewachsen sind und sich nicht darauf versteifen, eine Gewinnrate festhalten zu wollen, die, wie ihre erfolgreichen Konkurrenten beweisen, ihnen nicht zukommt, da andere um niedrigeren Gewinn dasselbe und mehr leisten.

Die größte Bedeutung der Integrationsunternehmen für die Kämpfe der Verbände tritt erst hervor, wenn es den integrierten (vertikal organisierten) Marktteilnehmern gelungen ist, im Kreis der nur koalierten (horizontal organisierten) eine einflußreiche Stellung einzunehmen. Dann ist der nötige Gegendruck vorhanden, der auch die koalierten Marktteilnehmer zwingt, sich mit den marktgegnerischen Gruppen auf der gleichen Basis zu verständigen, auf der die verschiedenen Zonenunternehmen der Integrationsgemeinschaft erfolgreich arbeiten. So kann der Kolonialwarenhändler nicht teurer verkaufen wie der ihm benachbarte Konsumverein, und der Importeur, welcher dem Kolonialwarenhändler liefert, darf den Kleinhändler auf die Dauer nicht schlechter bedienen, als dem Konsumverein von seiner Einkaufsgenossenschaft geliefert wird. Gerade das Nebeneinander des selbständigen Zonenunternehmens und der Integrationsgemeinschaft, die sich über mehrere Wirtschaftszonen erstreckt, wirkt befruchtend auf die Gestaltung des Gesamtmarktes.

Wenn wir diese Sätze aufstellen, sind wir uns wohl bewußt, daß sie heute, wo wir die ersten, meist noch unsicher tastenden Versuche der Integration erst seit wenigen Jahren in ihrem Wirken beobachten können, nicht viel mehr als Entwicklungshypothesen bedeuten; ein wirklich sicherer Beweis dafür, daß sich unser Urteil nicht allzu abhängig von augenblicklich vorherrschenden Eindrücken des Tages leiten ließ, läßt sich angesichts unseres geringen Erfahrungsmaterials heute kaum liefern. Vielleicht spricht für die gesicherte Grundlage unserer Hypothese von der fruchtbaren Durchdringung der Koalition durch Integration, wenn anerkannte Sachkenner von den verschiedensten Gesichtspunkten aus zum gleichen Urteil gelangten (mögen sie auch geringeren Nachdruck gerade auf diesen Punkt gelegt haben).

Josef Grunzel sagt in seinem Buch „Über Kartelle" (Leipzig 1902, S. 171 f.):

„Ein weites und ergiebiges Feld für Maßnahmen auf dem Gebiete der Kartellpolitik eröffnet sich dem Staate in der Förderung kartellgegnerischer Bestrebungen. Wenn die Konsumenten oder jene Produzenten, für welche der kartellierte Artikel einen notwendigen Bedarfsartikel darstellt, zur Selbsthilfe schreiten und beispielsweise auf genossenschaftlicher Grundlage eine Konkurrenzfabrik gegen das Kartell errichten, dann wird das, vorausgesetzt, daß die Gründung ernstlich geplant und tatsächlich der Initiative der Interessenten entsprungen ist, für die Regierung immerhin ein Zeichen dafür sein, daß die Beschwerden gegen ein Kartell nicht ganz ungerechtfertigt sind. Das sonst so schwer festzustellende Kriterium, ob Übergriffe in der Preisstellung usw. vorhanden sind, wäre somit gegeben. Durch besondere Begünstigungen im Rahmen der allgemeinen Verwaltungsbefugnisse könnte dann die Regierung eine Heilung durch das notwendige Mittel, nämlich durch die Konkurrenz herbeiführen."

Es scheint, als ob gerade in der Zeitigung der Integrationsunternehmen der volkswirtschaftliche Organismus die ihm innewohnende Kraft bewährt, Gifte und Auswüchse, die seine Konstitution zu schwächen drohen, selbt wieder durch ganz von selbst entstehende Gegenkräfte auszuscheiden und wirkungslos zu machen. Daß der Staat hier helfend und fördernd eingreifen könnte, steht außer Zweifel. Es heute schon mit Energie zu fördern, wäre wohl zu kühn; erst wenn die Entwicklung der jungen Gebilde so weit fortgeschritten, daß ihr glückliches Wirken auf die Gesamtwirtschaft vor den Augen aller steht, die zu sehen gelernt haben, darf die hart zugreifende Hand des Staates zur Förderung einer Evolution in Anspruch genommen werden, die doch in den Wehen der Übergangszeit die Interessen vieler wichtiger Wirtschaftskreise empfindlich verletzt. Den Weg zur wirksamen Förderung der Entwicklung deutete Alfred Weber schon 1902 an (in dem mehrfach zitierten Vortrag auf dem nationalsozialen Vertretertag, s. Protokoll S. 67):

„Unsere Stärke liegt in der Verfeinerungsindustrie, für die dort keine so ungeheuer kompakten Massen, wie sie der Stahltrust darstellt, bestehen, und für die wir daher auch keiner so kompakten Massen bedürfen. Worauf es für uns ankommt, ist, daß diese Industrien auf Kombinationswegen zusammengefaßt werden, die alle Produktionsstufen umfassen, und daß man sie dadurch von der Tyrannei der Kartelle befreit und konkurrenzfähig macht. Die Entwicklung, die sich nach der Richtung bei uns vollzieht, läuft vorläufig auf einer zu tiefen Stufe. Es kann uns nicht helfen, daß unsere Eisenwerke, wie das jetzt massenhaft geschieht, sich Kohlenzechen erwarben. Es kommt darauf an, daß unsere leichte Industrie in dieser Weise bis zu ihrer Produktionsbasis hinabsteigt, dazu aber sind ihre einzelnen Unternehmungen heute zu klein und zu schwach. Hier ist ganz wie in Amerika die Intervention des Bankwesens nötig. Wenn unsere Banken schon heute bei ihrer Finanzierungstätigkeit darauf sehen, daß die betreffenden Unternehmungen einander in die Hände zu arbeiten vermögen, so ist es nur ein Schritt weiter, aus diesen finanzierten Unternehmungen einheitliche, große, sich selbst genügende Organismen für fertige Waren zu schaffen. Wo man in unserem Bankwesen diesen Schritt zuerst macht, wird man ein nationales Werk tun. Wir müssen und werden dieses Werk einmal tun."

Damit scheint auch uns das lösende Wort ausgesprochen. Soll die Integration nicht zur Verschärfung sondern zur Ausgleichung und Versöhnung der Gegensätze im Marktorganismus führen, so muß die Kapitalverwaltung unseres Volkes darauf bedacht sein, die in ihrer Hand vereinigten Kapitalströme nicht mehr wie bisher ausschließlich in diejenigen Wirtschaftszonen zu leiten, die es in der Koalitionsepoche vermocht haben die ausschlaggebende Stellung zu usurpieren, sondern mindestens mit gleichem Nachdruck die Integrationsunternehmen, die in anderen, bisher benachteiligten Zonen wurzeln, mit ihrer Kapitalzufuhr zu kräftigen. Zeigen die Integrationsunternehmen, die aus der Konsumenten-, Arbeiter- oder Verfeinerungsproduktionszone hervorwachsen, erst einmal ihre Lebensfähigkeit aus eigener Kraft, dann wird auch das jedem Erfolg geneigte Kredit- und Spekulationskapital gerne seine Hand leihen.

Der Integrationsgedanke, richtig zu Ende gedacht, führt seiner innersten Natur nach auch für den Arbeitsmarkt zu Neuerungen, die sich in der einen oder anderen Form früher oder später einmal durchsetzen werden. Hierzu eine Angabe Brentanos, die sich bei Riesser (a. a. O., S. 308) findet:

„Als im Dezember 1893 — so berichtete Brentano in der vorletzten Generalversammlung des Vereines für Sozialpolitik (Schrift d. V. f. S., 4., XI, S. 183/184) — einer der größten Grubenbesitzer Englands vorschlug, sämtliche englischen Kohlengruben in einem einzigen Trust zu vereinigen, machte er gleichzeitig den Vorschlag, Vertreter der Arbeiter-Organisationen nicht etwa nur zu den Verhandlungen über den Lohn und sonstige Arbeitsbedingungen, sondern auch als ordentliche Mitglieder des Verwaltungsrats jenes Trusts heranzuziehen. Dieser — mir sehr sympathische — Gedanke entsprach sicherlich der berechtigten Überzeugung, daß damit den Arbeitern nicht nur Rechte gewährt, sondern auch Pflichten auferlegt würden, und daß wir gerechterweise niemanden für seine wirtschaftliche Haltung verantwortlich machen können, dem wir nicht zuvor Gelegenheit gegeben haben, sich zu einem Gefühl persönlicher Verantwortlichkeit zu erziehen.“

Ob nicht die dauernde Misere des opferheischenden Marktkampfes zwischen Unternehmen und Lohnbeziehern aus rein wirtschaftlichen Erwägungen dahin führt, statt dauernd rentabilitätsgefährdende Lohnerhöhungen gewähren zu müssen, die in organisch gegliederten Gruppen zusammengefaßten Lohnbezieher durch Zuweisung von Kapitalanteilen am Unternehmungserfolg zu beteiligen, etwa so, daß die fähigsten Köpfe aus den Gruppen der Arbeiter, Angestellten und mittleren Beamten die Interessen der in den Händen ihrer Gruppe befindlichen Kapitalanteile im Verwaltungsrat zu vertreten Gelegenheit haben?

Die befreiende Tat und lebensstarke Lösung dürfen wir nur von der bedächtig fortschreitenden, durch ihre eigene Schwere in der sichersten Bahn geleiteten Praxis erwarten: der kräfteerhaltende, massengestaltende Gemeinschaftsgedanke in glücklicher Verbindung mit dem befreienden Wirken ungebrochener Persönlichkeiten.

GPSR Compliance

The European Union's (EU) General Product Safety Regulation (GPSR) is a set of rules that requires consumer products to be safe and our obligations to ensure this.

If you have any concerns about our products, you can contact us on ProductSafety@springernature.com

In case Publisher is established outside the EU, the EU authorized representative is:

Springer Nature Customer Service Center GmbH
Europaplatz 3
69115 Heidelberg, Germany

Batch number: 10844655

Printed by Printforce, the Netherlands